传习录注疏

〔明〕王阳明 撰 邓艾民 注

上海古籍出版社

图书在版编目(CIP)数据

传习录注疏：简体本 / (明)王阳明撰；邓艾民注.
—上海：上海古籍出版社，2015.5（2024.7重印）
ISBN 978-7-5325-7562-6

Ⅰ.①传… Ⅱ.①王… ②邓… Ⅲ.①心学—中国—明代②《传习录》—注释 Ⅳ.①B248.22

中国版本图书馆 CIP 数据核字(2015)第047789号

传习录注疏(简体本)
[明]王阳明 撰
邓艾民 注
上海古籍出版社 出版发行
(上海市闵行区号景路159弄1-5号A座5F 邮政编码 201101)
(1)网址：www.guji.com.cn
(2)E-mail：guji1@guji.com.cn
(3)易文网网址：www.ewen.co

上海惠敦印务科技有限公司 印刷
开本 890×1240 1/32 印张 9.5 插页2 字数 198,000
2015年5月第1版 2024年7月第11次印刷
印数：47,001-52,100
ISBN 978-7-5325-7562-6

B·896 定价：35.00元

目　　录

序一 …………………………………………… 陈　来　1
序二 …………………………………………… 杨祖汉　5
传习录序 ……………………………………… 徐　爱　1
传习录上 ……………………………………………… 5
传习录中 …………………………………………… 90
　答顾东桥书 …………………………………… 92
　答周道通书 …………………………………… 119
　答陆原静书 …………………………………… 128
　又 ……………………………………………… 130
　答欧阳崇一 …………………………………… 144
　答罗整庵少宰书 ……………………………… 150
　答聂文蔚 ……………………………………… 158
　二 ……………………………………………… 165
　训蒙大意示教读刘伯颂等 …………………… 174
　教约 …………………………………………… 176
传习录下 …………………………………………… 179
后记 …………………………………………… 左启华　294

序　一

陈　来

艾民先生的书终于要出版了。

现在海内外的朋友多知道我和冯友兰先生、张岱年先生的关系，但很少有人知道我和邓艾民先生的关系。

艾民先生是我硕士论文的指导老师。1979年夏，研究生一年级结束，当时作教研室主任的张先生（岱年），要我们“中国哲学史”专业的十个人，各报自己希望研究的方向。酝酿之后，我看大家多报“先秦”，于是就选了“魏晋”。暑假过后，张先生告我：“你的方向要改一下。”决定由艾民先生作我的论文指导老师。艾民先生专长在宋明哲学，特别是朱子和王阳明。于是我就确定以“宋明”为方向，选定朱子为研究对象。以后的研究是大家都知道的了。

艾民先生早年毕业于西南联大，“文革”前在北大哲学系主掌系务工作。他虽然在北大从事中国哲学的研究，可是他最推崇的，是他的朋友冯契。冯契与艾民先生在西南联大曾同学，又有志同道合之谊，但他们是终身相知的朋友。一般人极少推崇同行中的平辈同学和朋友，可是艾民先生多次向我说，他认为冯契的研究最好，要我注意看冯契的东西。也是在艾民先生的建议下，我去旁听了数理逻辑专业的几门课。从这里看，他似乎也很欣赏逻辑分析的方法，因为冯契的特点，就是把马克思的辩证法和金岳霖的逻辑分析加以结合。

我给艾民先生写过一些读书报告，依次为“孟子”、“庄子”、“公孙龙”、《易传》、“郭象”。“庄子”的一篇在1980年北大“五四科学讨论会”宣读过，“郭象”的一篇发表在《中国哲学》，而艾民先生比较欣赏“孟子”的那一篇。我也写过一篇“二程”，未获发表。但我的用力所在，主要还是朱子。记得上来读王白田《朱子年谱》时，对于朱子早年的“已发未发”说，颇觉难明，就写了一页问题，请问艾民先生。艾民先生要我自思而得之。于是我自己又去用功，而终于深造之而有所得。此在愤悱启发之功，不可不归于艾民先生。

1979年到1980年，杜维明教授在北京访学，在北大的座谈结束后，与北大几位先生同游未名湖。杜教授问起艾民先生的研究兴趣，答“宋明理学”，杜即为之精神一振；又问最喜欢何人，答以“王阳明”，杜大喜之。于是两人深谈良久。当时艾民先生主持北京市哲学会的工作，即邀请杜教授在北京市哲学会讲演，艾民先生特为介绍，当时北京研究中国哲学的名流都在座，我们也参加了旁听。

1982年艾民先生从夏威夷参加“朱熹思想研究国际会议”回来，全力投入王阳明的研究，那时他给1982年入学的研究生开“王阳明哲学”的课，他写了讲义，从生平到哲学，论述很精彩、很细致。他让系里把讲义油印，发给同学，要同学在讲义上面的边、眉处写他们的读后意见。他在学期结束时把这些讲义收回，要我来看（那时我已在系里教书），学生的评价也很好（如李仁山、景海峰）。其中《王阳明生平》一章，他曾在 1981 年秋天“全国宋明理学讨论会”上讲过；他认为王阳明是封建时代的圣人。听说这个讲法当时受到一些人的批评，不过他并不在意。他的想法，是以这些讲义为基础，写成一本“王阳明哲学”的书。同时，他又作了王阳明《传习录》的注释，也是交由系里油印，作为研究生的教材，希望经过讨论修改后成为专著。这个时期是他学术创作最旺盛的时期。他的这两部阳明学的著作，在他生前虽未出版，但可以说代表了 80 年代初中国大陆王阳明研究的水平。《传习录注疏》这部书，即使放在今天的学术界，也仍然是阳明学研究的一流著作。这里仅举一例：《传习录》第一条中：“‘作’字却与‘亲’字相对，然非‘亲’字义。下面治国平天下处，皆于‘新’字无发明。”《四部备要》本、《王阳明全集》本、陈荣捷先生本文字皆如此。而《传习录注疏》作“然非新字义”。下出校注：“《王文成公全书》本，‘新’讹作‘亲’，据闾东本改。”这个改正显然是正确的。本书的价值由此可见一斑。

可惜，1983 年他被发现得了癌症，次年过世，否则，他给予中国学术界的贡献一定会更大。他患病住院期间，我曾多次去探望，当时他在医院仍在积极修改这两项研究。在刚刚住院时，他对我说，王阳明哲学的书，还差几章，如果来不及，希望我帮他补写这几章；而《传习录注疏》的修改如来不及，就希望魏常海帮他完成。最后,《传习录注疏》终于还是完成了。而王阳明哲学的部分后来也由冯契先生将之与艾民先生有关朱子的论文合并,在上海出版。

多年前,杨祖汉教授听我说起艾民先生有关于《传习录》的书稿,对我表示可以安排在台湾出版。于是我就将此意转达给邓师母左启华教授,她为了书稿的打字,付出了多年的辛苦。现在,这部书终于付印,既可以告慰艾民先生,也使邓师母的心愿得以达成。书将付印,邓师母要我写几句话,我就将艾民先生与我的渊源往来,略表出如上,亦用以纪念艾民先生。

公元 2000 年 2 月序于香港

序　二

杨祖汉

本书是已故北大哲学系教授邓艾民先生的遗著。邓先生在抗战时期毕业于西南联大哲学系，50年代中期起任教北大，专研朱子及王阳明哲学。本来计划撰写这方面的专著，但因“文革”动乱，长期受到迫害而止。“文革”后，邓先生获得平反，恢复工作，到1984年因癌症逝世。这期间他写了几篇论文（辑成《朱熹王守仁哲学研究》，于1989年出版），也完成了本书的初稿。

我读过邓先生的书，得益甚多。知道他有这部遗著尚未出版，遂询之于陈来教授，陈教授说邓先生是他的硕士论文指导老师，不久他便将此书之油印稿带来，希望能在台湾出版。友人陈女士主持法严出版社，热心弘扬文化，慨允出版此书。后来我到北大开会，得见邓夫人左启华女士，她亦以此书之出版殷殷嘱托，并负责将书稿先行打字，作了初步的校对。

《传习录》的注释，常见的已有数种，其中叶绍钧的标点本出版较早，亦颇通行，但注释十分简略。日人三轮希贤的标注（收入《汉文大系》第十六册）颇精，但对于阳明思想未多着墨。陈荣捷先生的《传习录详注集评》有注有评，学者称便。但陈书之注释仍是以考证之功多，义理之阐释较少，其所收之评论，亦未必都有价值。邓先生此书，吸收了陈书之长处（陈书之英文本先出，邓先生得以见到），又参考了几种日本人之相关著作，所以此书之注释是相当确实的。邓先生很注意阳明思想之前后期之发展，这是本书的特色。更重要的，是邓先生将《传习录》和王阳明的其他著作，如论学书、诗文等关联起来，互相印证。这一步工作，对于了解阳明的思想，是有很大帮助的。《传习录》固然很明白而集中地表现阳明的思想，但阳明其他的著述也很重要，能两者相参，必能较全面地掌握阳明的见解。相信这部邓先生遗著的出版，对阳明学的研究，会有所推进。

1999 年 7 月序于台北

传习录序

徐　爱

门人有私录阳明先生之言者，先生闻之，谓之曰："圣贤教人如医用药，皆因病立方，酌其虚实温凉、阴阳内外而时时加减之，要在去病，初无定说，若拘执一方，鲜不杀人矣。今某与诸君不过各就偏蔽，箴切砥砺，但能改化，即吾言已为赘疣。若遂守为成训，他日误己误人，某之罪过，可复追赎乎！?"爱〔1〕既备录先生之教，同门之友有以是相规者。爱因谓之曰："如子之言，即又拘执一方，复失先生之意矣。孔子谓子贡尝曰：'予欲无言。'〔2〕他日，则曰：'吾与回言终日。'〔3〕又何言之不一邪？盖子贡求圣人于言语之间，故孔子以无言警之，使之实体诸心以求自得。颜子于孔子之言，默识〔4〕心通，无不在己，故与之言终日，若决江河而之海也。故孔子于子贡之无言不为少，于颜子之终日言不为多，各当其可而已。今备录先生之语，固非先生之所欲。使吾侪常在先生之门，亦何事于此。惟或有时而去侧，同门之友又皆离群索居，〔5〕当是之时，仪刑〔6〕既远而规切无闻。如爱之驽劣，非得先生之言，时时对越〔7〕警发之，其不摧堕靡废者几希矣！吾侪于先生之言，苟徒入耳出口，不体诸身，则爱之录此，实先生之罪人矣。使能得之言意之表，而诚诸践履之实，则斯录也，固先生终日言之之心也，可少乎哉！”录成，因复识此于首篇〔8〕，以告同志。门人徐爱序。〔9〕

〔1〕徐爱字曰仁，号横山，余姚人。生于成化二十三年（1487）。据王守仁《年谱》，死于正德十三年（1518）；据《明儒学案》，死于正德十二年（1517）。正德三年进士，历官南京工部郎中。徐系王守仁妹夫，王守仁出狱赴龙场前，徐成为王的第一个弟子。徐爱所记《传习录》诸条，系正德七年至八年王守仁赴南京任职前与徐在南归旅途中谈话语录。王守仁晚年以“致良知”为宗旨，但徐爱所记语录中，已有致良知的学说了（参见《明儒学案》卷十一）。

〔2〕见《论语·阳货篇》第十九章。

〔3〕见《论语·为政篇》第九章。

〔4〕语本《论语·述而篇》第二章：“默而识之，学而不厌，诲人不倦，何有于我哉。”

〔5〕语本《礼记·檀弓上》：“子夏投其杖而拜曰：‘吾过矣！吾过矣！吾离群而索居，亦已久矣。’”索，散。

〔6〕语本《诗·大雅·文王》：“仪刑文王，万邦作孚。”仪，象；刑，法。

〔7〕语本《诗·周颂·清庙》：“对越在天。”对，配；越，于。

〔8〕闾东本，首篇作“篇首”。

〔9〕日本佐藤一斋所藏嘉靖二十三年（1544）德安府重刊南元善兄弟校本（以后称南本）及闾东本，此序前另有南大吉序言一篇，其文如下：

天地之间，道而已矣。道也者，人物之所由以生者也。是故人之生也，得其秀而最灵，以言乎性则中矣，以言乎情则和矣，以言乎万物则备矣，由圣人至于途人，一也。故曰：“人者，天地之德，阴阳之交，鬼神之会，五行之秀气也。”又曰：“致中和，天地位焉，万物育焉。”是故古者大道之明于天下也，天下之人相忘于道化之中，而无复所谓邪慝者焉。率性以由之，修道以诚之，皞皞乎而不知为之者。是故大顺之所积也，以天则不爱其道也，以地则不爱其宝也，以人则不爱其情也，以物则不爱其灵也，圣人于此夫何言哉！恭己无为而已矣。至其后也，道不明于天下，天下之人相交于物化之中，而邪慝兴焉。失其性而不知求，舍其道而不知修，斯人也，日入于禽兽之归而莫之知也。是故万物弗序而天地弗官矣。圣人生而知道者也，贤人学而知道者也，其视万物无一而非我。而斯人之不知道也，若己推而入于鸟兽之群也，理有所不可隐，心有所不容忍，恶能已于言哉。故孟子曰：“予岂好辩哉？予不得已也。”故夫圣贤之言，将以明斯道示诸人，使天下之人晓然知道之在是，庶民兴焉。庶民兴，则邪慝息；邪慝息，则万物序而天地官矣。夫然后圣贤之心始安而其言始已也。是故其言也，求其是则已矣，非以为闻见之高也；求其明则已矣，非以为门户之高也。而后之为圣贤之学者，其初也，执闻见以自是，而不知圣人之所是者，天下之公是也；立门户以自明，而不知圣人之所明者，天下之同明也。故其后也，言愈多而愈支，支则不可行矣；门愈高而愈小，小则不可通。皆意也，己也，胜心之为也。而世之号为豪杰者，方皆溺于其中而莫之知也，其亦可哀已矣！夫天之命于我而我之具于心者，自有真是真非，至明而不容有蔽者也。故天下之言道者至不一也，苟以平心观之，易气玩之，则其是是非非，自不能遁吾心之真知也。唯夫闻见已执于未观之先，而门户又高于既玩之际，则其言虽是也，蔽于闻见之私而不知其是；指虽明也，隔于门户之异而不通其明。道之不明于天下，治之所以不能追复前古者，其所由来远矣！是录也，门弟子录阳明先生问答之辞，讨论之书，而刻以示诸天下者也。吉也，从游宫墙之下，其于是录也，朝观而夕玩，口诵而心求，盖亦自信之笃。而窃见夫所谓道者，置之而塞乎天地，溥之而横乎四海，施诸后世，无朝夕人心之所同然者也。故命逢吉弟校续而重刻之以传诸天下。天下之于是录也，但勿以闻见梏之，而平心以观其意；勿以门户隔之，而易气以玩其辞。勿以录求录也，而以我求录也，则吾心之本体自见。而凡斯录之言，皆其心之所固有，而无复可疑者矣。则夫大道之明于天下，而天下之所以平者，将亦可俟也已。

嘉靖三年冬十月十有八日赐进士出身中顺大夫绍兴府知府门人渭北南大吉谨序。

又此序后另有小段文如下：

南逢吉曰："此徐子曰仁之自序其录者。不幸曰仁亡矣，录亦散失。今之录虽非其全笔，然其全者不可得，而此序序录之意则备矣，故仍置于首，用以告夫同志者焉。"

传习录上

先生于《大学》“格物”诸说，悉以旧本为正，盖先儒所谓“误本”者也。[1]爱始闻而骇，既而疑，已而殚精竭思，参互错综以质于先生。然后知先生之说若水之寒，若火之热，断断乎“百世以俟圣人而不惑”[2]者也。先生明睿天授，然和乐坦易，不事边幅。人见其少时豪迈不羁，又尝泛滥于词章，出入二氏之学，[3]骤闻是说，皆目以为立异好奇，漫不省究。不知先生居夷三载，[4]处困养静，精一[5]之功，固已超入圣域，粹然大中至正之归矣，爱朝夕炙门下，但见先生之道，即之若易而仰之愈高，见之若粗而探之愈精，就之若近而造之愈益无穷，十余年来，竟未能窥其藩篱。世之君子，或与先生仅交一面，或犹未闻其謦咳，或先怀忽易愤激之心，而遽欲于立谈之间，传闻之说，臆断悬度，如之何其可得也！从游之士，闻先生之教，往往得一而遗二，见其牝牡骊黄而弃其所谓千里者[6]。故爱备录平日之所闻，私以示夫同志，相与考而正之，庶无负先生之教云。门人徐爱书。

〔1〕《大学》，《礼记》第四十二篇。程颐（1033—1107）、朱熹（1130—1200）以旧本有误，朱重编为经一章，传十章，详加注释，名《大学章句》。

〔2〕见《中庸》第二十九章。俟，待。

〔3〕二氏指佛与道。据钱德洪(1496—1574)等所编王守仁《年谱》，王三十一岁，"渐悟仙、释二氏之非"。

〔4〕明武宗(1506—1521)初，宦官刘瑾专权，南京科道戴铣、薄彦徽等上疏请求罢斥刘瑾，挽留致仕大臣刘健等。被刘瑾矫旨除名为民。王守仁(1472—1529)上疏援救，也被谪为龙场驿驿丞。王在龙场时期(1508—1510)开始提出"知行合一"学说。

〔5〕见《书经·大禹谟》："人心惟危，道心惟微；惟精惟一，允执厥中。"使心不杂以人伪而得其正，即是精一之功。王守仁以为"惟精是惟一的工夫"。

〔6〕见《淮南子·道应训》与《列子·说符》。秦穆公(前659—前619)由伯乐的介绍，使九方堙相马。三个月以后，九方堙回报说找到一匹黄色公马。将马带来一看，却是一匹黑色母马。秦穆公不高兴，问伯乐，伯乐说："若堙之所观者，天机也。得其精而忘其粗，在内而忘其外。见其所见而不见其所不见。"结果证实果为千里马。

1. 爱问："'在亲民'，朱子谓当作'新民'，后章'作新民'〔1〕之文似亦有据。先生以为宜从旧本作'亲民'，亦有所据否?"

先生曰："'作新民'之'新'是'自新之民'，与'在新民'之'新'不同，此岂足为据！'作'字却与'亲'字相对，然非'新'〔2〕字义。下面'治国平天下'处，皆于'新'字无发明。如云'君子贤其贤而亲其亲，小人乐其乐而利其利'、'如保赤子'、'民之所好好之，民之所恶恶之，此之谓民之父母'〔3〕之类，皆是'亲'字意。'亲民'犹《孟子》'亲亲仁民'〔4〕之谓，'亲之'即'仁之'也。'百姓不亲'，舜使契为司徒，'敬敷五教’〔5〕，所以亲之也。《尧典》‘克明俊德’便是‘明明德’，‘以亲九族’至‘平章’、‘协和’便是‘亲民’，便是‘明明德于天下’〔6〕。又如孔子言‘修己以安百姓’〔7〕，‘修己’便是‘明明德’，‘安百姓’便是‘亲民’。说‘亲民’便是兼教养意。说‘新民’便觉偏了。”

〔1〕《大学》篇首云：“大学之道，在明明德，在亲民，在止于至善。”朱注称：“此三者，大学之纲领也。”朱据程颐曰：“亲当作新。”《大学》下文引《康诰》曰：“作新民。”朱意以此证“亲当作新”。

〔2〕《王文成公全书》本，新讹作亲，据闾东本改。

〔3〕见《大学章句》第三、九、十章。

〔4〕《孟子·尽心篇上》云：“孟子曰：‘君子之于物也，爱之而弗仁；于民也，仁之而弗亲。亲亲而仁民，仁民而爱物。’”（第四十五章）

〔5〕见《书经·舜典》。

〔6〕《书经·尧典》云：“克明俊德，以亲九族。九族既睦，平章百姓。百姓昭明，协和万邦。”

〔7〕见《论语·宪问篇》第四十五章。

2. 爱问：“‘知止而后有定’〔1〕，朱子以为‘事事物物皆有定理’〔2〕，似与先生之说相戾。”

先生曰：“于事事物物上求至善，却是义外也〔3〕。至善是心之本体，只是明明德到至精至一处便是。然亦未尝离却事物，本注所谓‘尽夫天理之极而无一毫人欲之私’〔4〕者得之。”

〔1〕见《大学章句》经文。

〔2〕朱熹《大学或问》云：“能知所止，则方寸之间，事事物物皆有定理矣。”（第十五页）

〔3〕《孟子·告子篇上》云：“告子（前420—前350）曰：‘食、色，性也。仁，内也，非外也。义，外也，非内也。’”（第四章）孟子（前371—

前289?)主张仁义皆在内，攻击告子的义外说。

〔4〕朱熹《大学章句》注解“大学之道，在明明德，在亲民，在止于至善”句曰：“言明明德新民，皆当止于至善之地而不迁。盖必其有以尽夫天理之极，而无一毫人欲之私也。”

3. 爱问：“至善只求诸心，恐于天下事理有不能尽。”

先生曰：“心即理也。[1]天下又有心外之事、心外之理乎？”

爱曰：“如事父之孝，事君之忠，交友之信，治民之仁，其间有许多理在，恐亦不可不察。”

先生叹曰：“此说之蔽久矣，岂一语所能悟；今姑就所问者言之。且如事父不成，去父上求个孝的理；事君不成，去君上求个忠的理；交友、治民不成，去友上、民上求个信与仁的理，都只在此心。心即理也，此心无私欲之蔽，即是天理，不须外面添一分。以此纯乎天理之心，发之事父便是孝，发之事君便是忠，发之交友、治民便是信与仁。只在此心去人欲、存天理上用功便是。”

爱曰：“闻先生如此说，爱已觉有省悟处。但旧说缠于胸中，尚有未脱然者。如事父一事，其间温凊定省之类[2]，有许多节目，不亦须讲求否？”

先生曰：“如何不讲求？只是有个头脑，只是就此心去人欲、存天理上讲求。就如讲求冬温，也只是要尽此心之孝，恐怕有一毫人欲间杂；讲求夏凊，也只是要尽此心之孝，恐怕有一毫人欲间杂，只是讲求得此心。此心若无人欲，纯是天理，是个诚于孝亲的心，冬时自然思量父母的寒，便自要去求个温的道理，夏时自然思量父母的热，便自要去求个凊的道理，这都是那诚孝的心发出来的条件。却是须有这诚孝的心，然后有这条件发出来。譬之树木，这诚孝的心便是根，许多条件便是枝叶，须先有根，然后有枝叶，不是先寻了枝叶，然后去种根。《礼记》言：'孝子之有深爱者，必有和气，有和气者，必有愉色，有愉色者，必有婉容。'〔3〕须是有个深爱做根，便自然如此。"

〔1〕"心即理也"，为王守仁哲学思想的主要观点之一。王守仁说："心一而已，以其条理而言谓之理。"（《传习录》中，第133条；以下注中条数皆指《传习录》而言，不再注明卷别）"理一而已，以其理之凝聚而言则谓之性，以其凝聚之主宰而言，则谓之心。"（第170条）"心即理也"就是说心的本体就是天理。理的主宰处即心，心的条理处即理。他反对朱熹"析心与理而为二"，"外心以求理"。

〔2〕《礼记·曲礼上》云："凡为人子之礼，冬温而夏清，昏定而晨省。"陈澔注曰："温以御其寒，清以致其凉，定其衽席，省其安否。"衽席，卧席。

〔3〕见《礼记·祭义》。

4. 郑朝朔〔1〕问："至善亦须有从事物上求者。"

先生曰："至善只是此心纯乎天理之极便是，更于事物上怎生求？且试说几件看。"

朝朔曰："且如事亲，如何而为温清之节，如何而为奉养之宜，〔2〕须求个是当，方是至善；所以有学问思辨之功。〔3〕"

先生曰："若只是温清之节，奉养之宜，可一日二日讲之而尽，用得甚学问思辨！惟于温清时也只要此心纯乎天理之极，奉养时也只要此心纯乎天理之极，此则非有学问思辨之功，将不免于毫厘千里之谬；所以虽在圣人，犹加'精一'之训。若只是那些仪节求得是当，便谓至善，即如今扮戏子，扮得许多温清奉养的仪节是当，亦可谓之至善矣。”爱于是日又有省。

〔1〕郑朝朔，名一初，广东揭阳人，弘治十八年进士。正德六年，王守仁任吏部员外郎，郑朝朔任御史，因陈世杰请受学。《全书·外集》有《祭郑朝朔文》。（参见《明儒学案》卷三十）

〔2〕此系朱熹在《大学或问》中引用程颐的话。（见该书第五十六页）

〔3〕《中庸》论“诚之”之条目，有云：“博学之，审问之，慎思之，明辨之，笃行之。”（第二十章）

5. 爱因未会先生知行合一之训，与宗贤〔1〕、惟贤〔2〕往复辩论，未能决，以问于先生。

先生曰：“试举看。”

爱曰：“如今人尽有知得父当孝、兄当弟者，却不能孝，不能弟，便是知与行分明是两件。”

先生曰：“此已被私欲隔断，不是知行的本体了。未有知而不行者；知而不行，只是未知。圣贤教人知行，正是要复那本体，不是著你只恁的便罢。故《大学》指个真知行与人看，说‘如好好色，如恶恶臭’。〔3〕见好色属知，好好色属行，只见那好色时已自好了，不是见了后又立个心去好；闻恶臭属知，恶恶臭属行，只闻那恶臭时已自恶了，不是闻了后别立个心去恶。如鼻塞人虽见恶臭在前，鼻中不曾闻得，便亦不甚恶，亦只是不曾知臭。就是称某人知孝、某人知弟，必是其人已曾行孝、行弟，方可称他知孝、知弟；不成只是晓得说些孝、弟的话，便可称为知孝、弟。又如知痛，必已自痛了方知痛；知寒，必已自寒了；知饥，必已自饥了。知行如何分得开？此便是知行的本体，不曾有私意隔断的。圣人教人必要是如此，方可谓之知；不然，只是不曾知。此却是何等紧切着实的工夫，如今苦苦定要说知行做两个，是甚么意？某要说做一个，是甚么意？若不知立言宗旨，只管说一个两个，亦有甚用！”

爱曰：“古人说知行做两个，亦是要人见个分晓，一行做知的功夫，一行做行的功夫，即功夫始有下落。”

先生曰：“此却失了古人宗旨也。某尝说知是行的主意，行是知的功夫；知是行之始，行是知之成。[4]若会得时，只说一个知，已自有行在，只说一个行，已自有知在。古人所以既说一个知，又说一个行者，只为世间有一种人，懵懵懂懂的任意去做，全不解思惟省察，也只是个冥行妄作，所以必说个知，方才行得是；又有一种人，茫茫荡荡悬空去思索，全不肯着实躬行，也只是个揣摸影响，所以必说一个行，方才知得真。此是古人不得已补偏救弊的说话，若见得这个意时，即一言而足。今人却就将知行分作两件去做，以为必先知了，然后能行，我如今且去讲习讨论做知的工夫，待知得真了，方去做行的工夫；故遂终身不行，亦遂终身不知。此不是小病痛，其来已非一日矣。某今说个知行合一，正是对病的药，又不是某凿空杜撰，知行本体原是如此。今若知得宗旨时，即说两个亦不妨，亦只是一个；若不会宗旨，便说一个，亦济得甚事？只是闲说话。”

〔1〕黄宗贤（1477—1551），名绾，号久庵，浙江黄岩人，以世荫出仕，历任至礼部尚书。正德五年，在北京与王守仁、湛若水（1466—1560）成为至交。嘉靖元年，拜王守仁为师。王守仁死，桂萼百端压制，黄绾上疏申辩。后又以女嫁王守仁之子，销其外侮。晚年著《明道篇》，与王守仁的思想决裂。

〔2〕顾惟贤（1483—1565），名应祥，号箬溪，浙江长兴人。弘治十八年

进士。历任至刑部尚书。少受业于王守仁，守仁死后，顾见《传习续录》，作《传习录疑》以辨之，并不同意知行合一学说。顾精于数学、天文，著有《授时历撮要》、《弧矢算术》等。

〔3〕见《大学章句》第六章。

〔4〕季彭山(1485—1563)说："自发端而言，则以明觉之几为主，故曰：'知者行之始。'自致极而言，则以流行之势为主，故曰：'行者知之终。'虽若以知行分先后，而知为行始，行为知终，则所知者即是行，所行者即是知。"(《明儒学案》卷十三《王门学案三·说理会编》)

佐藤一斋(1772—1859)说："自行之分别处谓之知，故曰主意，自知之作为处谓之行，故曰功夫。始字是方始，非初始。成字是作为，非完成。若解为初始完成，若于主意功夫有碍。"(《传习录栏外书》第五页)

按：季彭山注释较切。王守仁说："知是行的主意，行是知的功夫。""知是行之始，行是知之成。""知之真切笃实处即是行，行之明觉精察处即是知。"(第133条)。这本是从不同的角度说明知行合一。三句相互补充，其间并不相碍。若据佐藤一斋说，"成"是"作为"，则与"功夫"意义相重，不必分做两句说了。

6. 爱问："昨闻先生'止至善'之教，已觉功夫有用力处，但与朱子'格物'之训，思之终不能合。"

先生曰："'格物'是'止至善'之功。既知'至善'，即知'格物'矣。"

爱曰："昨以先生之教推之'格物'之说，似亦见得大略。但朱子之训，其于《书》之'精一'，《论语》之'博约'〔1〕，《孟子》之'尽心知性'〔2〕，皆有所证据，〔3〕以是未能释然。"

先生曰："子夏笃信圣人，曾子反求诸己，〔4〕笃信固亦是，然不如反求之切。今既不得于心，安可狃于旧闻，不求是当！

就如朱子亦尊信程子，至其不得于心处，亦何尝苟从？‘精一’、‘博约’、‘尽心’本自与吾说吻合，但未之思耳。朱子‘格物’之训，未免牵合附会，非其本旨。精是一之功，博是约之功，曰仁既明知行合一之说，此可一言而喻。‘尽心知性知天’是‘生知安行’事，‘存心养性事天’是‘学知利行’事，‘夭寿不贰，修身以俟’是‘困知勉行’事。朱子错训‘格物’，只为倒看了此意，以‘尽心知性’为‘物格知至’，[5]要初学便去做‘生知安行’事，如何做得！”

爱问：“‘尽心知性’何以为‘生知安行’？”

先生曰：“性是心之体，天是性之原，尽心即是尽性。惟天下至诚，为能尽其性，知天地之化育。[6]‘存心’[7]者，心有未尽也。‘知天’，如‘知州’、‘知县’之‘知’，是自己分上事，已与天为一。‘事天’如子之事父，臣之事君，须是恭敬奉承，然后能无失，尚与天为二，此便是圣贤之别。至于‘夭寿不贰’其心，乃是教学者一心为善，不可以穷通夭寿之故，便把为善的心变动了，只去修身以俟命，见得穷通夭寿有个命在，我亦不必以此动心。‘事天’虽与天为二，已自见得个天在面前；‘俟命’便是未曾见面，在此等候相似，此便是初学立心之始，有个困勉的意在。今却倒做了，所以使学者无下手处。”

爱曰：“昨闻先生之教，亦影影见得功夫须是如此，今闻此说，益无可疑。爱昨晓思‘格物’的‘物’字，即是‘事’字，皆从心上说。”

先生曰：“然。身之主宰便是心，心之所发便是意，意之本体便是知，意之所在便是物。[8]如意在于事亲，即事亲便是一物，意在于事君，即事君便是一物，意在于仁民、爱物，即仁民、爱物便是一物，意在于视、听、言、动，即视、听、言、动便是一物。所以某说无心外之理，无心外之物。《中庸》言‘不诚无物’〔9〕，《大学》‘明明德’之功，只是个‘诚意’。‘诚意’之功，只是个‘格物’。”

〔1〕《论语·雍也篇》云：“子曰：‘君子博学于文，约之以礼，亦可以弗畔矣夫。’”（第二十五章）又《论语·子罕篇》云：“颜渊曰：‘夫子循循然善诱人，博我以文，约我以礼。’”（第十章）

〔2〕《孟子·尽心篇上》云：“尽其心者，知其性也；知其性则知天矣。”（第一章）

〔3〕朱熹从格物穷理的观点解释“精一”说：“‘人心惟危，道心惟微，惟精惟一，允执厥中。’程子曰：‘人心，人欲，故危殆。道心，天理，故精微。’惟精以致之，惟一以守之，如此方能执中。此言尽之矣。惟精者，精审之而勿杂也。惟一者，有首有尾专一也。”（《朱子语类》卷七十八）

朱熹引侯仲良的《论语说》从格物的观点注解“博约”说：“博我以文，致知格物也。约我以礼，克己复礼也。”（《论语集注·子罕篇》第十章）

朱熹从格物的观点注解“尽心知性”曰：“以大学之序言之，知性则物格之谓，尽心则知至之谓也。”（《孟子集注·尽心篇上》第一章）

〔4〕见朱熹《孟子集注·公孙丑篇上》第二章。

〔5〕《孟子·尽心篇上》云：“尽其心者，知其性也，知其性则知天矣。存其心，养其性，所以事天也。夭寿不贰，修身以俟之，所以立命也。”（第一章）

《中庸》云：“或生而知之，或学而知之，或困而知之，及其知之，一也。或安而行之，或利而行之，或勉强而行之，及其成功，一也。”（第二十章）

朱熹注解《孟子》上述“尽其心者，……所以立命也。”曰：“尽心知性而知天，所以造其理也。存心养性以事天，所以履其事也。不知其理，固不能履其事，然徒造其理而不履其事，则亦无以有诸己矣。知天而不以夭寿贰其心，智之尽也。事天而能修身以俟死，仁之至也。智有不尽，固不知所以为仁，然智而不仁，则亦流荡不法，而不足以为智矣。”这个注解与王守仁用《中庸》的思想来解释，并不相同。王守仁批评朱“要初学便去做‘生知安行’事，如何做得？”与朱的思想并不完全相应，此处只宜从王守仁阐述自己思想的角度理解之。

〔6〕语本《中庸》：“唯天下至诚，为能尽其性；能尽其性，则能尽人之性；能尽人之性，则能尽物之性；能尽物之性，则可以赞天地之化育；可以赞天地之化育，则可以与天地参矣。”（第二十二章）

〔7〕存心：言心尚未尽而后有待于存，已尽则不用存了。

〔8〕王守仁此处所谓“意之所在便是物”，系从狭义而言。下文“理一而已，……以其明觉之感应而言，则谓之物”（第170条），则从广义而言。

〔9〕见《中庸》第二十五章。

7. 先生又曰：“‘格物’如《孟子》‘大人格君心’〔1〕之格，是去其心之不正，以全其本体之正。但意念所在，即要去其不正，以全其正，即无时无处不是存天理，即是穷理，‘天理’即是‘明德’，‘穷理’即是‘明明德’。”

〔1〕《孟子·离娄篇上》云：“惟大人为能格君心之非。”（第二十章）朱熹引赵氏注曰：“格，正也。”

8. 又曰：“知是心之本体，心自然会知。见父自然知孝，见兄自然知弟，见孺子入井自然知恻隐，〔1〕此便是‘良知’〔2〕，不假外求。若‘良知’之发，更无私意障碍，即所谓充其恻隐之心，而仁不可胜用矣。〔3〕然在常人，不能无私意障碍，所以须用‘致知’、‘格物’之功。胜私复理，即心之‘良知’更无障碍,得以充塞[4]流行,便是致其知。知致则意诚。”

〔1〕语本《孟子·公孙丑篇上》:“今人乍见孺子将入于井,皆有怵惕恻隐之心。”(第六章)

〔2〕语本《孟子·尽心篇上》:“人之所不学而能者,其良能也;所不虑而知者,其良知也。”(第十五章)

黄宗羲(1610—1695)曰:“先生(徐爱)记《传习》,初卷皆南中所闻,其于致良知之说,固未之知也。然《录》中有云:‘知是心之本体。心自然会知,见父自然知孝,见兄自然知弟,见孺子入井自然知恻隐,此便是良知。使此心之良知充塞流行,便是致其知。’则三字之提,不始于江右,明矣。但江右以后,以此为宗旨尔。是故阳明之学,先生为得其真。”(《明儒学案》卷十一《浙中王门学案一》)

〔3〕语本《孟子·尽心篇下》:“人能充无欲害人之心,而仁不可胜用也。”(第三十一章)

〔4〕塞字本张载“天地之塞,吾其体”(《西铭》)。

9. 爱问:“先生以‘博文’为‘约礼’功夫,深思之,未能得,略请开示。”

先生曰:“‘礼’字即是‘理’字。‘理’之发见可见者谓之‘文’,‘文’之隐微不可见者谓之‘理’,只是一物,‘约礼’只是要此心纯是一个天理。要此心纯是天理,须就‘理’之发见处用功:如发见于事亲时,就在事亲上学存此天理;发见于事君时,就在事君上学存此天理;发见于处富贵贫贱时,就在处富贵贫贱上学存此天理;发见于处患难夷狄时,就在处患难夷狄上学存此天理[1];至于作止、语默,无处不然,随他发见处,即就那上面学个存天理。这便是‘博学之于文’,便是‘约礼’的功夫。‘博文’即是‘惟精’,‘约礼’即是‘惟一’。”

〔1〕语本《中庸》:“君子素其位而行,不愿乎其外,素富贵行乎富贵,素

贫贱行乎贫贱，素夷狄行乎夷狄，素患难行乎患难。君子无入而不自得焉。”（第十四章）

10. 爱问：“‘道心’常为一身之主，而‘人心’每听命[1]；以先生‘精一’之训推之，此语似有弊。”

先生曰：“然。心一也，未杂于人谓之‘道心’，杂以人伪谓之‘人心’。‘人心’之得其正者即‘道心’，‘道心’之失其正者即‘人心’，初非有二心也。程子谓‘人心即人欲，道心即天理’[2]。语若分析，而意实得之。今曰道心为主，而人心听命，是二心也。‘天理’、‘人欲’不并立，安有‘天理’为主，‘人欲’又从而听命者。”

〔1〕指朱熹《中庸章句序》所说：“必使道心常为一身之主，而人心每听命焉，则危者安，微者著，而动静云为，自无过不及之差矣。”

〔2〕见《二程遗书》第十九卷。

11. 爱问文中子、韩退之[1]。

先生曰：“退之，文人之雄耳；文中子，贤儒也。后人徒以文词之故，推尊退之，其实退之去文中子远甚。”

爱问：“何以有拟经[2]之失？”

先生曰：“拟经恐未可尽非。且说后世儒者著述之意与拟经如何？”

爱曰：“世儒著述，近名之意不无，然期以明道；拟经纯若为名。”

先生曰：“著述以明道，亦何所效法？”

曰：“孔子删述《六经》以明道也。”

先生曰：“然则拟经独非效法孔子乎？”

爱曰:“著述即于道有所发明;拟经似徒拟其迹,恐于道无补。”

先生曰:“子以明道者,使其反朴还淳而见诸行事之实乎?抑将美其言辞而徒以哓哓于世也?天下之大乱,由虚文胜而实行衰也。使道明于天下,则《六经》不必述;删述《六经》,孔子不得已也。自伏羲画卦,至于文王、周公,其间言《易》,如《连山》、《归藏》[3]之属,纷纷籍籍不知其几,《易》道大乱。孔子以天下好文之风日盛,知其说之将无纪极,于是取文王、周公之说而赞之,[4]以为惟此为得其宗。于是纷纷之说尽废,而天下之言《易》者始一。《书》、《诗》、《礼》、《乐》、《春秋》皆然。《书》自《典》、《谟》以后,《诗》自《二南》以降,如《九丘》、《八索》,[5]一切淫哇逸荡之词,盖不知其几千百篇。礼、乐之名物度数,至是亦不可胜穷。孔子皆删削而述正之,然后其说始废。如《书》、《诗》、《礼》、《乐》中,孔子何尝加一语。今之《礼记》诸说,皆后儒附会而成,已非孔子之旧。至于《春秋》,虽称孔子作之,[6]其实皆鲁史旧文;所谓‘笔’者,笔其旧,所谓‘削’者,削其繁,是有减无增。孔子述《六经》,惧繁文之乱天下,惟简之而不得,使天下务去其文以求其实,非以文教之也。《春秋》以后,繁文益盛,天下益乱。始皇焚书得罪,是出于私意,又不合焚《六经》;若当时志在明道,其诸反经叛理之说,悉取而焚之,亦正暗合删述之意。自秦、汉以降,文又日盛,若欲尽去之,断不能去;只宜取法孔子录其近是者而表章之,则其诸怪悖之说,亦宜渐渐自废。不知文中子当时拟经之意如何,某切深有取于其事,以为圣人复起,不能易也。天下所以不治,只因文盛实衰,人出己见,新奇相高,以眩俗取誉,徒以乱天下之聪明,涂天下之耳目,使天下靡然，争务修饰文词以求知于世，而不复知有敦本尚实，反朴还淳之行，是皆著述者有以启之。”

爱曰：“著述亦有不可缺者，如《春秋》一经，若无《左传》，恐亦难晓。”

先生曰：“《春秋》必待《传》而后明，是歇后谜语矣，圣人何苦为此艰深隐晦之词。《左传》多是鲁史旧文，若《春秋》须此而后明，孔子何必削之？”

爱曰：“伊川亦云：‘《传》是案，《经》是断。’〔7〕如书‘弑某君’、‘伐某国’，若不明其事，恐亦难断。”

先生曰：“伊川此言恐亦是相沿世儒之说，未得圣人作经之意。如书‘弑君’，即弑君便是罪，何必更问其弑君之详？征伐当自天子出，书‘伐国’，即伐国便是罪，何必更问其伐国之详？圣人述《六经》，只是要正人心，只是要存天理、去人欲，于存天理、去人欲之事则尝言之。或因人请问，各随分量而说，亦不肯多道，恐人专求之言语，故曰‘予欲无言’〔8〕，若是一切纵人欲、灭天理的事，又安肯详以示人？是长乱导奸也。故孟子云：‘仲尼之门，无道桓、文之事者，是以后世无传焉。’〔9〕此便是孔门家法。世儒只讲得一个伯者的学问，所以要知得许多阴谋诡计，纯是一片功利的心，与圣人作经的意思正相反，如何思量得通！”因叹曰：“此非达天德者未易与言此也！”〔10〕又曰：“孔子云‘吾犹及史之阙文也’〔11〕。孟子云‘尽信《书》不如无《书》，吾于《武成》，取二三策而已’〔12〕。孔子删《书》，于唐、虞、夏四五百年间不过数篇，岂更无一事，而所述止此，圣人之意可知矣。圣人只是要删去繁文，后儒却只要添上。”

爱曰：“圣人作经，只是要去人欲、存天理，如五伯〔13〕以下事，圣人不欲详以示人，则诚然矣。至如尧、舜以前事，如何略不少见？”

先生曰：“羲、黄之世，其事阔疏，传之者鲜矣。此亦可以想见其时全是淳庞朴素、略无文采的气象，此便是太古之治，非后世可及。”

爱曰：“如《三坟》〔14〕之类，亦有传者，孔子何以删之？”

先生曰：“纵有传者，亦于世变渐非所宜。风气益开，文采日胜，至于周末，虽欲变以夏、商之俗，已不可挽，况唐、虞乎！又况羲、黄之世乎！然其治不同，其道则一。孔子于尧、舜则祖述之，于文、武则宪章之〔15〕。文、武之法，即是尧、舜之道，但因时致治，其设施政令，已自不同，即夏、商事业施之于周，已有不合。故‘周公思兼三王，其有不合，仰而思之，夜以继日’〔16〕。况太古之治，岂复能行。斯固圣人之所可略也。”又曰：“专事无为，不能如三王之因时致治，而必欲行以太古之俗，即是佛、老的学术。因时致治，不能如三王之一本于道，而以功利之心行之，即是伯者以下事业。后世儒者，许多讲来讲去，只是讲得个伯术。”

〔1〕文中子，即隋代王通（584—617），字仲淹，山西龙门人。仿孔子作《六经》。

韩退之（768—824），名愈，河北昌黎人，唐代著名文人。反对佛、道，为宋、明理学的先驱。

朱熹说：“孟子后，荀（子）扬（雄）浅，不济得事，只有王通、韩愈好，又不全淳。”（《朱子语类》卷一百三十七）

〔2〕司马光（1019—1086）《补传》曰：“《礼论》二十二篇，《乐论》二十篇，《续书》百有五十篇，《续诗》三百六十篇，《元经》五十篇，《赞易》七十篇，谓之‘王氏六经’。”（朱彝尊《经义考》引）

〔3〕《周礼・春官・宗伯》：“簭人，掌三《易》，以辨九簭之名，一曰《连

山》，二曰《归藏》，三曰《周易》。”（卷二十四）传说《连山》为夏《易》，《归藏》为殷《易》。

〔4〕传说周文王（前1171—前1122）叠八卦而成六十四卦，于每卦作卦辞。卦之每爻，传周公（前1094）作爻辞。孔子赞《易》，作《彖传》上下、《象传》上下、《系辞传》上下、《文言传》、《说卦传》、《序卦传》、《杂卦传》，称十翼。

〔5〕《典》、《谟》指《书经》首数篇之《尧典》、《舜典》、《大禹谟》、《皋陶谟》等。《二南》为《诗经》首二辑之《周南》、《召南》。

《九丘》、《八索》，传说古书名。《左传》云：“楚左史倚相能读《三坟》、《五典》、《八索》、《九丘》。”

〔6〕《孟子·滕文公篇下》云：“世衰道微，邪说暴行有作，臣弒其君者有之，子弒其父者有之。孔子惧，作《春秋》。”（第九章）

〔7〕见《二程遗书》第十五卷。

〔8〕见《论语·阳货篇》第十九章。

〔9〕见《孟子·梁惠王篇上》第七章。

〔10〕语本《中庸》：“苟不固聪明圣知达天德者，其孰能知之。”（第三十二章）

〔11〕见《论语·卫灵公篇》第二十五章。

〔12〕见《孟子·尽心篇下》第三章。《武成》，《周书》篇名，记武王伐纣事。策，竹简。

〔13〕五伯：齐桓公（前685—前643）、晋文公（前636—628）、秦穆公（前659—前619）、楚庄王（前613—前589）、宋襄公（前650—前635）。参见《孟子·告子篇下》第七章。

〔14〕《三坟》：传说古书名。

〔15〕语本《中庸》：“仲尼祖述尧、舜，宪章文、武。”（第三十章）朱熹注：“祖述者，远宗其道；宪章者，近守其法。”

〔16〕见《孟子·离娄篇下》第二十章。

12. 又曰："唐、虞以上之治，后世不可复也，略之可也。三代以下之治，后世不可法也，削之可也。惟三代之治可行。然而世之论三代者，不明其本而徒事其末，则亦不可复矣。"

13. 爱曰："先儒论《六经》，以《春秋》为史。史专记事，恐与《五经》事体终或稍异。"

先生曰："以事言谓之史，以道言谓之经。事即道，道即事。《春秋》亦经，《五经》亦史。〔1〕《易》是包牺氏之史，《书》是尧、舜以下史，《礼》、《乐》是三代史。其事同，其道同，安有所谓异！"

〔1〕"五经亦史"，为王守仁的主要观点之一，与朱熹的观点有所不同。朱熹说："古之圣人，作为《六经》，以教后世。《易》以通幽明之故，《书》以纪政事之实，《诗》以导情性之正，《春秋》以示法戒之严，《礼》以正行，《乐》以和心，其于义礼之精微，古今之得失，所以该贯发挥，究竟穷极，可谓盛矣。"(《朱子大全·建宁府建阳县学藏书记》)这个观点对后来影响甚大，清代章学诚就是其中著名人物之一，王守仁晚年的观点又有变化，提出"《六经》者，吾心之记籍也"，详见《稽山书院尊经阁纪》(《全书》卷七)。

14. 又曰："《五经》亦只是史。史以明善恶，示训戒；善可为训者，时存其迹以示法；恶可为戒者，存其戒而削其事以杜奸。"

爱曰："存其迹以示法，亦是存天理之本然；削其事以杜奸，亦是遏人欲于将萌否？"先生曰："圣人作经，固无非是此意；然又不必泥著文句。"

爱又问："恶可为戒者，存其戒而削其事以杜奸，何独于

《诗》而不删郑、卫？先儒谓恶者可以惩创人之逸志，[1]然否？”

先生曰：“《诗》非孔门之旧本矣。孔子云：‘放郑声，郑声淫。’[2]又曰：‘恶郑声之乱雅乐也。’[3]‘郑、卫之音，亡国之音也。’[4]此是孔门家法。孔子所定三百篇，皆所谓雅乐，皆可奏之郊庙，奏之乡党，皆所以宣畅和平，涵泳德性，移风易俗，安得有此！是长淫导奸矣！此必秦火之后，世儒附会，以足三百篇之数。盖淫泆之词，世俗多所喜传，如今闾巷皆然。恶者可以惩创人之逸志，是求其说而不得，从而为之辞。”

〔1〕语本朱熹《论语集注·为政篇》：“凡《诗》之言，善者可以感发人之善心，恶者可以惩创人之逸志，其用归于使人得其情性之正而已。”（第二章注）

〔2〕见《论语·卫灵公篇》第十章。

〔3〕见《论语·阳货篇》第十八章。

〔4〕见《礼记·乐记篇》：“郑、卫之音，乱世之音也，比于慢矣。桑间、濮上之音，亡国之音也。”（卷十一）

爱因旧说汩没，始闻先生之教，实是骇愕不定，无入头处；其后闻之既久，渐知反身实践，然后始信先生之学为孔门嫡传，舍是皆傍蹊小径、断港绝河矣。如说“‘格物’是‘诚意’的工夫，‘明善’是‘诚身’的工夫，‘穷理’是‘尽性’的工夫，‘道问学’是‘尊德性’的工夫，‘博文’是‘约礼’的工夫，‘惟精’是‘惟一’的工夫”：[1]诸如此类，始皆落落难合；其后思之既久，不觉手舞足蹈。

右曰仁所录[2]。

〔1〕“格物”与“诚意”，语出《大学》；“明善”与“诚身”，语出《中庸》；“穷

理”与“尽性”，语出《易·说卦传》；“道问学”与“尊德性”语出《中庸》；“博文”与“约礼”，语出《论语》；“惟精”与“惟一”，语出《书经》。徐爱认为王守仁的“心与理一”、“知行合一”的格物新说，可以将这些思想通贯。参见《答天宇书》(《全书》卷四)及《示弟立志说》(《全书》卷七)。

〔2〕南本作“门人徐爱曰仁录”，此后有小段文如下：

曰仁所纪凡三卷，侃近得此数条，并两小序，其余俟求其家附录之。正德戊寅(1518)春薛侃识。

15. 陆澄〔1〕问：“主一〔2〕之功，如读书则一心在读书上，接客则一心在接客上，可以为主一乎？”

先生曰：“好色则一心在好色上，好货则一心在好货上，可以为主一乎？是所谓逐物，非主一也。主一是专主一个天理。”〔3〕

〔1〕陆澄，字原静，一字清伯，归安(今浙江吴兴)人。正德十二年(1517)进士，授刑部主事。嘉靖时，议大礼不合，罢归，后悔前议之非，上疏自讼，帝恶其反复，遂斥不用。时有议守仁之学者，陆欲上疏抗辨，守仁闻而止之。参见《明儒学案》卷十四。

〔2〕语本程颐所说：“所谓敬者，主一之谓敬。所谓一者，无适之谓一。且欲涵泳主一之义，一则无二、三矣。”(《二程集·遗书》卷十五)

〔3〕南本、闾东本，此条前尚有一条：“先生曰：‘持志如心痛。一心在痛上，岂有功夫说闲话，管闲事。’”《全书》本载此条于第24条与第25条之间。

16. 问立志。

先生曰：“只念念要存天理，即是立志。能不忘乎此，久则自然心中凝聚，犹道家所谓‘结圣胎’〔1〕也。此天理之念常存，驯至于美大圣神，〔2〕亦只从此一念存养扩充去耳。”〔3〕

〔1〕道教炼内丹，以母体结胎比喻凝聚精、气、神三者炼成之丹，曰“结圣胎”。

〔2〕语本《孟子·尽心篇下》：“充实之谓美，充实而有光辉之谓大，大而化之之谓圣，圣而不可知之之谓神。”（第二十五章）

〔3〕参见《示弟立志说》：“是以君子之学，无时无处而不以立志为事。正目而视之，无他见也；倾耳而听之，无他闻也。如猫捕鼠，如鸡覆卵，精神心思，凝聚融结，而不复知有其他。然后此志常立，神气精明，义理昭著。一有私欲，即便知觉，自然容住不得矣。故凡一毫私欲之萌，只责此志不立，即私欲便退。听一毫客气之动，只责此志不立，即客气便消除。或怠心生，责此志即不怠。忽心生，责此志即不忽。懆心生，责此志即不懆。妒心生，责此志即不妒。忿心生，责此志即不忿。贪心生，责此志即不贪。傲心生，责此志即不傲。吝心生，责此志即不吝。盖无一息而非立志责志之时，无一事而非立志责志之地。故责志之功，其于去人欲，有如烈火之燎毛，太阳一出而魍魉潜消也。”（《全书》卷七）

17. “日间工夫觉纷扰，则静坐；觉懒看书，则且看书，是亦因病而药。”

18. “处朋友，务相下则得益，相上则损。”

19. 孟源[1]有自是好名之病，先生屡责之。一日，警责方已，一友自陈日来工夫请正。源从傍曰：“此方是寻著源旧时家当。”

先生曰：“尔病又发！”源色变，议拟欲有所辩。

先生曰：“尔病又发！”因喻之曰：“此是汝一生大病根！譬如方丈地内，种此一大树，雨露之滋，土脉之力，只滋养得这个大根；四傍纵要种些嘉谷，上面被此树叶遮覆，下面被此树根盘结，如何生长得成？须用伐去此树，纤根勿留，方可种植嘉种。不然，任汝耕耘培壅，只是滋养得此根。”

〔1〕孟源，字伯生，滁州人。其他情况不详。

20. 问："后世著述之多，恐亦有乱正学。"

先生曰："人心天理浑然，圣贤笔之书，如写真传神，不过示人以形状大略，使之因此而讨求其真耳；其精神意气，言笑动止，固有所不能传也。后世著述，是又将圣人所画摹仿誊写，而妄自分析加增以逞其技，其失真愈远矣。"〔1〕

〔1〕参见《五经臆说序》："得鱼而忘筌，醪尽而糟粕弃之。鱼醪之未得，而曰'是筌与糟粕也，鱼与醪终不可得矣'。五经，圣人之学具焉，然自其已闻者而言之，其于道也，亦筌与糟粕耳。窃尝怪夫世之儒者求鱼于筌，而谓糟粕之为醪也。夫谓糟粕之为醪，犹近也。糟粕之中而醪存，求鱼于筌，则筌与鱼远矣。"（《全书》卷二十二）

21. 问："圣人应变不穷，莫亦是预先讲求否？"

先生曰："如何讲求得许多？圣人之心如明镜，只是一个明，则随感而应，无物不照，未有已往之形尚在，未照之形先具者。若后世所讲，却是如此，是以与圣人之学大背。周公制礼作乐以文天下，皆圣人所能为，尧、舜何不尽为之而待于周公？孔子删述《六经》以诏万世，亦圣人所能为，周公何不先为之而有待于孔子？是知圣人遇此时，方有此事。只怕镜不明，不怕物来不能照。讲求事变，亦是照时事，然学者却须先有个明的工夫。学者惟患此心之未能明，不患事变之不能尽。”

曰:“然则所谓‘冲漠无朕,而万象森然已具’〔1〕者,其言何如?”

曰:“是说本自好,只不善看,亦便有病痛。”

〔1〕程颐语,见《二程集·遗书》卷十五。朱熹说:“若夫所谓体用一原者,程子之言盖已密矣。其曰体用一原者,以至微之理言之,则冲漠无朕,而万象昭然已具也。其曰显微无间者,以至著之象言之,则即事即物,而此理无乎不在也。”(《太极图说解》)

陈荣捷说:“许多研究中国哲学的日本学者断言这一名言源自佛教,但没有人指明出处。山崎暗斋(1618—1682)在他关于这一名言的论文中(《续山崎暗斋全集》第二卷,第七十八至八十六页),列举这一名言的一切引用处和新儒家对它的所有讨论,但没有一个字提到它的出处。《大汉和辞典》(迄今这一类字典中最完备者)认为它的作者是程颐,而不是哪一位佛教徒。像‘冲’、‘漠’、‘无朕’这些术语来自道家,太田锦成(1765—1825)已经指出这一点(《疑问录》第一卷,第二十页)。这一名言的第二部分实际上与永嘉玄觉禅师(712卒)的《证道歌》中有一语句相同(《景德传灯录》第三十卷第十一页)。”(《传习录》英译本,第二十七页)

22. “义理无定在,无穷尽,吾与子言,不可以少有所得,而遂谓止此也,再言之十年、二十年、五十年,未有止也。”他日又曰:“圣如尧、舜,然尧、舜之上善无尽;恶如桀、纣,然桀、纣之下恶无尽。使桀、纣未死,恶宁止此乎?使善有尽时,文王何以‘望道而未之见’?〔1〕”

〔1〕语见《孟子·离娄篇下》第二十章。而,如。

参见《见斋说》:“道不可言也,强为之言而益晦;道无可见也,妄为之见而益远。夫有而未尝有，是真有也。无而未尝无，是真无也。见而未尝见，是真见也。子未观于天乎？谓天为无可见，则苍苍耳，昭昭耳。日月之代明，四时之错行，未尝无也。谓天为可见，则即之而无所，指之而无定，执之而无得，未尝有也。夫天，道也；道，天也。风可捉也，影可拾也，道可见也。曰：'然则吾终无所见乎，古之人则亦终无所见乎？'曰：'神无方而道无体，仁者见之谓之仁，知者见之谓之知，是有方体者也，见之而未尽者也，颜子则如有所立卓尔。夫谓之如，则非有也。谓之有，则非无也。是故虽欲从之，末由也已。故夫颜氏之子为庶几也。文王望道而未之见，斯真见也已。'"（《全书》卷七）

23. 问："静时亦觉意思好，才遇事便不同，如何？"

先生曰："是徒知静养，而不用克己工夫也。如此，临事便要倾倒。人须在事上磨，方立得住，方能静亦定，动亦定。"[1]

〔1〕语见程颢（1032—1085）《答横渠张子厚先生书》（《二程集·文集》卷二）。

参见《与刘元道》："且专欲绝世故，屏思虑，偏于虚静，则恐既已养成空寂之性，虽欲勿流于空寂，不可得矣。大抵治病虽无一定之方，而以去病为主，则是一定之法。若但知随病用药，而不知因药发病，其失一而已矣。闲中且将明道《定性书》熟味，意况当又不同。"（《全书》卷五）

24. 问上达工夫。[1]

先生曰："后儒教人，才涉精微，便谓上达未当学，且说下学；是分下学、上达为二也。夫目可得见，耳可得闻，口可得言，心可得思者，皆下学也；目不可得见，耳不可得闻，口不可得言，心不可得思者，上达也。如木之栽培灌溉，是下学也；

至于日夜之所息，条达畅茂，乃是上达，人安能预其力哉！故凡可用功、可告语者皆下学，上达只在下学里。凡圣人所说，虽极精微，俱是下学。学者只从下学里用功，自然上达去，不必别寻个上达的工夫。"[2]

〔1〕语本《论语·宪问篇》："子曰：'莫我知也夫。'子贡曰：'何为其莫知子也？'子曰：'不怨天，不尤人，下学而上达，知我者其天乎！'"（第三十七章）

〔2〕《全书》本此条下有一条："持志如心痛，一心在痛上，岂有工夫说闲话、管闲事！"因与第95条重出，故删去。

又南本、施邦曜本（以下简称施本）、俞嶙本（以下简称俞本）此条后多一条："'千古圣人只有这些子'。又曰'人生一世，惟有这件事'。"又参见第145条："凡人为学，终身只为这一事，自少至老，自朝至暮，不论有事无事，只是做得这一件。所谓'必有事焉'者也。"

25. 问："'惟精'、'惟一'是如何用功？"

先生曰："'惟一'是'惟精'主意，'惟精'是'惟一'功夫；非'惟精'之外，复有'惟一'也[1]。精字从米，姑以米譬之：要得此米纯然洁白，便是'惟一'意；然非加舂簸筛拣'惟精'之功，则不能纯然洁白也。舂簸筛拣是'惟精'之功，然亦不过要此米到纯然洁白而已。博学、审问、慎思、明辨、笃行者[2]，皆所以为'惟精'而求'惟一'也。他如'博文'者，即'约礼'之功，'格物'、'致知'者，即'诚意'之功，'道问学'即'尊德性'之功，'明善'即'诚身'之功，无二说也。"

〔1〕参见《重修山阴县学记》："惟一者，一于道心也；惟精者，虑道心之不一，而或二之以人心也。"（《全书》卷七）

〔2〕语见《中庸》第二十章。

26. “知者行之始，行者知之成。圣学只一个功夫，知、行不可分作两事。”〔1〕

〔1〕参见《答友人问》：“凡谓之行者，只是着实去做这件事。若着实做学问思辨的工夫，则学问思辨亦便是行矣。学是学做这件事，问是问做这件事，思辨是思辨做这件事，则行亦便是学问思辨矣。若谓学问思辨之，然后去行，却如何悬空先去学问思辨得？行时又如何去得个学问思辨的事？行之明觉精察处便是知，知之真切笃实处便是行。若行而不能精察明觉，便是冥行，便是‘学而不思则罔’，所以必须说个知。知而不能真切笃实，便是妄想，便是‘思而不学则殆’，所以必须说个行。原来只是一个工夫。”（《全书》卷六）

27. “漆雕开曰：‘吾斯之未能信。’夫子说之。〔1〕子路使子羔为费宰。子曰：‘贼夫人之子！’〔2〕曾点言志，夫子许之。〔3〕圣人之意可见矣。”

〔1〕《论语·公冶长篇》云：“子使漆雕开仕，对曰：‘吾斯之未能信。’子说。”（第六章）漆雕开（前540—前450），孔子弟子。

佐藤一斋曰：“学在于成己，终能及物。欲人信己，莫如自信焉。欲己服人，莫如自服焉。自信自服，即自得之谓也。君子无入而不自得，感应之机，盖在于此。”（《传习录栏外书》第三十页）

〔2〕语见《论语·先进篇》第二十四章。贼，害也。

〔3〕语本《论语·先进篇》第二十五章。孔子使子路（前542—前480）、曾皙（生卒未详）、冉有（前522—前462）、公西华（前509—?）各言其志。曾皙最后答曰：“暮春者，春服既成，冠者五六人，童子六七人，浴乎沂，风乎舞雩，咏而归。”孔子喟然叹曰：“吾与点也。”

28. 问："宁静存心时，可为'未发之中'[1]否？"

先生曰："今人存心，只定得气，当其宁静时，亦只是气宁静，不可以为'未发之中'"。

曰："未便是中，莫亦是求中功夫？"

曰："只要去人欲、存天理，方是功夫。静时念念去人欲、存天理，动时念念去人欲、存天理，不管宁静不宁静。若靠那宁静，不惟渐有喜静厌动之弊，中间许多病痛，只是潜伏在，终不能绝去，遇事依旧滋长。以循理为主，何尝不宁静；以宁静为主，未必能循理。"

〔1〕《中庸》云："喜怒哀乐之未发，谓之中。"（第一章）

29. 问："孔门言志，由、求任政事，公西赤任礼乐，多少实用！[1]及曾皙说来，却似耍的事，圣人却许他，是意何如？"

曰："三子是有意必，[2]有意必便偏著一边，能此未必能彼；曾点这意思却无意必，便是'素其位而行，不愿乎其外，素夷狄行乎夷狄，素患难行乎患难，无入而不自得矣'[3]。三子所谓'汝器也'[4]，曾点便有'不器'[5]意。然三子之才各卓然成章，非若世之空言无实者，故夫子亦皆许之。"[6]

〔1〕语本《论语·先进篇》第二十五章。由，子路名。其言曰："千乘之国，摄乎大国之间，加之以师旅，因之以饥馑，由也为之，比及三年，可使有勇，且知方也。"孔子笑他。摄，迫。

求，冉有名。其言曰："方六七十，如五六十，求也为之，比及三年，可使足民；如其礼乐，以俟君子。"如，或，一曰与。

赤，公西华名。其言曰："非曰能之，愿学焉！宗庙之事，如会同，端章甫，愿为小相焉。"会同，列国会盟。端，礼服。章甫，礼冠。相，相君之礼。

〔2〕《论语·子罕篇》云:"子绝四:毋意,毋必,毋固,毋我。"(第四章)

〔3〕语见《中庸》第十四章。

〔4〕《论语·公冶长篇》云:"子贡问曰:'赐也何如?'子曰:'女器也。'曰:'何器也?'曰:'瑚琏也。'"(第三章)女,汝。瑚琏,宗庙礼器。《论语》包注:"夏曰瑚,殷曰琏,周曰簠簋。"

〔5〕《论语·为政篇》云:"君子不器。"(第十二章)器则各适其用而不能相通,是以君子不器。

〔6〕参见《月夜二首》之二:"处处中秋此月明,不知何处亦群英;须怜绝学经千载,莫负男儿过一生。影响尚疑朱仲晦,支离羞作郑康成;铿然舍瑟春风里,点也虽狂得我情。"(《全书》卷二十)

30. 问:"知识不长进,如何?"

先生曰:"为学须有本原,须从本原上用力,渐渐盈科而进。仙家说婴儿,亦善譬。婴儿在母腹时,只是纯气,有何知识;出胎后,方始能啼,既而后能笑,又既而后能识认其父母兄弟,又既而后能立、能行、能持、能负,卒乃天下之事无不可能;皆是精气日足,则筋力日强,聪明日开,不是出胎日便讲求推寻得来。故须有个本原。圣人到'位天地,育万物'〔1〕也只从'喜怒哀乐未发之中'上养来〔2〕。后儒不明格物之说,见圣人无不知、无不能,便欲于初下手时讲求得尽,岂有此理!"

又曰:"立志用功如种树然,方其根芽,犹未有干,及其有干,尚未有枝,枝而后叶,叶而后花实。初种根时,只管栽培灌溉,勿作枝想,勿作叶想,勿作花想,勿作实想——悬想何益?但不忘栽培之功,怕没有枝叶花实?"

〔1〕《中庸》云:"致中和,天地位焉,万物育焉。"(第一章)

〔2〕参见《紫阳书院集序》:"是故君子之学,惟求得其心,虽至于'位天地,育万物',未有出于吾心之外也。孟氏所谓'学问之道无他,求

其放心而已矣'者，一言以蔽之。故博学者，学此者也；审问者，问此者也；慎思者，思此者也；明辨者，辨此者也；笃行者，行此者也。心外无事，心外无理，故心外无学。是故于父子尽吾心之仁，于君臣尽吾心之义，言吾心之忠信，行吾心之笃敬，惩心忿，窒心欲，迁心善，改心过。处事接物，无所往而非求尽吾心以自慊也。譬之植焉：心，其根也；学也者，其培壅之者也，灌溉之者也，扶植而删锄之者也，无非有事于根焉耳矣。"(《全书》卷七)

31. 问："看书不能明，如何？"

先生曰："此只是在文义上穿求，故不明。如此，又不如为旧时学问。他到[1]看得多，解得去。只是他为学虽极解得明晓，亦终身无得；须于心体上用功。凡明不得、行不去，须反在自心上体当，即可通。盖《四书》、《五经》不过说这心体，这心体即所谓道，心体明即是道明，更无二。此是为学头脑处。"[2]

〔1〕南本"到"作"倒"。

〔2〕参见《稽山书院尊经阁记》："《六经》者非他，吾心之常道也。故《易》也者，志吾心之阴阳消息者也；《书》也者，志吾心之纪纲政事者也；《诗》也者，志吾心之歌咏性情者也；《礼》也者，志吾心之条理节文者也；《乐》也者，志吾心之欣喜和平者也；《春秋》也者，志吾心之诚伪邪正者也。君子之于《六经》也，求之吾心之阴阳消息而时行焉，所以尊《易》也；求之吾心之纪纲政事而时施焉，所以尊《书》也；求之吾心之歌咏性情而时发焉，所以尊《诗》也；求之吾心之条理节文而时著焉，所以尊《礼》也；求之吾心之欣喜和平而时生焉，所以尊《乐》也；求之吾心之诚伪邪正而时辨焉，所以尊《春秋》也。盖昔者圣人之扶人极、忧后世而述《六经》也，犹之富家者之父祖，虑其产业库藏之积其子孙者或至于遗亡散失，卒困穷而无以自全

也，而记籍其家之所有以贻之，使之世守其产业库藏之积而享用焉，以免于困穷之患。故《六经》者，吾心之记籍也。而《六经》之实，则具于吾心，犹之产业库藏之实积，种种色色，具存于其家，其记籍者，特名状数目而已。”（《全书》卷七）

又参见《答季明德》：“圣贤垂训，固有书不尽言，言不尽意者。凡看经书，要在致吾之良知，取其有益于学而已。则千经万典，颠倒纵横，皆为我之所用。一涉拘执比拟，则反为所缚。虽或特见妙诣，开发之益一时不无，而意必之见，流注潜伏，盖有反为良知之障蔽，而不自知觉者矣。”（《全书》卷六）

32. “虚灵不昧，[1]众理具而万事出。心外无理，心外无事。”

〔1〕朱熹说：“明德者，人之所得乎天，而虚灵不昧，以具众理而应万事者也。”（《大学章句》注）

佐藤一斋说：“心外无理，故众理具；心外无事，故万事出。晦庵旧语，点铁成金。”（《传习录栏外书》第三十二页）

33. 或问：“晦庵先生曰：‘人之所以为学者，心与理而已。’[1]此语如何？”

曰：“心即性，性即理，下一‘与’字，恐未免为二。此在学者善观之。”

〔1〕语见《大学或问》第六十页。

34. 或曰：“人皆有是心，心即理，何以有为善，有为不善？”

先生曰：“恶人之心，失其本体。”

35. 问："'析之有以极其精而不乱，然后合之有以尽其大而无余。'〔1〕此言如何？"

先生曰："恐亦未尽。此理岂容分析！又何须凑合得！圣人说'精一'，自是尽。"〔2〕

〔1〕语见朱熹《大学或问》第二十四页。

〔2〕佐藤一斋说："《大学或问》：'析之极精不乱，说条目工夫；然后合之尽大无余，说明明德于天下。'文成之意，盖曰，身心意知物，只是一物，特因所指而异其名，即惟精工夫也。此理无二，工夫可谓之精，不可谓之析。朱子既曰析之，复曰合之，毕竟见涉支离耳。"（《传习录栏外书》第三十三页）

参见《象山文集序》："尧、舜、禹之相授受曰：'人心惟危，道心惟微，惟精惟一，允执厥中。'此心学之源也。中也者，道心之谓也。道心精一之谓仁，所谓中也。孔、孟之学，惟务求仁，盖精一之传也。而当时之弊，固已有外求之者，故子贡致疑于多学而识，而以博施济众为仁。夫子告之以一贯，而教以能近取譬，盖使之求诸其心也。迨于孟氏之时，墨氏之言仁，至于摩顶放踵；而告子之徒，又有仁内义外之说，心学大坏。孟子辟义外之说，而曰：'仁，人心也。学问之道无他，求其放心而已矣。'又曰：'仁义礼智，非由外铄我也，我固有之，弗思耳矣。'盖王道息而伯术行，功利之徒，外假天理之近似以济其私，而以欺于人曰：'天理固如是。'不知既无其心矣，而尚何有所谓天理者乎？自是而后，析心与理而为二，而精一之学亡。"（《全书》卷七）

36. "省察〔1〕是有事时存养〔2〕，存养是无事时省察。"〔3〕

〔1〕语本《论语·学而篇》："曾子曰：'吾日三省吾身——为人谋而不忠乎？与朋友交而不信乎？传不习乎？'"（第四章）

〔2〕语本《孟子·尽心篇上》："存其心，养其性，所以事天也。"（第一章）

〔3〕朱熹《中庸章句》云："右第一章，子思述所传之意以立言。首明道之本原出于天而不可易，其实体备于己而不可离。次言存养省察之要，终言圣神功化之极。"（第一章）

37. 澄尝问象山在人情事变上做工夫之说。〔1〕

先生曰："除了人情事变，则无事矣。喜、怒、哀、乐，非人情乎？自视、听、言、动以至富贵、贫贱、患难、死生，皆事变也。事变亦只在人情里，其要只在'致中和'，'致中和'只在'谨独'〔2〕。"

〔1〕语本《象山全集》："复斋家兄一日见问云：'吾弟今在何处做工夫？'某答云：'在人情、事势、物理上做些工夫。'"（卷三十四）

〔2〕谨独即慎独。

《大学》云："所谓诚其意者，毋自欺也。如恶恶臭，如好好色，此之谓自谦，故君子必慎其独也。小人闲居为不善，无所不至，见君子而后厌然，揜其不善而著其善。人之视己，如见其肺肝然，则何益矣。此谓诚于中，形于外，故君子必慎其独也。"（第六章）

《中庸》云："是故君子戒慎乎其所不睹，恐惧乎其所不闻。莫见乎隐，莫显乎微，故君子慎其独也。"（第一章）

慎独即致良知。参见《与黄勉之・二》："圣人亦只是至诚无息而已。其工夫只是时习。时习之要，只是谨独。谨独即是致良知。"（《全书》卷五）

38. 澄问："仁、义、礼、智之名，因已发而有？"

曰："然。"

他日，澄曰："恻隐、羞恶、辞让、是非，是性之表德邪？"〔1〕

曰："仁、义、礼、智也，是表德。性一而已，自其形体也，谓之天；主宰也，谓之帝；流行也，谓之命；赋于人也，谓之性；

主于身也，谓之心。心之发也，遇父便谓之孝，遇君便谓之忠，自此以往，名至于无穷，只一性而已。犹人一而已，对父谓之子，对子谓之父，自此以往，至于无穷，只一人而已。人只要在性上用功，看得一性字分明，即万理灿然。”〔2〕

〔1〕《孟子·公孙丑篇上》云：“恻隐之心，仁之端也；羞恶之心，义之端也；辞让之心，礼之端也；是非之心，智之端也。”（第六章）

〔2〕参见《礼记纂言序》：“礼也者，理也。理也者，性也。性也者，命也。‘维天之命，於穆不已’，而其在于人也，谓之性。其粲然而条理也，谓之礼。其纯然而粹善也，谓之仁。其截然而裁制也，谓之义。其昭然而明觉也，谓之知。其浑然于其性也，则理一而已矣。”（《全书》卷七）

佐藤一斋说：“以仁义礼智为表德，前人所未发，此意最宜深思体察而自得之。”（《传习录栏外书》第十六页）

朱熹以仁义礼智为未发，王守仁以仁义礼智为性之表德，故王守仁以心即性，性即理，而理为本心之显现，包括未发与已发，这个观点能比朱熹更好地表达作为最高本体的性所具有的特点。

39. 一日论为学工夫。

先生曰：“教人为学，不可执一偏。初学时心猿意马，拴缚不定，其所思虑，多是‘人欲’一边，故且教之静坐息思虑。久之，俟其心意稍定，只悬空静守，如槁木死灰〔1〕亦无用，须教他省察克治。省察克治之功则无时而可闲，如去盗贼，须有个扫除廓清之意。无事时将好色好货好名等私，逐一追究搜寻出来，定要拔去病根，永不复起，方始为快；常如猫之捕鼠，一眼看着，一耳听着，〔2〕才有一念萌动，即与克去，斩钉截铁，〔3〕不可姑容，与他方便，不可窝藏，不可放他出路，方是真实用功，方能扫除廓清。到得无私可克，自有端拱时在。虽曰'何思何虑'〔4〕,非初学时事。初学必须思,省察克治即是思诚,只思一个天理,到得天理纯全,便是'何思何虑'矣。"

〔1〕《庄子·齐物论》云:"南郭子綦隐机而坐,仰天而嘘,答焉似丧其耦。颜成子游立侍乎前,曰:'何居乎?形固可使如槁木,而心固可使如死灰乎?'"

〔2〕语本袾宏《禅关策进·蒙山异禅师示众》:"后参皖山长老,教看'无'字,十二时中,要惺惺如猫捕鼠,如鸡抱卵,无令间断。"(《大正大藏经》第四十八卷第一〇九九页)。又见朱熹《偶读谩记》:"释氏有清草堂者,有名丛林间,其始学时,若无所入,有告之者曰:'子不见猫之捕鼠者乎?四足据地,首尾一直,目睛不瞬,心无它念,唯其不动,动则鼠无所逃矣。'清用其言,乃有所入。"(《朱子大全》卷七十一)

〔3〕语本唐末洪州云居道膺禅师;师谓众曰:"学佛法底人,如斩钉截铁始得。"时一僧出曰:"便请和尚钉铁。"师曰:"口里底是什么?"(《传灯录》卷十七)

〔4〕语出《易·系辞传下》:"天下何思何虑,天下同归而殊涂,一致而百虑,天下何思何虑。"(第五章)

40. 澄问:"有人夜怕鬼者,奈何?"

先生曰:"只是平日不能'集义'〔1〕而心有所慊,故怕。若素行合于神明,何怕之有!"

子莘〔2〕曰:"正直之鬼不须怕;恐邪鬼不管人善恶,故未免怕。"

先生曰:"岂有邪鬼能迷正人乎!只此一怕,即是心邪,故有迷之者,非鬼迷也,心自迷耳;如人好色,即是色鬼迷;好货,即是货鬼迷;怒所不当怒,是怒鬼迷;惧所不当惧,是惧鬼迷也。"〔3〕

〔1〕语本《孟子·公孙丑篇上》:“是集义所生者,非义袭而取之也。”(第二章)

〔2〕马子莘,名明衡,福建莆田人,正德十二年(1517)进士,嘉靖三年(1524)官御史时得罪下狱,削籍归。著有《尚书疑义》。

陈龙正说:“观子莘之续问,怕鬼者,其即子莘邪?”(《阳明先生要书》)

〔3〕王守仁不相信鬼神迷信,与朱熹对阴阳卜筮皆存而信之,有所不同。参见《告谕》:“病者宜求医药,不得听信邪术,专事巫祷。”(《全书》卷十六)又见《答人问神仙》:“若后世拔宅飞升,点化投夺之类,谲怪奇骇,是乃秘术曲技,尹文子所谓幻,释氏谓之外道者也。”(《全书》卷二十一,又参见同卷《答佟太守求雨》)

41. “定者,心之本体,天理也。动静,所遇之时也。”〔1〕

〔1〕佐藤一斋说:“此条诠《定性书》之旨。时有动静,理无动静。故睹闻思为,常一于理,则所遇动静,亦常定也。”(《传习录栏外书》第三十六页)《定性书》指程颢《答横渠张子厚先生书》(《二程文集》卷二)。

42. 澄问《学》、《庸》同异。

先生曰:“子思括《大学》一书之义为《中庸》首章。”〔1〕

〔1〕佐藤一斋说:“天命之性,即明德也。率性修道,即明德亲民之止于至善也。戒慎恐惧,即格致诚正修也。天地位、万物育,即治国平天下也。”(《传习录栏外书》第三十六页)

43. 问:“孔子正名,〔1〕先儒说上告天子,下告方伯,废辄立郢,〔2〕此意如何?”

先生曰:“恐难如此。岂有一人致敬尽礼,待我而为政,我就先去废他，岂人情天理！孔子既肯与辄为政，必已是他能倾心委国而听。圣人盛德至诚，必已感化卫辄，使知无父之不可以为人，必将痛哭奔走，往迎其父。父子之爱，本于天性，辄能悔痛真切如此，蒯聩岂不感动底豫。蒯聩既还，辄乃致国请戮。聩已见化于子，又有夫子至诚调和其间，当亦决不肯受，仍以命辄。群臣百姓又必欲得辄为君，辄乃自暴其罪恶，请于天子，告于方伯诸侯，而必欲致国于父。聩与群臣百姓亦皆表辄悔悟仁孝之美，请于天子，告于方伯诸侯，必欲得辄而为之君。于是集命于辄，使之复君卫国。辄不得已，乃如后世上皇故事，〔3〕率群臣百姓尊聩为太公，备物致养，而始退复其位焉。则君君、臣臣、父父、子子，〔4〕名正言顺，一举而可为政于天下矣。孔子正名，或是如此。"〔5〕

〔1〕《论语·子路篇》云："子路曰：'卫君待子而为政，子将奚先？'子曰：'必也正名乎。'"（第三章）卫君指卫出公蒯辄。孔子于辄之六年，自楚至卫，辄年可十七八岁，有欲用孔子之意。

〔2〕此指朱熹《论语集注·子路篇》引胡瑗注："卫世子蒯聩耻其母南子之淫乱，欲杀之不果而出奔。灵公欲立公子郢，郢辞。公卒，夫人立之，又辞。乃立蒯聩之子辄以拒蒯聩。夫蒯聩欲杀母，得罪于父，而辄据国以拒父，皆无父之人也，其不可有国也明矣。夫子为政，而以正名为先，必将具其事之本末，告诸天王，请于方伯，命公子郢而立之：则人伦正，天理得，名正言顺而事成矣。"（第三章注）

〔3〕言刘邦诏尊其父太公为太上皇一事，见《汉书》卷一《高帝纪》。

〔4〕语本《论语·颜渊篇》第十一章。

〔5〕王守仁不同意胡瑗及朱熹正名则必须废辄立郢之说，故揣测或是如此，以求符合孔子原意。

44. 澄在鸿胪寺仓居，〔1〕忽家信至，言儿病危，澄心甚忧闷，不能堪。

先生曰："此时正宜用功，若此时放过，闲时讲学何用？人正要在此等时磨炼。父之爱子，自是至情，然天理亦自有个中和处，过即是私意。人于此处多认做天理当忧，则一向忧苦，不知已是'有所忧患不得其正'[2]。大抵七情所感，多只是过，少不及者。才过，便非心之本体，必须调停适中始得。就如父母之丧，人子岂不欲一哭便死，方快于心；然却曰'毁不灭性'[3]，非圣人强制之也，天理本体自有分限，不可过也。人但要识得心体，自然增减分毫不得。"[4]

〔1〕王守仁于正德九年(1514)升南京鸿胪寺卿。陆澄等从学在此时。鸿胪寺乃掌赞导相礼之官。仓居，卫舍暂住。

〔2〕《大学》云："所谓修身在正其心者。身有所忿懥，则不得其正……有所忧患，则不得其正。"(第七章)

〔3〕《礼记·丧服四制》云："毁不灭性，不以死伤生也。"

〔4〕王守仁处理丧事言行，参见《全书》卷三十四《年谱·五十一岁》。

45. "不可谓'未发之中'常人俱有。盖体用一源，[1]有是体即有是用，有'未发之中'，即有'发而皆中节之和'[2]。今人未能有'发而皆中节之和'，须知是他'未发之中'亦未能全得。"[3]

〔1〕语本程颐《易传序》："至微者理也，至著者象也。体用一源，显微无间。"(《周易程氏传》)

〔2〕语本《中庸》："喜怒哀乐之未发谓之中，发而皆中节谓之和。"(第一章)

〔3〕参见《答汪石潭内翰》："夫体用一源也。知体之所以为用，则知用之所以为体者矣。虽然，体微而难知也，用显而易见也。执事之

云,不亦宜乎?夫谓自朝至暮,未尝有寂然不动之时者,是见其用,而不得其所谓体者。君子之于学也,因用以求其体。凡程子所谓既思,即是已发;既有知觉,即是动者,皆为求中于喜怒哀乐未发之时者言也,非谓其无未发者也。朱子于未发之说,其始亦尝疑之,今其集中所与南轩论难辩析者,盖往复数十,而后决其说,则今之《中庸注疏》是也,其于此亦非苟矣。独其所谓自戒惧而约之以至于至静之中,自谨独而精之以至于应物之处者,亦若过于剖析,而后之读者,遂以分为两节,而疑其别有寂然不动、静而存养之时,不知常存戒慎恐惧之心,则其工夫未始有一息之间,非必自其不睹不闻而存养也。吾兄且于动处加工,勿使间断,动无不和,即静无不中,而所谓寂然不动之体,当自知之矣。未至而揣度之,终不免于对塔说相轮耳。"(《全书》卷四)

46. "《易》之辞是'初九潜龙勿用'六字,《易》之象是初画,《易》之变是值其画,《易》之占是用其辞。"〔1〕

〔1〕《易·系辞传上》云:"《易》有圣人之道四焉:以言者尚其辞,以动者尚其变,以制器者尚其象,以卜筮者尚其占。"(第十章)《易·乾卦》初爻之"辞"为"潜龙勿用",其"象"为初画之阳九,其"变"为当初爻之画而成变化,其"占"是用爻辞"潜龙勿用"以占吉凶。其余卦爻皆以此类推。

参见《玩易窝记》:"夫易,三才之道备焉,古之君子,居则观其象而玩其辞,动则观其变而玩其占。观象玩辞,三才之体立矣。观变玩占,三才之用行矣。体立故存而神,用行故动而化。神故智周万物而无方,化故范围天地而无迹。无方则象辞基焉,无迹则变占生焉。是故君子洗心而退藏于密,斋戒以神明其德也。"(《全书》卷二十三)

47. "'夜气'〔1〕是就常人说,学者能用功,则日间有事无事，皆是此气翕聚发生处。圣人则不消说‘夜气’。”

〔1〕语本《孟子·告子篇上》：“虽存乎人者，岂无仁义之心哉？其所以放其良心者，亦犹斧斤之于木也，旦旦而伐之，可为美乎！其日夜之所息，平旦之气，其好恶与人相近也者几希；则其旦昼之所为，有梏亡之矣。梏之反复，则其夜气不足以存；夜气不足以存，则其违禽兽不远矣。”（第八章）

48. 澄问“操存舍亡”章。

曰：“‘出入无时，莫知其乡’〔1〕。此虽就常人心说，学者亦须是知得心之本体亦元是如此，则操存功夫始没病痛；不可便谓出为亡，入为存。若论本体，元是无出无入的；若论出入，则其思虑运用是出；然主宰常昭昭在此，何出之有？既无所出，何入之有？程子所谓‘腔子’〔2〕亦只是天理而已。虽终日应酬而不出天理，即是在腔子里。若出天理，斯谓之放，斯谓之亡。”又曰：“出入亦只是动静，动静无端，岂有乡邪！”〔3〕

〔1〕《孟子·告子篇上》云：“故苟得其养，无物不长；苟失其养，无物不消。孔子曰：‘操则存，舍则亡，出入无时，莫知其乡。’惟心之谓与？”（第八章）

〔2〕语本程颢（1032—1085）：“心要在腔子里。”（《二程集·遗书》卷三）

〔3〕王守仁存心之说，参见《观德亭记》：“故君子之于射，以存其心也。是故懆于其心者，其动妄；荡于其心者，其视浮；歉于其心者，其气馁；忽于其心者，其貌惰；傲于其心者，其色矜；五者，心之不存也。不存也者，不学也。君子之学于射以存其心也。是故心端则体正，心敬则容肃，心平则气舒，心专则视审，心通故时而理，心纯故让而恪，心宏故胜而不张、负而不弛，七者备而君子之德成。”（《全书》卷七）

49. 王嘉秀[1]问:"佛以出离生死诱人入道,仙以长生久视诱人入道,其心亦不是要人做不好;究其极至,亦是见得圣人上一截,然非入道正路。如今仕者,有由科,有由贡,有由传奉,[2]一般做到大官,毕竟非入仕正路,君子不由也。仙、佛到极处,与儒者略同,但有了上一截,遗了下一截,[3]终不似圣人之全。然其上一截同者,不可诬也。后世儒者,又只得圣人下一截,分裂失真,流而为记诵、词章、功利、训诂,亦卒不免为异端。是四家者,终身劳苦,于身心无分毫益,视彼仙、佛之徒,清心寡欲,超然于世累之外者,反若有所不及矣。今学者不必先排仙、佛,且当笃志为圣人之学。圣人之学明,则仙、佛自泯;不然,则此之所学,恐彼或有不屑,而反欲其俯就,不亦难乎!鄙见如此,先生以为何如?"

先生曰:"所论大略亦是。但谓上一截、下一截,亦是人见偏了如此;若论圣人大中至正之道,彻上彻下,只是一贯,更有甚上一截、下一截!'一阴一阳之谓道',但'仁者见之便谓之仁,知者见之便谓之智,百姓又日用而不知,故君子之道鲜矣'[4]。仁、智岂可不谓之道,但见得偏了,便有弊病。"[5]

〔1〕王嘉秀,字实夫,好谈仙、佛。

〔2〕科:分科考试取士。贡:荐举优良生员入仕。传奉:不经吏部,拉拢宫廷关系做官。

〔3〕上一截:心性等道的精细微妙的方面。下一截:实事等道的显著直接的方面。

〔4〕语见《易·系辞传上》第五章。鲜,少。如"莫不饮食,鲜能知味"之鲜。

〔5〕对佛、老的评论,参见王守仁说:"圣人尽性至命,何物不具,何待兼取。二氏之用,皆我之用,即吾尽性至命中完养此身,谓之仙;即吾尽性至命中不染世累,谓之佛。但后世儒者不见圣学之全,故与

二氏成二见耳。譬之厅堂三间共为一厅，儒者不知皆吾所用，见佛氏，则割左边一间与之；见老氏，则割右边一间与之；而己则自处中间，皆举一而废百也。圣人与天地民物同体，儒、佛、老、庄皆吾之用，是之谓大道。二氏自私其身，是之谓小道。”（《年谱》五十二岁）此与朱熹有所不同。

50. “蓍固是易，龟亦是易。”〔1〕

〔1〕蓍，用蓍草筮吉凶，重在数。龟，用龟甲裂纹卜吉凶，重在象。

51. 问：“孔子谓武王未尽善〔1〕，恐亦有不满意？”

先生曰：“在武王自合如此。”

曰：“使文王未没，毕竟如何？”

曰：“文王在时，天下三分已有其二；若到武王伐商之时，文王若在，或者不致兴兵，必然这一分亦来归了。文王只善处纣，使不得纵恶而已。”

〔1〕语本《论语·八佾篇》：“子谓《韶》‘尽美矣，又尽善也’，谓《武》‘尽美矣，未尽善也’。”（第二十五章）

52. 问〔1〕孟子言“执中无权犹执一”〔2〕。

先生曰：“中只是天理，只是易，随时变易，如何执得？须是因时制宜，难预先定一个规矩在。如后世儒者，要将道理一一说得无罅漏，立定个格式，此正是执一。”

〔1〕施本、俞本“问”上有“惟乾”二字。惟乾，冀元亨（1522卒），参见第118条注〔1〕。

〔2〕语本《孟子·尽心篇上》：“孟子曰：‘杨子取为我，拔一毛而利天下，不为也。墨子兼爱，摩顶放踵利天下，为之。子莫执中，执中为近

之，执中无权，犹执一也。所恶执一者，为其贼道也，举一而废百也。'"（第二十六章）

53. 唐诩[1]问："立志是常存个善念，要为善去恶否？"

曰："善念存时，即是天理。此念即善，更思何善？此念非恶，更去何恶？此念如树之根芽，立志者，长立此善念而已。'从心所欲不逾矩'[2]，只是志到熟处。"

〔1〕情况未详。

〔2〕语见《论语·为政篇》第四章。孔子自言七十岁时达到的境界。

54. "精神、道德、言动，大率收敛为主，发散是不得已。天地人物皆然。"

55. 问："文中子是如何人？"

先生曰："文中子庶几'具体而微'[1]，惜其蚤死。"

问："如何却有续经之非？"

曰："续经亦未可尽非。"

请问。良久，曰："更觉良工心独苦[2]。"

〔1〕语本《孟子·公孙丑篇上》："昔者窃闻之，子夏、子游、子张皆有圣人之一体，冉牛、闵子、颜渊则具体而微，敢问所安？"（第二章）具体而微，谓有其全体而未广大。

〔2〕见杜甫（712—770）《题李尊师松树障子歌》。（《杜诗详注》卷六）

56. "许鲁斋谓儒者以治生为先之说[1]亦误人。"

〔1〕许鲁斋（1209—1281），名衡，字仲平，元河内人，传程、朱学，元世祖时官国子祭酒，曾说："学者治生最为先务。苟生理不足，则于为

学之道有所妨。彼旁求妄进，及作官谋利者，殆亦窘于生理所致。士君子当以务农为生，商贾虽逐末，果处之不失义理，或以姑济一时，亦无不可。”(《许鲁斋集》卷六)详见《宋元学案》卷九十《鲁斋学案》。参见下卷王贻乐本《补遗》第1条。

57. 问仙家元气、元神、元精。

先生曰："只是一件，流行为气，凝聚为精，妙用为神。"〔1〕

〔1〕参见《与陆元静·一》："元静所云真我者，果能戒谨不睹，恐惧不闻，而专志于是，则神住气住精住，而仙家所谓长生久视之说亦在其中矣。……后世如白玉蟾、丘长春之属，皆是彼学中所称述以为祖师者，其得寿皆不过五六十，则所谓长生之说，当必有所指矣。"(《全书》卷五)

58. "喜、怒、哀、乐本体自是中和的，才自家著些意思，便过不及，便是私。"〔1〕

〔1〕参见《与许台仲书》："喜、怒、哀、乐，发皆中节之谓和，哀亦有和焉，发于至诚，而无所乖戾之谓也。夫过情，非和也。动气，非和也。有意必于其间，非和也。孺子终日啼而不嗌，和之至也。"(《全书》卷二十七)

59. 问"哭则不歌"〔1〕。

先生曰："圣人心体自然如此。"

〔1〕语本《论语·述而篇》："子于是日哭则不歌。"(第九章)

60. "克己须要扫除廓清，一毫不存，方是；有一毫在，则众恶相引而来。"

61. 问《律吕新书》[1]。

先生曰："学者当务为急，算得此数熟亦恐未有用，必须心中先具礼、乐之本，方可。且如其书说多用管以候气，然至冬至那一刻时，管灰之飞或有先后，[2]须臾之间，焉知那管正值冬至之刻，须自心中先晓得冬至之刻始得，此便有不通处。学者须先从礼、乐本原上用功。"

〔1〕《律吕新书》，朱熹弟子蔡元定（1135—1198）著。此书分析乐律与气候，朱熹赞许备至。《四库全书总目提要》据熹序文语气，疑为朱、蔡合著，见该书第三十八卷。

〔2〕古代以芦草薄膜之灰置于律管，以占气候。如冬至节，律中黄钟之宫，则黄钟管之芦灰飞动。

62. 曰仁[1]云："心犹镜也，圣人心如明镜，常人心如昏镜。近世'格物'[2]之说，如以镜照物，照上用功，不知镜尚昏在，何能照！先生之'格物'如磨镜而使之明，磨上用功，明了后亦未尝废照。"

〔1〕曰仁系徐爱字，此为《传习录》中由王守仁弟子所说的唯一的一条语录。

〔2〕指朱熹以"穷理"释"格物"之说。

63. 问道之精粗。

先生曰："道无精粗，人之所见有精粗。如这一间房，人初进来，只见一个大规模如此，处久，便柱壁之类，一一看得明白，再久，如柱上有些文藻，细细都看出来，然只是一间房。"[1]

〔1〕参见《寄邹谦之·三》："某近来却见得良知两字日益真切简易，朝

夕与朋辈讲习，只是发挥此两字不出。缘此两字人人所自有，故虽至愚下品，一提便省觉。若致其极，虽圣人天地不能无憾，故说此两字，穷劫不能尽。”(《全书》卷六)

64. 先生曰：“诸公近见时少疑问，何也？人不用功，莫不自以为已知，为学只循而行之是矣。殊不知私欲日生，如地上尘，一日不扫便又有一层。着实用功，便见道无终穷，愈探愈深，[1]必使精白无一毫不彻方可。”

〔1〕此处言道的无穷性。

65. 问：“知至然后可以言诚意，今天理、人欲知之未尽，如何用得克己工夫？”

先生曰：“人若真实切己用功不已，则于此心天理之精微，日见一日，私欲之细微，亦日见一日；若不用克己工夫，终日只是说话而已，天理终不自见，私欲亦终不自见；如人走路一般，走得一段方认得一段，走到歧路处，有疑便问，问了又走，方渐能到得欲到之处。今人于已知之天理不肯存，已知之人欲不肯去，且只管愁不能尽知，只管闲讲，何益之有？且待克得自己无私可克，方愁不能尽知，亦未迟在[1]。”[2]

〔1〕施本、俞本“在”作“耳”。

〔2〕参见《矫亭说》：“君子之行，顺乎理而已，无所事乎矫，然有气质之偏焉。偏于柔者，矫之以刚，然或失则傲；偏于慈者，矫之以毅，然或失则刻；偏于奢者，矫之以俭，然或失则陋。凡矫而无节则过，过则复为偏，故君子之论学也，不曰矫而曰克。克以胜其私，私胜而理复，无过不及矣。”(《全书》卷七)

66. 问："道一而已。[1]古人论道，往往不同，求之亦有要乎？"

先生曰："道无方体，不可执着，却拘滞于文义上求道，远矣。如今人只说天，其实何尝见天！谓日、月、风、雷即天，不可；谓人、物、草、木不是天，亦不可。道即是天。若识得时，何莫而非道。人但各以其一隅之见，认定以为道止如此，所以不同。若解向里寻求，见得自己心体，即无时无处不是此道，亘古亘今，无终无始，更有甚同异。心即道，道即天，知心则知道、知天。"[2]又曰："诸君要实见此道，须从自己心上体认，不假外求，始得。"

〔1〕语本《孟子·滕文公篇上》："夫道，一而已矣。"（第一章）

〔2〕参见《答季明德》："人者，天地万物之心也，心者，天地万物之主也。心即天，言心，则天地万物皆举之矣。"（《全书》卷六）

67. 问："名物度数亦须先讲求否？"

先生曰："人只要成就自家心体，则用在其中。如养得心体，果有'未发之中'，自然有'发而中节之和'，自然无施不可。苟无是心，虽预先讲得世上许多名物度数，与己原不相干，只是装缀，临时自行不去。亦不是将名物度数全然不理，只要'知所先后则近道'[1]。"又曰："人要随才成就，才是其所能为。如夔之乐，稷之种，是他资性合下便如此。成就之者，亦只是要他心体纯乎天理，其运用处皆从天理上发来，然后谓之才。到得纯乎天理处，亦能'不器'，使夔、稷易艺而为，当亦能之。"[2]又曰："如'素富贵行乎富贵，素患难行乎患难'[3]，皆是'不器'。此惟养得心体正者能之。"

〔1〕语本《大学》："物有本末，事有终始，知所先后，则近道矣。"

〔2〕参见《节庵方公墓表》："古者四民异业而同道，其尽心焉，一也。士以修治，农以具养，工以利器，商以通货，各就其资之所近，力之所及者而业焉，以求尽其心。其归要在于有益于生人之道，则一而已。士农以其尽心于修治具养者，而利器通货，犹其士与农也。工商以其尽心于利器通货，而修治具养，犹其工与商也。故曰，四民异业而同道。"（《全书》卷二十五）

〔3〕见《中庸》第十四章。

68. "与其为数顷无源之塘水，不若为数尺有源之井水，生意不穷。"时先生在塘边坐，傍有井，故以之喻学云。

69. 问："世道日降，太古时气象如何复见得？"

先生曰："一日便是一元。〔1〕人平旦时起坐，未与物接，此心清明景象，便如在伏羲时游一般。"

〔1〕根据邵雍（1101—1177）的《皇极经世书》，一元为十二万九千六百年。

70. 问："心要逐物，如何则可？"

先生曰："人君端拱清穆，六卿〔1〕分职，天下乃治。心统五官，〔2〕亦要如此。今眼要视时，心便逐在色上；耳要听时，心便逐在声上。如人君要选官时，便自去坐在吏部；要调军时，便自去坐在兵部。如此，岂惟失却君体，六卿亦皆不得其职。"

〔1〕六卿：原指周代六军之将，隋、唐以后遂立吏、户、礼、兵、刑、工六部尚书，以象周之六卿。

〔2〕荀子云："耳目鼻口形，能各有接而不相能也，夫是之谓天官。心居中虚，以治五官，夫是之谓天君。"（《荀子》卷十一《天论篇》）

71. “善念发而知之，而充之，恶念发而知之，而遏之。知与充与遏者，志也，天聪明也。圣人只有此，学者当存此。”〔1〕

〔1〕佐藤一斋说：“‘天聪明’即良知也。圣人自然故曰有，学者用功故曰存。”（《传习录栏外书》第四十九页）

72. 澄曰：“好色、好利、好名等心，固是私欲，如闲思杂虑，如何亦谓之私欲？”

先生曰：“毕竟从好色、好利、好名等根上起，自寻其根便见。如汝心中决知是无有做劫盗的思虑，何也？以汝元无是心也。汝若于货〔1〕、色、名、利等心，一切皆如不做劫盗之心一般，都消灭了，光光只是心之本体，看有甚闲思虑？此便是寂然不动，〔2〕便是未发之中，〔3〕便是廓然大公；自然感而遂通，自然发而中节，自然物来顺应。〔4〕”

〔1〕施本、俞本“货”作“好”。

〔2〕《易・系辞传上》云：“易，无思也，无为也。寂然不动，感而遂通天下之故，非天下之至神，其孰能与于此。”（第十章）

〔3〕《中庸》云：“喜怒哀乐之未发谓之中，发而皆中节谓之和。”（第一章）

〔4〕程颢说：“故君子之学，莫若廓然而大公，物来而顺应。”（《二程集・文集》卷三《答横渠张子厚先生书》）

73. 问：“志至气次。”〔1〕

先生曰：“志之所至，气亦至焉之谓，非极至、次贰之谓。〔2〕‘持其志’，则养气在其中；‘无暴其气’，则亦持其志矣。孟子救告子之偏，故如此夹持说。”

〔1〕《孟子・公孙丑篇上》云：“夫志，气之帅也；气，体之充也。夫志至

焉,气次焉,故曰,持其志,无暴其气。”(第二章)

〔2〕朱熹的第二章注云:“若论其极,则志固心之所之,而为气之将帅。然气亦人之所以充满于身而为志之卒徒者也。故志固为至极,而气即次之。”王守仁不同意朱熹此注以志为极至而气为次贰。

74. 问:“先儒曰:‘圣人之道,必降而自卑。贤人之言,则引而自高。’〔1〕如何?”

先生曰:“不然。如此却乃伪也。圣人如天,无往而非天,三光之上,天也,九地之下亦天也,天何尝有降而自卑?此所谓大而化之也。贤人如山岳,守其高而已。然百仞者不能引而为千仞,千仞者不能引而为万仞,是贤人未尝引而自高也,引而自高则伪矣。”

〔1〕朱熹引程颐语:“圣人之道,必降而自卑,不如此则人不亲。贤人之言,则引而自高,不如此则道不尊。”(《论语集注·子罕篇》第七章)王守仁不同意朱此说。

75. 问:“伊川谓‘不当于喜怒哀乐未发之前求中’〔1〕,延平却教学者看未发之前气象,〔2〕何如?”

先生曰:“皆是也。伊川恐人于未发前讨个中,把中做一物看,如吾向所谓认气定时做中,〔3〕故令只于涵养省察上用功。延平恐人未便有下手处,故令人时时刻刻求未发前气象,使人正目而视惟此,倾耳而听惟此,即是‘戒慎不睹,恐惧不闻’〔4〕的工夫。皆古人不得已诱人之言也。”

〔1〕语本程颐所说:“或(指苏季明)曰:喜怒哀乐未发之前求中,可否?曰:不可。既思于喜怒哀乐未发之前求之,又却是思也。既思即是已发,才发便谓之和,不可谓之中也。”(《二程集·遗书》卷十八)

〔2〕延平，宋李侗（1088—1158），字愿中，南剑州剑浦（今福建南平）人，为程颐再传弟子罗从彦（1072—1135）的门人，朱熹的老师。罗从彦教导李侗"令静中看喜怒哀乐未发之谓中，未发时作何气象"。李侗亦以此教朱熹说："此意不惟于进学有力，兼亦是养心之要。"（《李延平集》卷二）

〔3〕参见第28条。

〔4〕语本《中庸》："道也者，不可须臾离也，可离，非道也。是故君子戒慎乎其所不睹，恐惧乎其所不闻。"（第一章）

76. 澄问："喜怒哀乐之中、和，其全体常人固不能有。如一件小事当喜怒者，平时无有喜怒之心，至其临时，亦能中节，亦可谓之中、和乎？"

先生曰："在一时一事，固亦可谓之中、和，然未可谓之大本、达道。人性皆善，中、和是人人原有的，岂可谓无？但常人之心既有所昏蔽，则其本体虽亦时时发见，终是暂明暂灭，非其全体大用矣。无所不中，然后谓之大本；无所不和，然后谓之达道。惟天下之至诚，然后能立天下之大本。〔1〕"

曰："澄于中字之义尚未明。"

曰："此须自心体认出来，非言语所能喻。中只是天理。"

曰："何者为天理？"

曰："去得人欲，便识天理。"

曰："天理何以谓之中？"

曰："无所偏倚。"

曰："无所偏倚是何等气象？"

曰："如明镜然，全体莹彻，略无纤尘染着。"

曰："偏倚是有所染着，如著在好色、好利、好名等项上，方见得偏倚；若未发时，美色、名、利皆未相着，何以便知其有所偏倚？”

曰：“虽未相着，然平日好色、好利、好名之心原未尝无；既未尝无，即谓之有；既谓之有，则亦不可谓无偏倚。譬之病疟之人，虽有时不发，而病根原不曾除，则亦不得谓之无病之人矣。须是平日好色、好利、好名等项，一应〔2〕私心扫除荡涤，无复纤毫留滞，而此心全体廓然，纯是天理，方可谓之喜怒哀乐未发之中，方是天下之大本。”

〔1〕语本《中庸》：“惟天下至诚，为能经纶天下之大经，立天下之大本，知天地之化育，夫焉所倚。”（第三十二章）

〔2〕一应：一切。

77. 问：“颜子没而圣学亡，〔1〕此语不能无疑。”

先生曰：“见圣道之全者惟颜子，观‘喟然一叹’〔2〕可见。其谓‘夫子循循然善诱人，博我以文，约我以礼’，是见破后如此说。博文、约礼如何是善诱人？学者须思之。道之全体，圣人亦难以语人，须是学者自修自悟。颜子‘虽欲从之，末由也已’，即文王‘望道未见’〔3〕意。望道未见，乃是真见。〔4〕颜子没而圣学之正派遂不尽传矣。”

〔1〕语见《别湛甘泉序》：“颜子没而圣人之学亡。”（《全书》卷七）

〔2〕语本《论语·子罕篇》颜渊喟然叹曰：“仰之弥高，钻之弥坚，瞻之在前，忽焉在后。夫子循循然善诱人，博我以文，约我以礼，欲罢不能；既竭吾才，如有所立，卓尔。虽欲从之，末由也已。”（第十章）

〔3〕语本《孟子·离娄篇下》：“文王视民如伤，望道而未之见。”（第二十章）而，如。望道而未之见，言道之无穷性。

〔4〕参见《博约说》：“昔者颜子之始学于夫子也，盖亦未知道之无方体形像也，而以为有方体形像也。未知道之无穷尽止极也，而以为

有穷尽止极也。是犹后儒之见事事物物皆有定理者也，是以求之仰钻瞻忽之间，而莫得其所谓。及闻夫子博约之训，既竭吾才以求之，然后知天下之事，虽千变万化，而皆不出于此心之一理；然后知殊途而同归，百虑而一致；然后知斯道之本无方体形像，而不可以方体形像求之也；本无穷尽止极，而不可以穷尽止极求之也。故曰：虽欲从之，末由也矣。盖颜子至是而始有真实之见已。”（《全书》卷七）

78. 问：“身之主为心，心之灵明是知，知之发动是意，意之所著为物，是如此否？”

先生曰：“亦是。”

79. “只存得此心常见在，便是学。过去未来事，思之何益？徒放心耳。”

80. “言语无序，亦足以见心之不存。”

81. 尚谦〔1〕问孟子之不动心与告子异。

先生曰：“告子是硬把捉着此心，要他不动；孟子却是集义到自然不动。”又曰：“心之本体，原自不动。心之本体即是性，性即是理，性元不动，理元不动。集义是复其心之本体。”〔2〕

〔1〕薛尚谦（？—1545），名侃，号中离，广东揭阳县人。自正德九年（1514）至十三年（1518）从学于王守仁，十二年举进士，十六年授行人。嘉靖十三年（1531）上疏得罪入狱。释归后在广东等地讲学近十年，极力为王守仁辩护，有《薛中离先生全书》。《传习录》自第95条至第129条为其所记。参见《明儒学案》卷三十。

〔2〕语本《孟子·告子篇上》第二章。

82. “万象森然时，亦冲漠无朕，冲漠无朕即万象森然。冲漠无朕者，‘一’之父；万象森然者，‘精’之母。‘一’中有‘精’，‘精’中有‘一’。”〔1〕

〔1〕语本程颐所说：“冲漠无朕，万象森然已具，未应不是先，已应不是后。”(《二程集·遗书》卷十五)

83. “心外无物。如吾心发一念孝亲，即孝亲便是物。”

84. 先生曰：“今为吾所谓‘格物’之学者，尚多流于口耳，况为口耳之学者，能反于此乎！天理、人欲，其精微必时时用力省察克治，方日渐有见。如今一说话之间，虽只讲天理，不知心中倏忽之间，已有多少私欲。盖有窃发而不知者，虽用力察之，尚不易见，况徒口讲而可得尽知乎！今只管讲天理来顿放著不循，讲人欲来顿放著不去，岂‘格物’、‘致知’之学！后世之学，其极至，只做得个‘义袭而取’〔1〕的工夫。”

〔1〕语本《孟子·公孙丑篇上》：“是集义所生者，非义袭而取之也。”(第二章)袭，掩取，言行事偶合于义，便掩袭于外而得之。

85. 问格物。

先生曰：“格者，正也。正其不正以归于正也。”

86. 问：“‘知止’者，知至善只在吾心，元不在外也，而后志定。”

曰：“然。”

87. 问："'格物'于动处用功否？"

先生曰："'格物'无间动、静，静亦物也。孟子谓'必有事焉'[1]，是动、静皆有事。"

〔1〕语本《孟子·公孙丑篇上》："必有事焉而勿正。心勿忘，勿助长也。"（第二章）

88. "工夫难处，全在'格物'、'致知'上。此即'诚意'之事。意既诚，大段心亦自正，身亦自修。但'正心'、'修身'工夫亦各有用力处，'修身'是已发边，'正心'是未发边。心正则中，身修则和。"

89. "自'格物'、'致知'至'平天下'，只是一个'明明德'，虽'亲民'亦'明德'事也。'明德'是此心之德，即是仁。仁者以天地万物为一体，[1]使有一物失所，便是吾仁有未尽处。"[2]

〔1〕语本程颢所说："学者须先识仁。仁者，浑然与物同体。"（《二程集·遗书》卷二上）

〔2〕参见《亲民堂记》（《全书》卷七）及《大学问》（《全书》卷二十六）。

90. "只说'明明德'而不说'亲民'，便似老、佛。"

91. "至善者，性也；性元无一毫之恶，故曰至善。止之，是复其本然而已。"

92. 问："知至善即吾性，吾性具吾心，吾心乃至善所止之地，则不为向时之纷然外求，而志定矣。定则不扰扰而静，静

而不妄动则安，安则一心一意只在此处，千思万想，务求必得此至善，是能虑而得矣。如此说是否？”〔1〕

先生曰：“大略亦是。”〔2〕

〔1〕《大学》云：“知止而后有定，定而后能静，静而后能安，安而后能虑，虑而后能得。”此处系解释这一段经文。

〔2〕参见《大学问》：“曰：‘知止而后有定，定而后能静，静而后能安，安而后能虑，虑而后能得’，其说何也？曰：人惟不知至善之在吾心，而求之于其外，以为事事物物皆有定理也，而求至善于事事物物之中，是以支离决裂，错杂纷纭，而莫知有一定之向。今焉既知至善之在吾心，而不假于外求，则志有定向，而无支离决裂错杂纷纭之患矣。无支离决裂错杂纷纭之患，则心不妄动，而能静矣。心不妄动而能静，则其日用之间，从容闲暇，而能安矣。能安，则凡一念之发，一事之感，其为至善乎？其非至善乎？吾心之良知，自有以详审精察之，而能虑矣。能虑，则择之无不精，处之无不当，而至善于是乎可得矣。”(《全书》卷二十六)

93. 问：“程子云：‘仁者以天地万物为一体。’〔1〕何墨氏兼爱，反不得谓之仁？”〔2〕

先生曰：“此亦甚难言，须是诸君自体认出来始得。仁是造化生生不息之理，虽弥漫周遍，无处不是，然其流行发生，亦只有个渐，所以生生不息。如冬至一阳生，必自一阳生而后渐渐至于六阳；若无一阳之生，岂有六阳。阴亦然。惟其渐，所以便有个发端处；惟其有个发端处，所以生；惟其生，所以不息。譬之木，其始抽芽，便是木之生意发端处；抽芽然后发干，发干然后生枝生叶，然后是生生不息。若无芽，何以有干有枝叶？能抽芽，必是下面有个根在；有根方生，无根便死。无根何从抽芽？父子、兄弟之爱，便是人心生意发端处，如木之抽芽，自此而仁民，而爱物，便是发干生枝生叶。墨氏兼爱无差等，将自家父子、兄弟与途人一般看，便自没了发端处；不抽芽便知得他无根，便不是生生不息，安得谓之仁！孝、弟为仁之本，〔3〕却是仁理从里面发生出来。”

〔1〕语见《二程集·遗书》卷二上。

〔2〕墨子主张“兼以易别”（《墨子·兼爱篇下》）。孟子攻击墨子说：“天下之言不归杨则归墨。杨氏为我，是无君也；墨氏兼爱，是无父也。无父无君，是禽兽也。……杨、墨之道不息，孔子之道不著，是邪说诬民，充塞仁义也。”（《孟子·滕文公篇下》第九章）

〔3〕语本《论语·学而篇》：“孝弟也者，其为仁之本与。”（第二章）

94. 问：“延平云‘当理而无私心’。〔1〕当理与无私心如何分别？”

先生曰：“心即理也，无私心即是当理，未当理便是私心。若析心与理言之，恐亦未善。”

又问：“释氏于世间一切情欲之私，都不染着，似无私心；但外弃人伦，却似〔2〕未当理。”

曰：“亦只是一统事，都只是成就他一个私己的心。”〔3〕

〔1〕语见《李延平集》卷二。

〔2〕俞本“却似”作“却是”。

〔3〕南本此下有“右门人陆澄录”。

95. 侃问：“持志如心痛，一心在痛上，安有工夫说闲语、管闲事？”

先生曰：“初学工夫如此用亦好；但要使知‘出入无时，莫知其乡’〔1〕，心之神明原是如此，工夫方有着落，若只死死守着，恐于工夫上又发病。”[2]

〔1〕语见《孟子·告子篇上》：“孔子曰：‘操则存，舍则亡；出入无时，莫知其乡。’惟心之谓与？”（第八章）

〔2〕闾东本、宋本、南本无此条。闾东本在第1条前有一条：“先生曰：‘持志如心痛，一心在痛上，安有功夫说闲话、管闲事？’”“侃问”二字作“先生曰”。

96. 侃问：“专涵养而不务讲求，将认欲作理，则如之何？”

先生曰：“人须是知学，讲求亦只是涵养，不讲求只是涵养之志不切。”

曰：“何谓知学？”

曰：“且道为何而学？学个甚？”

曰：“尝闻先生教，学是学存天理；心之本体即是天理，体认天理，只要自心地无私意。”

曰：“如此则只须克去私意便是，又愁甚理欲不明？”

曰：“正恐这些私意认不真。”

曰：“总是志未切；志切，目视、耳听皆在此。安有认不真的道理！是非之心，人皆有之，不假外求。讲求亦只是体当自心所见，不成去心外别有个见？”[1]

〔1〕涵养与讲求的关系类似于涵养与穷理的关系。朱熹认为两者关系相互依赖与相互促进：“涵养中自有穷理功夫，穷其所养之理；穷理中自有涵养功夫，养其所穷之理。”（《朱子语类》卷九）王守仁则认为二者只是一个功夫。参见第117条论居敬与穷理的关系及第303条论尊德性与道问学的关系。

97. 先生问在坐之友：“比来工夫何似？”

一友举虚明意思。

先生曰："此是说光景。"

一友叙今昔异同。

先生曰："此是说效验。"

二友惘然请是。

先生曰："吾辈今日用功，只是要为善之心真切。此心真切，见善即迁，有过即改，[1]方是真切工夫。如此，则人欲日消，天理日明。若只管求光景，说效验，却是助长外驰病痛，不是工夫。"[2]

〔1〕语本《周易·益卦·象》："风雷：益。君子以见善则迁，有过则改。"

〔2〕佐藤一斋说："《通书》：'无欲则静虚，虚则明。'工夫全在无欲。今举虚明，是光景，非实得。反观真切，愈艰。今举今昔异同，是效验，非内省。故并为助长外驰。"（《传习录栏外书》第五十五页）

98. 朋友观书，多有摘议晦庵者。

先生曰："是有心求异，即不是。吾说与晦庵时有不同者，为入门下手处有毫厘千里之分，不得不辨。然吾之心与晦庵之心，未尝异也。若其余文义解得明当处，如何动得一字！"[1]

〔1〕王守仁推重朱熹的评论，与此条相类者，可参看《别三子序》（《全书》卷七）、《答徐成之》二书（《全书》卷二十一）、《紫阳书院集序》（《全书》卷七）、《朱子晚年定论序》（《全书》卷七）、《启周道通书》（《传习录》中）、《答友人问》（《全书》卷六）及《传习录》第 100 条。但在《象山文集序》（《全书》卷七）、《与席元山》（《全书》卷五）及《传习录》第 183 条，王守仁则肯定"濂溪、明道之后，还是象山，只还粗些"。似较重陆。

99. 希渊[1]问:“圣人可学而至,然伯夷、伊尹于孔子才力终不同,其同谓之圣者安在?[2]”

先生曰:“圣人之所以为圣,只是其心纯乎天理而无人欲之杂;犹精金之所以为精,但以其成色足而无铜铅之杂也。人到纯乎天理方是圣,金到足色方是精。然圣人之才力,亦有大小不同;犹金之分两有轻重。尧、舜犹万镒,文王、孔子犹九千镒,禹、汤、武王犹七八千镒,伯夷、伊尹犹四五千镒。才力不同,而纯乎天理则同,皆可谓之圣人;犹分两虽不同,而足色则同,皆可谓之精金。以五千镒者而入于万镒之中,其足色同也,以夷、尹而厕之尧、孔之间,其纯乎天理同也。盖所以为精金者,在足色,而不在分两,所以为圣者,在纯乎天理,而不在才力也。故虽凡人而肯为学,使此心纯乎天理,则亦可为圣人,犹一两之金比之万镒,分两虽悬绝,而其到足色处,可以无愧。故曰‘人皆可以为尧、舜’[3]者以此。学者学圣人,不过是去人欲而存天理耳。犹炼金而求其足色,金之成色所争不多,则锻炼之工省而功易成,成色愈下,则锻炼愈难。人之气质清浊粹驳,有中人以上、中人以下,其于道,有生知安行,学知利行,[4]其下者必须人一己百,人十己千,[5]及其成功则一。后世不知作圣之本是纯乎天理,却专去知识、才能上求圣人,以为圣人无所不知,无所不能,我须是将圣人许多知识、才能逐一理会始得。故不务去天理上着工夫,徒弊精竭力,从册子上钻研、名物上考索、形迹上比拟。知识愈广而人欲愈滋,才力愈多而天理愈蔽。正如见人有万镒精金,不务锻炼成色,求无愧于彼之精纯,而乃妄希分两,务同彼之万镒,锡、铅、铜、铁杂然而投,分两愈增而成色愈下,既其梢末,无复有金矣。”[6]

时曰仁在傍，曰："先生此喻足以破世儒支离之惑，大有功于后学。"

先生又曰："吾辈用功，只求日减，不求日增。减得一分人欲，便是复得一分天理，何等轻快脱洒，何等简易！"〔7〕

〔1〕蔡希渊，名宗兖，浙江山阴人，正德十二年（1517）进士，历任至西川督学佥事，为王守仁最早所收弟子之一，参见《明儒学案》卷十一。

〔2〕语本《孟子·万章篇下》："伯夷，圣之清者也；伊尹，圣之任者也；柳下惠，圣之和者也；孔子，圣之时者也。"（第一章）

〔3〕语本《孟子·告子篇下》："曹交问曰：'人皆可以为尧、舜，有诸？'孟子曰：'然。'"（第二章）

〔4〕语本《中庸》："或生而知之，或学而知之，或困而知之，及其知之一也。或安而行之，或利而行之，或勉强而行之，及其成功一也。"（第二十章）

〔5〕语本《中庸》："人一能之己百之，人十能之己千之。"（第二十章）

〔6〕朱得之《稽山承语》存王守仁语录一条云："童克刚问：'《传习录》中以精金喻圣，极为明切，惟谓孔子分两不同万镒之疑，虽曾有躯壳起念之说，终是不能释然。'师不言，克刚请之不已。师曰：'看《易经》便知道了。'克刚必请明言，师乃叹曰：'早知如此起疑生辩，当时便多说这一千也得。今不自锻炼金之成色，只是问他人金之轻重，奈何！'克刚曰：'坚若早得闻教，必求自见。今老而幸游夫子之门，有疑不决，怀疑而死，终是一憾。'师乃曰：'伏羲作《易》，神农、黄帝、尧、舜用《易》。至于文王演卦于羑里，周公又演爻于居东，二圣人比之用《易》者似有间矣。孔子则又不同，其壮年之志，只是东周，故梦亦周公。尝曰："文王既没，文不在兹乎！"（子罕篇）自许自志，亦止二圣人而已。况孔子玩《易》，韦编乃至三绝，然后叹《易》道之精，曰："假我数年，五十以学《易》，可以无大过矣。"比之演卦演爻者，更何如？更欲比之用《易》如尧、舜，则恐孔子亦不自安也。其曰："我非生而知之者，好古敏以求之者。"又曰："若圣与

仁，则吾岂敢。’抑为之不厌，乃其所至之位。”此条解说精金喻圣，较为详尽。

朱熹重立言垂训，故以孔子贤于尧、舜：“若吾夫子则虽不得其位，而所以继往圣、开来学，其功反有贤于尧、舜者。”（《中庸章句序》）王守仁重平章百姓，协和万邦，以用《易》高于学《易》，故以尧、舜贤于孔子：“中国圣人，以尧、舜为最。”（《谏迎佛疏》）这与二人的思想体系是相应的。

〔7〕程、朱的用功方法，提倡格物穷理，以求日增。程颐说：“须是今日格一件，明日又格一件，积习既多，然后脱然有贯通处。”（《二程集·遗书》卷十八）朱熹亦然。王守仁的用功方法，提倡正心诚意，要求日减，所以说：“君子之学以明其心。其心本无昧也。而欲为之蔽，习为之害。故去蔽与害而明复，匪自外得也。”（《全书》卷七《别黄宗贤归天台序》）两种方法成为明显的对照。

100. 士德〔1〕问曰：“‘格物’之说，如先生所教，明白简易，人人见得；文公聪明绝世，于此反有未审，何也？”

先生曰：“文公精神气魄大，是他早年合下便要继往开来，故一向只就考索著述上用功；若先切己自修，自然不暇及此；到得德盛后，果忧道之不明。如孔子退修六籍，删繁就简，开示来学，亦大段不费甚考索。文公早岁便著许多书，晚年方悔，是倒做了。”

士德曰：“晚年之悔，如谓‘向来定本之误’〔2〕，又谓‘虽读得书，何益于吾事’〔3〕，又谓‘此与守书籍，泥言语，全无交涉’〔4〕，是他到此方悔从前用功之错，方去切己自修矣。”

曰：“然。此是文公不可及处，他力量大，一悔便转；可惜不久即去世，平日许多错处，皆不及改正。”

〔1〕杨士德，名骥，广东潮州人，初从湛若水（1466—1560）游，卒业于王

守仁。王守仁出征横水，谓之曰："破山中贼易，破心中贼难。"（《全书》卷四《与杨士德薛尚谦》）参见《明儒学案》卷三十。

〔2〕语见《朱子大全》卷四十六《答黄直卿·二》。原书无"定本"二字。

〔3〕同上书，卷四十七《答吕子约·二十六》（第二十九页）。

〔4〕同上书，卷四十《答何叔京·十三》（第二十七页）。

101. 侃去花间草，因曰："天地间何善难培、恶难去？"

先生曰："未培未去耳。"少间，曰："此等看善恶，皆从躯壳起念，便会错。"侃未达。

曰："天地生意，花草一般，何曾有善恶之分？子欲观花，则以花为善，以草为恶；如欲用草时，复以草为善矣。此等善恶，皆由汝心好恶所生，故知是错。"

曰："然则无善无恶乎？"

曰："无善无恶者，理之静；有善有恶者，气之动。不动于气，即无善无恶，是谓至善。"

曰："佛氏亦无善无恶，何以异？"

曰："佛氏着在无善无恶上，便一切都不管，不可以治天下。圣人无善无恶，只是'无有作好'、'无有作恶'，不动于气；然'遵王之道'，〔1〕会其有极，便自一循天理，便有个裁成辅相。〔2〕"

曰："草既非恶，即草不宜去矣。"

曰："如此却是佛、老〔3〕意见。草若有碍，何妨汝去？"

曰："如此又是作好、作恶。"

曰："不作好恶，非是全无好恶，却是无知觉的人。谓之不作者，只是好恶一循于理，不去又着一分意思。如此，即是不曾好恶一般。"

曰："去草如何是一循于理，不着意思？"

曰："草有妨碍，理亦宜去，去之而已。偶未即去，亦不累心。若着了一分意思，即心体便有贻累，便有许多动气处。"

曰："然则善恶全不在物？"

曰："只在汝心，循理便是善，动气便是恶。"

曰："毕竟物无善恶？"

曰："在心如此，在物亦然[4]。世儒惟不知此，舍心逐物，将'格物'之学错看了，终日驰求于外，只做得个'义袭而取'，终身行不着、习不察。[5]"

曰："如好好色，如恶恶臭，则如何？"

曰："此正是一循于理，是天理合如此，本无私意作好作恶。"

曰："如好好色，如恶恶臭，安得非意？"

曰："却是诚意，不是私意。诚意只是循天理。虽是循天理，亦著不得一分意。故有所忿懥、好乐，则不得其正，[6]须是廓然大公，方是心之本体。知此，即知'未发之中'。"

伯生[7]曰："先生云'草有妨碍，理亦宜去'。缘何又是躯壳起念？"

曰："此须汝心自体当。汝要去草，是甚么心？周茂叔窗前草不除[8]，是甚么心？"[9]

〔1〕语本《书·洪范篇》："无有作好，遵王之道；无有作恶，遵王之路。"作好，乱为私好。作恶，乱为私恶。

〔2〕语本《易·泰卦·象》："天地交，泰。后以财成天地之道，辅相天地之宜；以左右民。"(卷二)财成，成就。辅相，辅助。左右，佐佑。

〔3〕王本"老"作"氏"。

〔4〕王本"亦然"之后，有"本无内外，本无彼此"八字。

〔5〕语本《孟子·尽心篇上》:“行之而不著焉,习矣而不察焉,终身由之而不知其道者,众也。”(第五章)

〔6〕语本《大学》:“所谓修身在正其心者:身有所忿懥,则不得其正;有所恐惧,则不得其正;有所好乐,则不得其正;有所忧患,则不得其正。”(传,第七章)

〔7〕孟源,字伯生。其他情况不详。

〔8〕程颢说:“周茂叔窗前草不除去。问之,云‘与自家意思一般’。”(《二程集·遗书》卷三)

〔9〕王守仁此处言“物无善恶”,又言“无善无恶,是谓至善”。参见第286、293条。

102. 先生谓学者曰:“为学须得个头脑〔1〕,工夫方有着落;纵未能无间,如舟之有舵,一提便醒。不然,虽从事于学,只做个‘义袭而取’,只是行不着、习不察,非大本、达道也。”又曰:“见得时,横说竖说皆是;若于此处通,彼处不通,只是未见得。”

〔1〕头脑:判断力。

103. 或问为学以亲故,不免业举之累。

先生曰:“以亲之故而业举为累于学,则治田以养其亲者,亦有累于学乎?先正云‘惟患夺志’〔1〕,但恐为学之志不真切耳。”〔2〕

〔1〕语本程颐所说:“或谓科举事业夺人之功,是不然。且一月之中,以十日为举业,余日足可为学。然人不志此,必志于彼。故科举之事,不患妨功,惟患夺志。”(《二程集·外书》卷十一)

〔2〕“科举不患妨功,惟患夺志。”参见《重刊文章轨范序》:“世徒见夫由科第而进者,类多徇私谋利,无事君之实,而遂归咎于举业。不知

方其业举之时，惟欲钓声利，弋身家之腴，以苟一旦之得，而初未尝有其诚也。”(《全书》卷二十二)又见《寄闻人邦英邦正》：“若是原无求为圣贤之志，虽不业举，日谈道德，亦只成就得务外好高之病而已。此昔人所以有不患妨功、惟患夺志之说也。”(《全书》卷四)

104. 崇一[1]问：“寻常意思多忙，有事固忙，无事亦忙，何也？”

先生曰：“天地气机，元无一息之停，然有个主宰，故不先不后，不急不缓，虽千变万化，而主宰常定，人得此而生。若主宰定时，与天运一般不息，虽酬酢万变，常是从容自在，所谓‘天君泰然，百体从令’[2]。若无主宰，便只是这气奔放，如何不忙！”

〔1〕欧阳崇一(1495—1554)，名德，号南野，江西泰和人，嘉靖二年(1523)进士，历任至礼部尚书。嘉靖三十二三年(1553—1554)与徐阶(1503—1583)、聂豹(1487—1563)、程文德(1497—1559)主盟京师灵济宫之会，学徒云集至千人，其盛为数百年所未有，有《欧阳南野集》。参见《明儒学案》卷十七。

〔2〕语见范浚《心箴》(1146)，朱熹引注《孟子·告子篇上》第十五章。天君，心。百体，身体各部。

105. 先生曰：“为学大病在好名。”

侃曰：“从前岁自谓此病已轻，比来精察，乃知全未。岂必务外为人，只闻誉而喜，闻毁而闷，即是此病发来？”

曰：“最是。名与实对，务实之心重一分，则务名之心轻一分；全是务实之心，即全无务名之心；若务实之心如饥之求食，渴之求饮，安得更有工夫好名？”又曰：“‘疾没世而名不称’[1]，称字去声读，亦‘声闻过情，君子耻之’[2]之意。实不称名，生犹可补，没则无及矣。‘四十、五十而无闻’[3]，是不闻道，非无声闻也。孔子云：‘是闻也，非达也。’[4]安肯以此望人。”

[1] 语见《论语·卫灵公篇》：“君子疾没世而名不称焉。”(第二十章)

[2] 语见《孟子·离娄篇下》第十八章。

[3] 语见《论语·子罕篇》：“四十、五十而无闻焉，斯亦不足畏也矣。”(第二十三章)

[4] 语本《论语·颜渊篇》：“子张问：‘士何如斯可谓之达矣？’子曰：‘何哉？尔所谓达者？’子张对曰：‘在邦必闻，在家必闻。’子曰：‘是闻也，非达也。夫达也者，质直而好义，察颜而观色，虑以下人，在邦必达，在家必达。夫闻也者，色取仁而行违，居之不疑，在邦必闻，在家必闻。’”(第二十章)

106. 侃多悔。

先生曰：“悔悟是去病之药；然以改之为贵，若留滞于中，则又因药发病。”[1]

[1] 参见《悔斋说》：“悔者，善之端也，诚之复也。君子悔以迁于善，小人悔以不敢肆其恶。惟圣人而后能无悔，无不善也，无不诚也。然君子之过，悔而弗改焉，又从而文焉，过将日入于恶。小人之恶，悔而益深巧焉，益愤谲焉，则恶极而不可解矣。故悔者，善恶之分也，诚伪之关也，吉凶之机也。君子不可以频悔，小人则幸其悔而或不甚焉耳。”(《全书》卷二十四)

107. 德章[1]曰：“闻先生以精金喻圣，以分两喻圣人之分量，以锻炼喻学者之工夫，最为深切；惟谓尧、舜为万镒，孔子为九千镒；[2]疑未安。”

先生曰：“此又是躯壳上起念，故替圣人争分两；若不从躯壳上起念，即尧、舜万镒不为多，孔子九千镒不为少，尧、舜万镒，只是孔子的；孔子九千镒，只是尧、舜的，原无彼我。所以谓之圣，只论‘精一’，不论多寡，只要此心纯乎天理处同，便同谓之圣，若是力量气魄，如何尽同得？后儒只在分两上较量，所以流入功利；若除去了比较分两的心，各人尽着自己力量精神，只在此心纯天理上用功，即人人自有，个个圆成，便能大以成大，小以成小，不假外慕，无不具足：此便是实实落落明善诚身的事。后儒不明圣学，不知就自己心地良知良能上体认扩充，却去求知其所不知，求能其所不能，一味只是希高慕大，不知自己是桀、纣心地，动辄要做尧、舜事业，如何做得！终年碌碌，至于老死，竟不知成就了个甚么，可哀也已！”

〔1〕德章姓刘，其他不详。

〔2〕参见第99条。

108. 侃问：“先儒以心之静为体，心之动为用，〔1〕如何？”

先生曰：“心不可以动、静为体、用。动、静，时也，即体而言，用在体；即用而言，体在用，是谓体、用一源。〔2〕若说静可以见其体，动可以见其用，却不妨。”〔3〕

〔1〕语见程颐《与吕大临论中书》：“心一也，有指体而言者，寂然不动是也。有指用而言者，感而遂通天下之故是也。”（《二程集·文集》卷九）

〔2〕语见程颐《易传序》：“至微者理也，至著者象也。体用一源，显微无间。”（《周易程氏传》）

〔3〕参见《答伦彦式》云：“心无动静者也。其静也者，以言其体也。其动也者，以言其用也。故君子之学，无间于动静。其静也，常觉而

未尝无也，故常应。其动也，常定而未尝有也，故常寂。常应常寂，动静皆有事焉，是之谓集义。集义故能无只悔，所谓动亦定，静亦定者也。心一而已，静，其体也，而复求静根焉，是扰其体也；动，其用也，而惧其易动焉，是废其用也。故求静之心即动也，恶动之心非静也，是之谓动亦动，静亦动，将迎起伏相寻于无穷矣。故循理之谓静，从欲之谓动。欲也者，非必声色货利外诱也，有心之私，皆欲也。故循理焉，虽酬酢万变，皆静也。濂溪所谓主静无欲之谓也，是谓集义者也。从欲焉，虽心斋坐忘，亦动焉，告子之强制正助之谓也，是外义者也。"(《全书》卷五)

109. 问："上智下愚如何不可移？"〔1〕

先生曰："不是不可移，只是不肯移。"

〔1〕语本《论语·阳货篇》："子曰：'唯上智与下愚不移。'"(第三章)

110. 问"子夏门人问交"章〔1〕。

先生曰："子夏是言小子之交，子张是言成人之交；若善用之，亦俱是。"

〔1〕语本《论语·子张篇》："子夏之门人问交于子张。子张曰：'子夏云何？'对曰：'子夏曰，可者与之，其不可者拒之。'子张曰：'异乎吾所闻。君子尊贤而容众，嘉善而矜不能。我之大贤与，于人何所不容？我之不贤与，人将拒我，如之何其拒人也？'"(第三章)

111. 子仁〔1〕问："'学而时习之，不亦说乎！'先儒以学为效先觉之所为，〔2〕如何？"

先生曰："学是学去人欲、存天理。从事于去人欲、存天理，则自正诸先觉，考诸古训，自下许多问辨思索、存省克治工夫，然不过欲去此心之人欲，存吾心之天理耳。若曰'效先觉之所为'，则只说得学中一件事，亦似专求诸外了。'时习'者，'坐如尸'，非专习坐也，坐时习此心也；'立如斋'，非专习立也，立时习此心也。[3]'说'是理义之说，我心之说；[4]人心本自说理义，如目本说色，耳本说声，惟为人欲所蔽所累，始有不说；今人欲日去，则理义日洽浃，安得不说？"

〔1〕栾子仁，名惠，浙江西安人。王守仁有《书栾惠卷》(《全书》卷二十四)。一说指林春，字子仁。参见《明儒学案》卷三十二略传，疑非是。

〔2〕语见《论语·学而篇》第一章。朱熹《论语章句》注曰："人性皆善而觉有先后。后觉者，必效先觉之所为，乃可以明善而复其初也。"

〔3〕语见《礼记·曲礼篇》："坐如尸，立如斋。"(卷一)

〔4〕语本《孟子·告子篇上》："心之所同然者何也？谓理也，义也。圣人先得我心之所同然耳。故理义之悦我心，犹刍豢之悦我口。"(第七章)

112. 国英[1]问："曾子三省[2]虽切，恐是未闻一贯[3]时工夫？"

先生曰："一贯是夫子见曾子未得用功之要，故告之。学者果能忠、恕上用功，岂不是一贯？'一'如树之根本，'贯'如树之枝叶。未种根，何枝叶之可得？体、用一源，体未立，用安从生？谓曾子于其用处盖已随事精察而力行之，但未知其体之一，[4]此恐未尽。"

〔1〕国英姓陈，其他不详。

〔2〕语本《论语·学而篇》："曾子曰：'吾日三省吾身，为人谋而不忠乎？与朋友交而不信乎？传不习乎？'"(第四章)

〔3〕语本《论语·里仁篇》："子曰：'参乎，吾道一以贯之。'曾子曰：'唯。'子出，门人问曰：'何谓也？'曾子曰：'夫子之道，忠恕而已

矣。'"(第十五章)

〔4〕朱熹《论语·里仁篇》第十五章注云:"圣人之心,浑然一理,而泛应曲当,用各不同。曾子于其用处,盖已随事精察而力行之,但未知其体之一尔。"

113. 黄诚甫〔1〕问"汝与回也孰愈"章〔2〕。

先生曰:"子贡多学而识,在闻见上用功,颜子在心地上用功,故圣人问以启之。而子贡所对又只在知见上,故圣人叹惜之,非许之也。"

〔1〕黄诚甫(?—1536),名宗明,号致斋,宁波鄞县人,正德九年(1514)进士。任职南京兵部员外郎时,谏武宗南巡,请告归。嘉靖时,任兵部右侍郎,有人谏世宗斋醮被戍,上书言其无罪,被贬,官终礼部侍郎,参见《明儒学案》卷十四。

〔2〕见《论语·公冶长篇》:"子谓子贡曰:'汝与回也孰愈?'对曰:'赐也何敢望回!回也闻一以知十,赐也闻一以知二。'子曰:'弗如也,吾与汝弗如也。'"(第八章)

114. "颜子不迁怒,不贰过,〔1〕亦是有'未发之中'始能。"

〔1〕语本《论语·雍也篇》:"哀公问弟子孰为好学,孔子对曰:'有颜回者好学,不迁怒,不贰过,不幸短命死矣。今也则亡,未闻好学者也。'"(第二章)

115. "种树者必培其根,种德者必养其心。欲树之长,必于始生时删其繁枝;欲德之盛,必于始学时去夫外好。如外好诗文,则精神日渐漏泄在诗文上去;凡百外好皆然。"又曰:"我此论学,是无中生有的工夫。诸公须要信得及,只是立志。学者一念为善之志,如树之种〔1〕,但勿助勿忘,〔2〕只管培植将去，自然日夜滋长，生气日完[3]，枝叶日茂。树初生时，便抽繁枝，亦须刊落[4]，然后根干能大；初学时亦然，故立志贵专一。”[5]

〔1〕王本“种”作“根”。

〔2〕语本《孟子·公孙丑篇上》：“必有事焉而勿正，心勿忘，勿助长也。”（第二章）

〔3〕王本“完”作“充”。

〔4〕刊落，删削。

〔5〕参见《送宗伯乔白岩序》：“是故专于道，斯谓之专；精于道，斯谓之精。专于弈而不专于道，其专溺也；精于文词而不精于道，其精僻也。”（《全书》卷七）

116. 因论先生之门，某人在涵养上用功，某人在识见[1]上用功。

先生曰：“专涵养者，日见其不足；专识见者，日见其有余。日不足者，日有余矣；日有余者，日不足矣。”

〔1〕识见：外向求知。

117. 梁日孚[1]问：“居敬、穷理是两事，先生以为一事，何如？”

先生曰：“天地间只有此一事，安有两事？若论万殊，礼仪三百，威仪三千，[2]又何止两！公且道居敬是如何？穷理是如何？”

曰：“居敬是存养工夫，穷理是穷事物之理。”

曰：“存养个甚？”

曰：“是存养此心之天理。”

曰:“如此,亦只是穷理矣。”

曰:“且道如何穷事物之理?”

曰:“如事亲便要穷孝之理,事君便要穷忠之理。”

曰:“忠与孝之理在君、亲身上,在自己心上? 若在自己心上,亦只是穷此心之理矣。且道如何是敬?”

曰:“只是主一。”

“如何是主一?”

曰:“如读书便一心在读书上,接事便一心在接事上。”

曰:“如此则饮酒便一心在饮酒上,好色便一心在好色上,却是逐物,成甚居敬工夫?”

日孚请问,曰:“一者,天理。主一是一心在天理上。若只知主一,不知一即是理,有事时便是逐物,无事时便是著空。惟其有事无事,一心皆在天理上用功,所以居敬亦即是穷理,就穷理专一处说,便谓之居敬;就居敬精密处说,便谓之穷理,却不是居敬了别有个心穷理,穷理时别有个心居敬;名虽不同,功夫只是一事。就如《易》言:‘敬以直内,义以方外。’〔3〕敬即是无事时义,义即是有事时敬,两句合说一件。如孔子言‘修己以敬’〔4〕,即不须言义;孟子言‘集义’〔5〕,即不须言敬。会得时,横说竖说,工夫总是一般;若泥文逐句,不识本领,即支离决裂,工夫都无下落。”

问:“穷理何以即是尽性?”

曰:“心之体,性也,性即理也,穷仁之理真要仁极仁,穷义之理真要义极义,仁、义只是吾性,故穷理即是尽性,如孟子说充其恻隐之心至仁不可胜用,〔6〕这便是穷理工夫。”〔7〕

日孚曰:“先儒谓一草一木亦皆有理,不可不察,〔8〕如何?”

先生曰："夫我则不暇。[9]公且先去理会自己性情，须能尽人之性，然后能尽物之性。"日孚悚然有悟。

〔1〕梁日孚，名焯，广东南海人。正德九年(1514)进士，十三年(1518)谒选于京，路经江西与王守仁谈话后，便欲终身从学，不愿离去。王守仁劝以圣人之道，不拘于时，不限以地，半年后始北去，乃书《别梁日孚序》相送。参见《明儒学案》卷三十。

〔2〕语见《中庸》第二十七章。

〔3〕语见《易·坤卦·文言》。

〔4〕语见《论语·宪问篇》第四十五章。

〔5〕语本《孟子·公孙丑篇上》："敢问何谓浩然之气？曰：'难言也。其为气也，至大至刚，以直养而无害，则塞于天地之间。其为气也，配义与道，无是，馁也。是集义所生者，非义袭而取之也。行有不慊于心，则馁矣。'"(第二章)

〔6〕语本《孟子·尽心篇下》："孟子曰：'人皆有所不忍，达之于其所忍，仁也。人皆有所不为，达之于其所为，义也。人能充无欲害人之心，而仁不可胜用也。人能充无穿窬之心，而义不可胜用也。人能充无受尔汝之实，无所往而不为义也。"(第三十一章)

〔7〕参见《书诸阳卷》："故谓端庄静一为养心，而以学问思辨为穷理者，析心与理而为二矣。若吾之说，则端庄静一，亦所以穷理；而学问思辨，亦所以养心。非谓养心之时，无有所谓理；而穷理之时，无有所谓心也。此古人之学所以知行并进而收合一之功。后世之学所以分知行为先后，而不免于支离之病者也。"(《全书》卷八)

〔8〕语本程颐《语录》："问：'观物察己，还因见物，反求诸身否？'曰：'不必如此说。物我一理，才明彼即晓此，合内外之道也。语其大，至天地之高厚；语其小，至一物之所以然，学者皆当理会。'又问：'致知，先求之四端，如何？'曰：'求之性情，固是切于身，然一草一木皆有理，须是察。'"(《二程集·遗书》卷十八)

〔9〕语本《论语·宪问篇》："子贡方人。子曰：'赐也贤乎哉？夫我则不

暇。’”(第三十一章)

118. 惟乾[1]问:“知如何是心之本体?”

先生曰:“知是理之灵处;就其主宰处说,便谓之心,就其禀赋处说,便谓之性。孩提之童,无不知爱其亲,无不知敬其兄,[2]只是这个灵能不为私欲遮隔,充拓得尽,便完完是他本体,便与天地合德。[3]自圣人以下,不能无蔽,故须‘格物’以致其知。”

〔1〕冀惟乾(1482—1521),名元亨,号暗斋,楚之武陵(今湖南常德)人。阳明谪龙场,冀往受学,一直跟随王至庐陵。湖广乡试,以格物致知为题,冀以所闻于王守仁者为对,主司奇而录之。王守仁在江西,冀又从之,主教濂溪书院。宸濠致书问学,王守仁使冀往答之。濠败,忌王守仁者借冀以陷之,被捕入狱。正德(1521)时被释出狱而卒。参见《明儒学案》卷二十八。

〔2〕语本《孟子·尽心篇上》:“人之所不学而能者,其良能也;所不虑而知者,其良知也。孩提之童,无不知爱其亲者,及其长也,无不知敬其兄也。”(第十五章)

〔3〕语本《易·乾卦·文言》:“夫大人者,与天地合其德,与日月合其明,与四时合其序,与鬼神合其吉凶。”

119. 守衡[1]问:“《大学》工夫只是诚意,诚意工夫只是格物,修、齐、治、平,只诚意尽矣,又有正心之功,有所忿懥好乐则不得其正,[2]何也?”

先生曰:“此要自思得之,知此则知‘未发之中’矣。”

守衡再三请。

曰:“为学工夫有浅深,初时若不着实用意去好善、恶恶,如何能为善、去恶?这着实用意便是诚意。然不知心之本体原无一物，一向着意去好善、恶恶，便又多了这分意思，便不是廓然大公。[3]《书》所谓'无有作好、作恶'[4]，方是本体。所以说：'有所忿懥、好乐，则不得其正。'正心只是诚意工夫里面体当自家心体，常要鉴空衡平，[5]这便是'未发之中'。"[6]

〔1〕情况未详。

〔2〕语本《大学》："所谓修身在正其心者，身有所忿懥，则不得其正；有所恐惧，则不得其正；有所好乐，则不得其正；有所忧患，则不得其正。"（第七章）

〔3〕语本程颢所说："故君子之学，莫若廓然而大公，物来而顺应。"（《二程集·文集》卷二《答横渠张子厚先生书》）

〔4〕语本《书·洪范篇》："无有作好，遵王之道；无有作恶，遵王之路。"

〔5〕语本朱熹《大学或问》。

〔6〕此条言保持心的虚灵本体，不得存善恶之意。参见第 101、213 和 215 条。

120. 正之[1]问："戒惧是己所不知时工夫，慎独是己所独知时工夫，[2]此说如何？"

先生曰："只是一个工夫，无事时固是独知，有事时亦是独知。人若不知于此独知之地用力，只在人所共知处用功，便是作伪，便是'见君子而后厌然'[3]。此独知处便是诚的萌芽；此处不论善念、恶念，更无虚假，一是百是，一错百错，正是王霸、义利、诚伪、善恶界头，于此一立立定，便是端本澄源，便是立诚。古人许多诚身的工夫，精神命脉，全体只在此处，真是莫见莫显，无时无处，无终无始，只是此个工夫。今若又分戒惧为己所不知，即工夫便支离，亦有间断。既戒惧即是知，己若不知，是谁戒惧？如此见解，便要流入断灭禅定。”

曰：“不论善念、恶念，更无虚假，则独知之地，更无无念时邪？”

曰：“戒惧亦是念。戒惧之念，无时可息；若戒惧之心稍有不存，不是昏瞶，便已流入恶念；自朝至暮，自少至老，若要无念，即是己不知，此除是昏睡，除是槁木死灰。”

〔1〕黄正之(1492—1561)，名弘纲，号洛村，江西雩县人。正德十一年(1516)登乡举，官至刑部主事，有《黄洛村集》。参见《明儒学案》卷十九。

〔2〕综合朱熹《中庸章句》第一章注的思想。

〔3〕语本《大学》：“小人闲居为不善，无所不至，见君子而后厌然，揜其不善而著其善。”(传·第六章)

121. 志道〔1〕问：“荀子云‘养心莫善于诚’，〔2〕先儒非之，〔3〕何也？”

先生曰：“此亦未可便以为非。诚字有以工夫说者。诚是心之本体，求复其本体，便是思诚的工夫。〔4〕明道说‘以诚敬存之’，〔5〕亦是此意。《大学》：‘欲正其心，先诚其意。’荀子之言固多病，然不可一例吹毛求疵。大凡看人言语，若先有个意见，便有过当处。‘为富不仁’之言，孟子有取于阳虎，〔6〕此便见圣贤大公之心。”

〔1〕情况未详。

〔2〕语见《荀子·不苟篇》：“君子养心莫善于诚，致诚则无他事矣。”

〔3〕语本程颢所说：“既诚矣，心焉用养邪？荀子不知诚。”(《二程集·外书》卷二)

〔4〕参见《赠林典卿归省序》：“夫诚，实理也。其在天地，则其丽焉者，

则其明焉者，则其行焉者，则其引类而言之不可穷焉者，皆诚也；其在人物，则其蕃焉者，则其群焉者，则其分焉者，则其引类而言之不可尽焉者，皆诚也。是故殚智虑，弊精力，而莫究其绪也；靡昼夜，极年岁，而莫竟其说也；析蚕丝，擢牛尾，而莫既其奥也。夫诚，一而已矣，故不可复有所益。益之，是为二也。二则伪，故诚不可益。不可益，故至诚无息。”（《全书》卷七）

〔5〕语本程颢所说：“学者须先识仁。仁者，浑然与物同体。义、礼、智、信皆仁也。识得此理，以诚敬存之而已，不须防检，不须穷索。”（《二程集·遗书》卷二上）

〔6〕语本《孟子·滕文公篇上》：“是故贤君必恭俭、礼下，取于民有制。阳虎曰：‘为富不仁矣，为仁不富矣。’”（第三章）

122. 萧惠〔1〕问：“己私难克，奈何？”

先生曰：“将汝己私来，替汝克。”〔2〕先生曰：“人须有为己之心，方能克己；能克己，方能成己。”

萧惠曰：“惠亦颇有为己之心，不知缘何不能克己？”

先生曰：“且说汝有为己之心是如何？”

惠良久曰：“惠亦一心要做好人，便自谓颇有为己之心。今思之，看来亦只是为得个躯壳的己，不曾为个真己。”

先生曰：“真己何曾离着躯壳？恐汝连那躯壳的己也不曾为。且道汝所谓躯壳的己，岂不是耳、目、口、鼻、四肢？”

惠曰：“正是为此；目便要色，耳便要声，口便要味，四肢便要逸乐，所以不能克。”

先生曰：“美色令人目盲，美声令人耳聋，美味令人口爽，驰骋田猎令人发狂，〔3〕这都是害汝耳、目、口、鼻、四肢的！岂得是为汝耳、目、口、鼻、四肢？若为著耳、目、口、鼻、四肢时，便须思量耳如何听，目如何视，口如何言，四肢如何动？必须非礼勿视、听、言、动，方才成得个耳、目、口、鼻、四肢，这个才是为着耳、目、口、鼻、四肢。汝今终日向外驰求，为名、为利，这都是为着躯壳外面的物事。汝若为着耳、目、口、鼻、四肢，要非礼勿视、听、言、动时，岂是汝之耳、目、口、鼻、四肢自能勿视、听、言、动？须由汝心。这视、听、言、动皆是汝心，汝心之视，发窍于目，汝心之听，发窍于耳，汝心之言，发窍于口，汝心之动，发窍于四肢；若无汝心，便无耳、目、口、鼻。所谓汝心，亦不专是那一团血肉；若是那一团血肉，如今已死的人，那一团血肉还在，缘何不能视、听、言、动？所谓汝心，却是那能视、听、言、动的，这个便是性，便是天理。有这个性，才能生。这性之生理，便谓之仁。这性之生理发在目，便会视，发在耳，便会听，发在口，便会言，发在四肢，便会动，都只是那天理发生。以其主宰一身，故谓之心。这心之本体，原只是个天理，原无非礼。这个便是汝之真己，这个真己是躯壳的主宰。若无真己，便无躯壳；真是有之即生，无之即死。汝若真为那个躯壳的己，必须用著这个真己，便须常常保守著这个真己的本体，戒慎不睹，恐惧不闻，惟恐亏损了他一些；才有一毫非礼萌动，便如刀割，如针刺，忍耐不过，必须去了刀，拔了针。这才是有为己之心，方能克己。汝今正是认贼作子，〔4〕缘何却说有为己之心不能克己？”〔5〕

〔1〕萧惠，雩都人，其他情况不详。此处薛侃直书其名，或系当时一少年。

〔2〕语本僧璨初见慧可大师时问答：“曰：‘弟子身缠风恙，请和尚忏罪。’曰：‘将罪来，与汝忏。’居士良久云：‘觅罪不可得？’师曰：‘我与汝忏罪竟，宜依佛法。’”（《景德传灯录》卷三）

〔3〕语本《老子》：“五色令人目盲，五音令人耳聋，五味令人口爽，驰骋

畋猎令人心发狂。”(第十二章)

〔4〕语出《楞严经》:“佛告阿难,此是前尘虚妄相想,惑汝真性。由汝无始至于今生,认贼为子,失汝元常,故受轮转。”(《大正新修大藏经》第十九卷第一〇八页)

〔5〕参见《书王嘉秀请益卷》:“君子之学,为己之学也。为己故必克己。克己则无己。无己者,无我也。世之学者执其自私自利之心,而自任以为为己,漭焉入于隳堕断灭之中,而自任以为无我者,吾见亦多矣。”(《全书》卷八)

又参见《从吾道人记》:“夫吾之所谓真吾者,良知之谓也。父而慈焉,子而孝焉,吾良知所好也;不慈不孝焉,斯恶之矣。言而忠信焉,行而笃敬焉,吾良知所好也;不忠信焉,不笃敬焉,斯恶之矣。故夫名利物欲之好,私吾之好也,天下之所恶也;良知之好,真吾之好也,天下之所同好也。”(《全书》卷七)

123. 有一学者病目,戚戚甚忧。

先生曰:“尔乃贵目贱心!”

124. 萧惠好仙、释。

先生警之曰:“吾亦自幼笃志二氏,自谓既有所得,谓儒者为不足学。其后居夷三载,见得圣人之学若是其简易广大,始自叹悔错用了三十年气力。大抵二氏之学,其妙与圣人只有毫厘之间。汝今所学,乃其土苴,辄自信自好若此,真鸱鸮窃腐鼠耳。”〔1〕

惠请问二氏之妙。

先生曰:“向汝说圣人之学简易广大,汝却不问我悟的,只问我悔的!”

惠惭谢,请问圣人之学。

先生曰："汝今只是了人事问；〔2〕待汝办个真要求为圣人的心，来与汝说。"

惠再三请。

先生曰："已与汝一句道尽，〔3〕汝尚自不会！"

〔1〕语本《庄子·秋水篇》："夫鹓雏，发于南海而飞于北海，非梧桐不止，非练实不食，非醴泉不饮。于是，鸱得腐鼠，鹓雏过之，仰而视之曰：'吓。'"（卷六）

〔2〕人事问，人事应酬常语。

〔3〕王守仁此处用机锋。"一句"指上句"为圣人之心"。

125. 刘观时〔1〕问："'未发之中'是如何？"

先生曰："汝但戒慎不睹，恐惧不闻，养得此心纯是天理，便自然见。"

观时请略示气象。

先生曰："哑子吃苦瓜，与你说不得；你要知此苦，还须你自吃。"〔2〕时曰仁在旁，曰："如此才是真知，即是行矣。"〔3〕一时在座诸友皆有省。

〔1〕情况不详。

〔2〕语出《碧岩录》卷三。

〔3〕参见《答友人问》："某今说知行合一，虽亦是就今时补偏救弊说，然知行体段亦本来如是。吾契但着实就身心上体履，当下便自知得。今却只从言语文义上窥测，所以牵制支离，转说转糊涂。正是不能知行合一之弊耳。"（《全书》卷六）

126. 萧惠问死、生之道。〔1〕

先生曰："知昼、夜，即知死、生。"

问昼、夜之道。

曰："知昼则知夜。"

曰："昼亦有所不知乎？"

先生曰："汝能知昼？懵懵而兴，蠢蠢而食，行不著，习不察，终日昏昏，只是梦昼。惟息有养，瞬有存，[2]此心惺惺明明，天理无一息间断，才是能知昼。这便是天德，便是通乎昼夜之道而知。[3]更有甚么死、生！"

〔1〕语本朱熹《论语章句·先进篇》第十二章注引程颐所说："昼夜者，死生之道也。知生之道，则知死之道。尽事人之道，则尽事鬼之道。死生、人鬼，一而二，二而一者也。"

〔2〕语本张载(1020—1077)所说："言有教，动有法；昼有为，宵有得；息有养，瞬有存。"(《正蒙·有德篇》)

〔3〕语本《易·系辞传上》："范围天地之化而不过，曲成万物而不遗，通乎昼夜之道而知，故神无方而易无体。"(第四章)

127. 马子莘[1]问："'修道之教'[2]，旧说谓圣人品节吾性之固有，[3]以为法于天下，若礼、乐、刑、政之属。此意如何？"

先生曰："道即性即命，本是完完全全，增减不得，不假修饰的。何须要圣人品节，却是不完全的物件！礼、乐、刑、政是治天下之法，固亦可谓之教，但不是子思本旨。若如先儒之说，下面由教入道的，缘何舍了圣人礼、乐、刑、政之教，别说出一段戒慎恐惧工夫？却是圣人之教为虚设矣。"

子莘请问。

先生曰："子思性、道、教皆从本原上说，天命于人则命便谓之性，率性而行则性便谓之道，修道而学则道便谓之教。

率性是诚者事，所谓‘自诚明谓之性’也；修道是诚之者事，所谓‘自明诚谓之教’〔4〕也。圣人率性而行即是道。圣人以下未能率性，于道未免有过不及，故须修道。修道则贤知者不得而过，愚不肖者不得而不及，都要循着这个道，则道便是个教。此‘教’字与‘天道至教’〔5〕、‘风雨霜露，无非教也’〔6〕之‘教’同。‘修道’字与‘修道以仁’〔7〕同。人能修道，然后能不违于道，以复其性之本体，则亦是圣人率性之道矣。下面‘戒慎恐惧’便是修道的工夫，‘中和’便是复其性之本体。如《易》所谓‘穷理尽性以至于命’〔8〕，‘中和位育’便是尽性至命。”〔9〕

〔1〕见第40条注〔2〕。

〔2〕语本《中庸》：“天命之谓性，率性之谓道，修道之谓教。”（第一章）

〔3〕语本朱熹《中庸章句》第一章注：“圣人因人物之所当行者而品节之，以为法于天下，则谓之教，若礼乐刑政之属是也。”

〔4〕语本《中庸》：“自诚明谓之性，自明诚谓之教。诚则明矣，明则诚矣。”（第二十一章）

〔5〕语见《礼记·礼器篇》：“天道至教，圣人至德。”（卷七）

〔6〕语见《礼记·孔子闲居篇》：“天有四时，春秋冬夏，风雨霜露，无非教也。”

〔7〕语见《中庸》：“故为政在人，取人以身，修身以道，修道以仁。”（第二十章）

〔8〕语见《易·说卦传》（第一章）。

〔9〕参见《修道说》：“率性之谓道，诚者也。修道之谓教，诚之者也。故曰：‘自诚明谓之性，自明诚谓之教。’《中庸》为诚之者而作，修道之事也。道也者，性也，不可须臾离也。而过焉、不及焉，离也。是故君子有修道之功，戒慎乎其所不睹，恐惧乎其所不闻。微之显，诚之不可掩也。修道之功，若是其无间，诚之也。夫然后喜怒哀乐之

未发谓之中,发而皆中节谓之和,道修而性复矣。致中和,则大本立而达道行,知天地之化育矣。非至诚尽性,其孰能与于此哉,是修道之极功也。”(《全书》卷七)

又参见《答季德明》:“率性而行,则性谓之道;修道而学,则道谓之教。谓修道之为教可也,谓修道之为学亦可也。自其道之示人无隐者而言,则道谓之教。自其功夫之修习无违者而言,则道谓之学。教也,学也,皆道也,非人之所能为也。”(《全书》卷六)

128. 黄诚甫〔1〕问:“先儒以孔子告颜渊为邦之问,是立万世常行之道,〔2〕如何?”

先生曰:“颜子具体圣人,其于为邦的大本大原都已完备,夫子平日知之已深,到此都不必言,只就制度文为上说。此等处亦不可忽略,须要是如此方尽善,又不可因自己本领是当了,便于防范上疏阔,须是要放郑声、远佞人,盖颜子是个克己向里德上用心的人,孔子恐其外面末节或有疏略,故就他不足处帮补说。若在他人,须告以‘为政在人,取人以身,修身以道,修道以仁’,‘达道’、‘九经’及‘诚身’许多功夫,〔3〕方始做得,这个方是万世常行之道。不然,只去行了夏时,乘了殷辂,服了周冕,作了韶舞,天下便治得?后人但见颜子是孔门第一人,又问个为邦,便把做天大事看了。”

〔1〕见第113条注〔1〕。

〔2〕语本《论语·卫灵公篇》:“颜渊问为邦。子曰:‘行夏之时,乘殷之辂,服周之冕,乐则韶舞。放郑声、远佞人;郑声淫,佞人殆。’”(第十章)朱熹《论语集注·卫灵公篇》第十章注引程颐所说:“问政多矣,惟颜渊告之以此。盖三代之制,皆因时损益。及其久也,不能无弊。周衰,圣人不作,故孔子斟酌先王之礼,立万世常行之道,发此以为之兆尔。”

〔3〕语皆出《中庸》第二十章。九经：修身、尊贤、亲亲、敬大臣、体群臣、子庶民、来百工、柔远人、怀诸侯。

129. 蔡希渊[1]问："文公《大学》新本，先'格致'而后'诚意'工夫，似与首章次第相合；若如先生从旧本之说，即'诚意'反在'格致'之前，于此尚未释然。"

先生曰："《大学》工夫即是'明明德'。'明明德'只是个'诚意'。'诚意'的工夫只是'格物'、'致知'。若以'诚意'为主，去用'格物'、'致知'的工夫，即工夫始有下落，即为善、去恶无非是'诚意'的事。如新本先去穷格事物之理，即茫茫荡荡，都无着落处，须用添个'敬'字，[2]方才牵扯得向身心上来。然终是没根源；若须用添个'敬'字，缘何孔门倒将一个最紧要的字落了，直待千余年后要人来补出？正谓以'诚意'为主，即不须添'敬'字。所以提出个'诚意'来说，正是学问的大头脑处。于此不察，直所谓'毫厘之差，千里之缪'[3]。大抵《中庸》工夫只是'诚身'，'诚身'之极，便是'至诚'；《大学》工夫只是'诚意'，'诚意'之极，便是'至善'。工夫总是一般。今说这里补个'敬'字，那里补个'诚'字，未免画蛇添足。"[4]

〔1〕见第99条注〔1〕。

〔2〕语本程颐所说："涵养须用敬，进学则在致知。"（《二程集·遗书》卷十八）

〔3〕语出《易纬通卦验》。

〔4〕参见《大学古本序》："大学之要，诚意而已矣。诚意之功，格物而已矣。诚意之极，止至善而已矣。止至善之则，致知而已矣。正心，复其体也；修身，著其用也。以言乎己，谓之明德；以言乎人，谓之亲民；以言乎天地之间，则备矣。是故至善也者，心之本体也。动

而后有不善，而本体之知，未尝不知也。意者，其动也，物者，其事也。致其本体之知而动无不善，然非即其事而格之，则亦无以致其知。故致知者，诚意之本也，格物者，致知之实也。物格则知至意诚，而有以复其本体，是之谓止至善。圣人惧人之求之于外也，而反复其辞，旧本析而圣人之意亡矣。是故不务于诚意，而徒以格物者，谓之支。不事于格物，而徒以诚意者，谓之虚。不本于致知，而徒以格物诚意者，谓之妄。支与虚与妄，其于至善也远矣。合之以敬而益缀，补之以传而益离。吾惧学之日远于至善也，去分章而复旧本，傍为之什，以引其义，庶几复见圣人之心，而求之者有其要。噫！乃若致知则存乎心悟，致知焉尽矣。"(《全书》卷七)

传习录中

德洪[1]曰：昔南元善[2]刻《传习录》于越，凡二册。下册摘录先师手书，凡八篇。[3]其答徐成之[4]二书，吾师自谓："天下是朱非陆，论定既久，一旦反之为难；二书姑为调停两可之说，使人自思得之。"故元善录为下册之首者，意亦以是欤？

今朱、陆之辨明于天下久矣，洪刻先师文录，[5]置二书于外集者，示未全也，故今不复录。其余指知、行之本体，莫详于《答人论学》与答周道通、陆清伯、欧阳崇一四书；而谓格物为学者用力日可见之地，莫详于答罗整庵一书。平生冒天下之非诋推陷，万死一生，遑遑然不忘讲学，惟恐吾人不闻斯道，流于功利机智，以日堕于夷狄禽兽而不觉，其一体同物之心，谆谆终身，至于毙而后已；此孔、孟以来贤圣苦心，虽门人子弟，未足以慰其情也；是情也，莫详于答聂文蔚之第一书。此皆仍元善所录之旧。

而揭"必有事焉"即"致良知"功夫，明白简切，使人言下即得入手，此又莫详于答文蔚之第二书，故增录之。元善当时汹汹，乃能以身明斯道，卒至遭奸被斥，油油然惟以此生得闻斯学为庆，而绝无有纤芥愤郁不平之气。[6]斯录之刻，人见其有功于同志甚大，而不知其处时之甚艰也。今所去取，裁之时义则然，非忍有所加损于其间也。

〔1〕钱德洪(1496—1574)，字洪甫，号绪山，浙江余姚人。初信朱熹说，二十四岁时读《传习录》而怀疑之，王守仁平宸濠归越后，钱闻良知说后深信之，率同邑七十余人受学。时来学者渐多，钱与王畿协助王守仁进行指导。王守仁征思田，钱与王畿居守越中书院，嘉靖七年，钱赴京应试，因闻王守仁逝世，中途返乡守丧。嘉靖十一年(1532)举进士，累官至刑部员外郎。嘉靖二十年因坐论郭勋死罪，被斥下狱。嘉靖二十二年出狱后，在野三十年，以讲学为事，致力编辑王守仁的文集、年谱。著作存有《钱绪山遗文抄》。参见《明儒学案》卷十一。

〔2〕南元善(1487—1541)，名大吉，号瑞泉，陕西渭南人，正德六年(1511)进士，历官至绍兴府知府，为权贵所忌，罢官归里。著有《瑞泉集》。参见《明儒学案》卷二十九。

〔3〕佐藤一斋曾藏有嘉靖二十三年德安府重刊南元善兄弟校《传习录》二册，据称："上册分为四卷：第一，徐曰仁录。第二，陆原静录。第三，薛尚谦录。第四，则为《答欧阳崇一书》一首，《答聂文蔚书》三首。下册亦为四卷：第一，《答徐成之书》二首，《答储柴墟书》二首，《答何子元书》一首，《答罗整庵书》一首。第二，《答人论学书》一首。第三，《答周道通书》一首，《答陆原静书》二首。第四，则为《示弟立志说》四则，《训蒙大意》六则。按南元善序曰：'是录也，门弟子录阳明先生问答之辞，讨论之书，而刻以示诸天下者也。'又曰：'故命逢吉弟校续而重刻之以传诸天下。'据此，上册所收讨论之书，仍系门弟子旧录。下册四卷，则出于元善兄弟，所云'续而重刻之'是也。"(《传习录栏外书》第一——二页)

佐藤一斋又说："南本下册书凡十篇，并上册所载书四篇。共十四篇。又就此文数之，为九篇。其曰八篇，误也。绪山云答徐成之书，而叙其所以去。又云答储柴墟书，答何子元书，则不叙其所以去,何耶?又谓增录答聂文蔚第二书,而南本既收在上册,则不可谓之增录,此序毕竟欠详备。”(《传习录栏外书》第八十——八十一页)

日本“内阁文库”藏有另一南大吉本《传习录》,共六卷,其中语录较《全书》本约少50条,书信有《答人论学书》、《答罗整庵少宰书》、《答徐成之》二首,又有《示弟立志》及《训蒙大意》。《答人论学》写于嘉靖四年,则此藏本亦非嘉靖三年南大吉初刻本。

据日本今井宇三郎推断,钱德洪此处所说南大吉本,可能为嘉靖三年原本的增订本,故包括嘉靖四年及五年的书信,而完成于嘉靖五年。德安府嘉靖二十三年的南大吉本又有所增订,与钱德洪所见此本有所不同。据此,则佐藤一斋怀疑钱序“欠详备”,恐系误解。参见山下龙二的《阳明学之研究·展开篇》第一七八——一八九页。

〔4〕徐成之,名守诚,绍兴人。参见《绍兴府志》第四十一卷第四十八页。

〔5〕此《阳明先生文录》,嘉靖十五年出版,构成《全书》本第四卷至第二十五卷。

〔6〕嘉靖五年,南大吉罢官归,途中致王守仁书,王答书有云:“近得中途寄来书,读之恍然如接颜色,勤勤恳恳,惟以得闻道为喜,急问学为事,恐卒不得为圣人为忧,亹亹千数百言,略无一字及于得丧荣辱之间。此非真有朝闻夕死之志者,未易以涉斯境也。”(《全书》卷六《答南元善》)

答顾东桥书〔1〕

130. 来书云:“近时学者务外遗内,博而寡要,故先生特倡‘诚意’一义,针砭膏肓,诚大惠也!”

吾子洞见时弊如此矣，亦将何以救之乎？然则鄙人之心，吾子固已一句道尽，复何言哉！复何言哉！若“诚意”之说，自是圣门教人用功第一义；但近世学者乃作第二义看，故稍与提掇紧要出来，非鄙人所能特倡也。

〔1〕顾东桥（1476—1545），名璘，字华玉，南京上元（今江苏江宁）人，弘治九年（1496）进士，历任至南京刑部尚书。顾年少时长于诗文，与同县陈沂、王韦称为“金陵三俊”。王守仁二十八岁任职工部后，溺好词章，与顾过从甚密。据《阳明先生文录》及《年谱》，此信写于嘉靖四年（1525），时王守仁家居，顾任山西按察使。参见《明史·文苑列传》卷二八六。

王守仁颇重视此信，曾转寄他人以阐明他的思想：“寄去鄙录，末后《论学》一书，亦颇发明鄙见，暇中幸示及之。”（《全书》卷六《与毛古庵宪副》）

131. 来书云：“但恐立说太高，用功太捷，后生师传，影响谬误，未免坠于佛氏明心见性、定慧、顿悟之机，〔1〕无怪闻者见疑。”

区区格、致、诚、正之说，是就学者本心、日用事为间体究践履，实地用功，是多少次第、多少积累在，正与空虚顿悟之说相反。闻者本无求为圣人之志，又未尝讲究其详，遂以见疑，亦无足怪。若吾子之高明，自当一语之下便了然矣，乃亦谓立说太高，用功太捷，何邪？

〔1〕戒、定、慧是学佛者修持的三学。释道安说：“世尊立教法，有三焉，一者戒律也，二者禅定也，三者智慧也。”（《出三藏集记》卷十一《比丘大戒序》）定（禅定），指通过精神集中观想特定对象而获得悟解或功德的一种思维修习活动。慧（智慧），指以“假有”、“性空”理论去观察认识一切现象的特殊观点和方法。以智慧指导禅定，以禅

定启发智慧，名为“定慧双运”。顿悟，指不经阶梯式修习，突然觉悟，直接把握佛教的“最高真理”。道生说：“夫称‘顿’者，明理不可分，‘悟’语极照。”（慧达《肇论疏》引）

132. 来书云：“所谕知、行并进，不宜分别前后，即《中庸》‘尊德性而道问学’〔1〕之功，交养互发，内外本末一以贯之之道。然工夫次第，不能无先后之差，如知食乃食，知汤乃饮，知衣乃服，知路乃行，未有不见是物，先有是事。此亦毫厘倏忽之间，非谓截然有等今日知之，而明日乃行也。”

既云“交养互发，内外本末一以贯之”，则知、行并进之说无复可疑矣。又云“工夫次第，不能不〔2〕无先后之差”，无乃自相矛盾已乎？知食乃食等说，此尤明白易见，但吾子为近闻〔3〕障蔽，自不察耳。夫人必有欲食之心，然后知食，欲食之心即是意、即是行之始矣；食味之美恶，必待入口而后知，岂有不待入口而已先知食味之美恶者邪？必有欲行之心，然后知路，欲行之心即是意、即是行之始矣；路岐之险夷，必待身亲履历而后知，岂有不待身亲履历而已先知路岐之险夷者耶？知汤乃饮，知衣乃服，以此例之，皆无可疑。若如吾子之喻，是乃所谓不见是物而先有是事者矣。吾子又谓“此亦毫厘倏忽之间，非谓截然有等今日知之，而明日乃行也”，是亦察之尚有未精。然就如吾子之说，则知、行之为合一并进，〔4〕亦自断无可疑矣。

〔1〕见《中庸》第二十七章。

〔2〕据来书，原文“不”字显系误印。施本、张本无“不”字。

〔3〕“近闻”指朱熹为主的知先行后说。

〔4〕王守仁此处“合一并进”即合一之义，“并进”二字系未经详细斟酌

所用语。欧阳德(1496—1554)说:“谓之并进,谓之交修,犹有二也。二则不能无先后也,若无物不实致其知,无时不实致其知,则一而已。孰为知焉?孰为行焉?而何先后之可言哉。”(《欧阳南野文集》卷一《答傅石山》)

133. 来书云:“真知即所以为行,不行不足谓之知,此为学者吃紧立教,俾务躬行则可;若真谓行即是知,恐其专求本心,遂遗物理,必有暗而不达之处,抑岂圣门知行并进之成法哉?”

知之真切笃实处即是行,行之明觉精察处即是知,〔1〕知行工夫本不可离;只为后世学者分作两截用功,失却知、行本体,故有合一并进之说。真知即所以为行,不行不足谓之知,即如来书所云“知食乃食”等说可见,前已略言之矣。此虽吃紧救弊而发,然知、行之体本来如是,非以己意抑扬其间姑为是说,以苟一时之效者也。

“专求本心,遂遗物理”,此盖失其本心者也。夫物理不外于吾心,外吾心而求物理,无物理矣。遗物理而求吾心,吾心又何物邪?心之体,性也,性即理也。故有孝亲之心,即有孝之理,无孝亲之心,即无孝之理矣;有忠君之心,即有忠之理,无忠君之心,即无忠之理矣;理岂外于吾心邪?晦庵谓人之所以为学者,心与理而已。心虽主乎一身,而实管乎天下之理;理虽散在万事,而实不外乎一人之心,〔2〕是其一分一合之间,而未免已启学者心、理为二之弊。此后世所以有“专求本心,遂遗物理”之患,正由不知心即理耳。夫外心以求物理,是以有暗而不达之处。此告子义外之说,孟子所以谓之不知义也。〔3〕心一而已,以其全体恻怛而言,谓之仁;以其得宜而言，谓之义；以其条理而言，谓之理。不可外心以求仁，不可外心以求义，独可外心以求理乎？外心以求理，此知、行之所以二也。求理于吾心，此圣门知、行合一之教，吾子又何疑乎？[4]

〔1〕“知之真切笃实处即是行，行之明觉精察处即是知”。此不见于《传习录上》，系晚年对知行合一说的深入阐发。参见《答友人问》：“知之真切笃实处便是行，行之明觉精察处便是知。若知时，其心不能真切笃实，则其知便不能明觉精察。不是知之时只要明觉精察，更不要真切笃实也。行之时，其心不能明觉精察，则其行便不能真切笃实。不是行之时只要真切笃实，更不要明觉精察也。知天地之化育，心体原是如此。乾知大始，心体亦原是如此。”（《全书》卷六）

〔2〕见《大学或问》第六十页。

〔3〕告子曰：“食、色，性也。仁，内也，非外也。义，外也，非内也。”（《孟子·告子篇上》第四章）

孟子答公孙丑云：“我故曰‘告子未尝知义，以其外之也’。”（《孟子·公孙丑篇上》第二章）

〔4〕参见《书诸阳卷》：“心之体，性也。性即理也。天下宁有心外之性？宁有性外之理乎？宁有理外之心乎？外心以求理，此告子‘义外’之说也。理也者，心之条理也。是理也，发之于亲则为孝，发之于君则为忠，发之于朋友则为信，千变万化，至不可穷竭，而莫非发于吾之一心。”（《全书》卷八）

134. 来书云：“所释《大学》古本，谓致其本体之知，[1]此固孟子‘尽心’之旨，朱子亦以虚灵知觉[2]为此心之量[3]。然‘尽心’由于‘知性’，‘致知’在于‘格物’。”

“尽心”由于“知性”，“致知”在于“格物”，此语然矣。然而推本吾子之意，则其所以为是语者，尚有未明也。朱子以“尽心、知性、知天”为“物格、知致”，以“存心、养性、事天”为“诚意、正心、修身”，以“夭寿不贰、修身以俟”[4]为“知至仁尽、圣人之事”[5]。若鄙人之见，则与朱子正相反矣。夫“尽心、知性、知天”者，生知、安行，圣人之事也；“存心、养性、事天”者，学知、利行，贤人之事也；“夭寿不贰、修身以俟”者，困知、勉行，学者之事也。[6]岂可专以“尽心、知性”为知，“存心、养性”为行乎？吾子骤闻此言，必又以为大骇矣。然其间实无可疑者，一为吾子言之。

夫心之体，性也；性之原，天也。能尽其心，是能尽其性矣。《中庸》云：“惟天下至诚为能尽其性。”[7]又云：“知天地之化育，[8]质诸鬼神而无疑，知天也。[9]”此惟圣人而后能然。故曰：此生知、安行，圣人之事也。

存其心者，未能尽其心者也，故须加存之之功；必存之既久，不待于存而自无不存，然后可以进而言尽。盖“知天”之“知”，如“知州”、“知县”之“知”，“知州”则一州之事皆己事也，“知县”则一县之事皆己事也，是与天为一者也；“事天”则如子之事父，臣之事君，犹与天为二也。天之所以命于我者，心也，性也，吾但存之而不敢失，养之而不敢害，如“父母全而生之，子全而归之”[10]者也。故曰：此学知、利行，贤人之事也。

至于“夭寿不贰”，则与存其心者又有间矣。存其心者虽未能尽其心，固已一心于为善，时有不存，则存之而已；今使之“夭寿不贰”，是犹以夭寿贰其心者也；犹以夭寿贰其心，是其为善之心犹未能一也；存之尚有所未可，而何尽之可云乎？今且使之不以夭寿贰其为善之心，若曰死生夭寿皆有定命，吾但一心于为善，修吾之身以俟天命而已，是其平日尚未知有天命也。“事天”虽与天为二，然已真知天命之所在，但惟恭敬奉承之而已耳；若“俟之”云者，则尚未能真知天命之所在，犹有所俟者也，故曰“所以立命”。立者“创立”之“立”，如“立德”、“立言”、“立功”、“立名”之类〔11〕，凡言立者，皆是昔未尝有而今始建立之谓，孔子所谓“不知命无以为君子”〔12〕者也。故曰：此困知、勉行，学者之事也。〔13〕

今以“尽心、知性、知天”为“格物、致知”，使初学之士尚未能不贰其心者，而遽责之以圣人生知、安行之事，如捕风捉影，茫然莫知所措其心，几何而不至于“率天下而路”〔14〕也！今世致知、格物之弊亦居然可见矣。吾子所谓“务外遗内，博而寡要”者，无乃亦是过欤？此学问最紧要处，于此而差，将无往而不差矣。此鄙人之所以冒天下之非笑，忘其身之陷于罪戮，呶呶其言，其不容已者也。

〔1〕见《大学古本序》：“致其本体之知而动无不善，然非即其事而格之，则亦无以致其知。故致知者，诚意之本也。格物者，致知之实也。物格则知致意诚，而有以复其本体。”(《全书》卷七)但此段为王守仁嘉靖二年(1523)最后修正稿，正德十三年(1518)原稿为：“格物以诚意，复其不善之动而已矣。不善复而体正，体正而无不善之动矣。”(罗钦顺《困知记》续三第二十章附《王序》)其中无“致其本体之知”句。

〔2〕见朱熹《中庸章句》序：“盖尝论之，心之虚灵知觉，一而已矣。”

〔3〕见朱熹《孟子集注·尽心篇上》注：“人有是心，莫非全体，然不穷理，则有所蔽，而无以尽乎此心之量。”(第一章注)

〔4〕王本“物格知致”作“物格知至”；“诚意正心修身”作“诚意正心”；“以夭寿不贰，修身以俟”作“以末节夭寿不贰，修身以俟”。

〔5〕见朱熹《孟子集注·尽心篇上》注：“尽心知性而知天，所以造其理

也；存心养性以事天，所以履其事也。不知其理，固不能履其事；然徒造其理而不履其事，则亦无以有诸己矣。知天而不以夭寿贰其心，智之尽也，事天而能修身以俟死，仁之至也；智有不尽，固不知所以为仁；然智而不仁，则亦将流荡不法，而不足以为智矣。”（第一章注）“知至仁尽”，朱注原文作“智尽仁至”。

〔6〕语本《中庸》：“或生而知之，或学而知之，或困而知之，及其知之一也。或安而行之，或利而行之，或勉强而行之，及其成功一也。”（第二十章）

〔7〕见《中庸》第二十二章。

〔8〕语本《中庸》：“能尽物之性，则可以赞天地之化育，可以赞天地之化育，则可以与天地参矣。”（第二十二章）“知天地之化育”原文作“赞天地之化育”。

〔9〕语本《中庸》：“质诸鬼神而无疑，知天也；百世以俟圣人而不惑，知人也。”（第二十九章）

〔10〕语本《礼记·祭义》：“父母全而生之，子全而归之，可谓孝矣；不亏其体，不辱其身，可谓全矣。”（卷十四）

〔11〕语本《左传》：“太上有立德，其次有立功，其次有立言，虽久不废，此之谓不朽。”（襄公二十四年）

〔12〕语本《论语·尧曰篇》：“不知命，无以为君子也；不知礼，无以立也；不知言，无以知人也。”（第三章）

〔13〕参见《书魏师孟卷》：“心之良知是谓圣。圣人之学，惟是致此良知而已。自然而致之者，圣人也；勉然而致之者，贤人也；自蔽自昧而不肯致之者，愚不肖者也。愚不肖者，虽其蔽昧之极，良知又未尝不存也，苟能致之，即与圣人无异矣。”（《全书》卷八）

〔14〕语本《孟子·滕文公篇上》：“有大人之事，有小人之事。且一人之身，而百工之所为备，如必自为而后用之，是率天下而路也。”（第四章）

135. 来书云：“闻语学者，乃谓‘即物穷理’〔1〕之说亦是玩物丧志，又取其‘厌繁就约’〔2〕、‘涵养本原’〔3〕数说标示学者，指为晚年定论〔4〕，此亦恐非。”

朱子所谓“格物”云者，在“即物而穷其理”也。即物穷理是就事事物物上求其所谓定理者也，是以吾心而求理于事事物物之中，析心与理而为二矣。夫求理于事事物物者，如求孝之理于其亲之谓也。求孝之理于其亲，则孝之理其果在于吾之心邪？抑果在于亲之身邪？假而果在于亲之身，则亲没之后，吾心遂无孝之理欤？见孺子之入井，必有恻隐之理，是恻隐之理果在于孺子之身欤？抑在于吾心之良知欤？其或不可以从之于井欤？其或可以手而援之欤？是皆所谓理也，是果在于孺子之身欤？抑果出于吾心之良知欤？以是例之，万事万物之理莫不皆然，是可以知析心与理为二之非矣。

夫析心与理而为二，此告子义外之说，孟子之所深辟也。“务外遗内，博而寡要”，吾子既已知之矣，是果何谓而然哉？谓之玩物丧志〔5〕，尚犹以为不可欤？若鄙人所谓“致知、格物”者，致吾心之良知于事事物物也。吾心之良知，即所谓“天理”也。致吾心良知之“天理”于事事物物，则事事物物皆得其理矣。致吾心之良知者，致知也；事事物物皆得其理者，格物也，是合心与理而为一者也。〔6〕合心与理而为一，则凡区区前之所云，与朱子晚年之论，皆可以不言而喻矣。

〔1〕指朱熹的格物说：“所谓致知在格物者，言欲致吾之知，在即物而穷其理也。”（《大学章句》补《格物致知传》）

〔2〕指朱熹《与刘子澄》：“近觉向来为学，实有向外浮泛之弊，不惟自误，而误人亦不少。方别寻得一头绪，似差简约端的，始知文字言语之外，真别有用心处，恨未得面论也。”（《朱子大全》第三十五卷第二十六页）

〔3〕指朱熹《答吕子约》："日用工夫，比复何如？文字虽不可废，然涵养本原，而察于天理人欲之判，此是日用动静之间不可顷刻间断底事，若于此处见得分明，自然不到得流入世俗功利权谋里去矣。"（《朱子大全》第四十七卷第三十一页）

〔4〕王守仁于正德十年(1515)编辑《朱子晚年定论》，肯定朱熹"晚年固已大悟旧说之非"，又喜朱子之"先得我心之同然"，于正德十三年(1518)出版。上两信收入《朱子晚年定论》。顾东桥是第一个不同意王守仁提出《朱子晚年定论》的人，以后此问题争讼不已，一直延续至清初。

〔5〕语本《书经·旅獒》："玩人丧德，玩物丧志。"

〔6〕参见《与王纯甫·二》："夫在物为理，处物为义，在性为善，因所指而异其名，实皆吾之心也。心外无物，心外无事，心外无理，心外无义，心外无善。吾心之处事物纯乎理，而无人伪之杂，谓之善，非在事物有定所之可求也。处物为义，是吾心之得其宜也。义非在外可袭而取也。格者格此也，致者致此也。必曰事事物物上求个至善，是离而二之也。"（《全书》卷四）

136. 来书云："人之心体本无不明，而气拘物蔽，鲜有不昏；非学、问、思、辨[1]以明天下之理，则善、恶之机，真、妄之辨，不能自觉；任情恣意，其害有不可胜言者矣。"

此段大略似是而非，盖承沿旧说之弊，不可以不辨也。夫问、思、辨、行，皆所以为学，未有学而不行者也。如言学孝，则必服劳奉养，躬行孝道，然后谓之学；岂徒悬空口耳讲说，而遂可以谓之学孝乎？学射则必张弓挟矢，引满中的；学书则必伸纸执笔，操觚染翰。尽天下之学，无有不行而可以言学者，则学之始固已即是行矣。笃者，敦实笃厚之意。已行矣，而敦笃其行，不息其功之谓尔。盖学之不能以无疑，则有问，问即学也，即行也；又不能无疑，则有思，思即学也，即行也；又不能无疑，则有辨，辨即学也，即行也。辨既明矣，思既慎矣，问既审矣，学既能矣，又从而不息其功焉，斯之谓笃行。非谓学问思辨之后，而始措之于行也。

是故以求能其事而言谓之学，以求解其惑而言谓之问，以求通其说而言谓之思，以求精其察而言谓之辨，以求履其实而言谓之行：盖析其功而言则有五，合其事而言则一而已。此区区心、理合一之体，知、行并进之功，所以异于后世之说者，正在于是。

今吾子特举学、问、思、辨，以穷天下之理，而不及笃行，是专以学、问、思、辨为知，而谓穷理为无行也已；天下岂有不行而学者邪？岂有不行而遂可谓之穷理者邪？明道云："只穷理便尽性至命。"〔2〕故必仁极仁而后谓之能穷仁之理，义极义而后谓之能穷义之理。仁极仁则尽仁之性矣，义极义则尽义之性矣，学至于穷理，至矣，而尚未措之于行，天下宁有是邪？是故知不行之不可以为学，则知不行之不可以为穷理矣，知不行之不可以为穷理，则知"知、行"之合一并进，而不可以分为两节事矣。〔3〕

夫万事万物之理，不外于吾心；而必曰穷天下之理，是殆以吾心之良知为未足，而必外求于天下之广，以裨补增益之，是犹析心与理而为二也。夫学、问、思、辨、笃行之功，虽其困勉至于人一己百，而扩充之极，至于尽性、知天，亦不过致吾心之良知而已；良知之外，岂复有加于毫末乎？今必曰穷天下之理，而不知反求诸其心，则凡所谓善、恶之机，真、妄之辨者，舍吾心之良知，亦将何所致其体察乎？吾子所谓气拘物蔽者，拘此蔽此而已。今欲去此之蔽，不知致力于此，而欲以外求，是犹目之不明者不务服药调理以治其目，而徒伥伥然求明于其外；明岂可以自外而得哉？任情恣意之害，亦以不能精察天理于此心之良知而已。此诚毫厘千里之谬者，不容于不辨，吾子毋谓其论之太刻也。

〔1〕语本《中庸》："博学之，审问之，慎思之，明辨之，笃行之。"（第二十章）

〔2〕语本程颢所说："穷理、尽性、至命，三事一时并了，元无次序，不可将穷理作知之事。若实穷得理，即性命亦可了。"（《二程集·遗书》卷二上）

〔3〕参见《答友人问》："知行原是两个字说一个工夫。这一个工夫，须著此两个字方说得完全无弊病。若头脑处见得分明，见得原是一个头脑，则虽把知、行分作两个说，毕竟将来做那一个工夫，则始或未便融会，终所谓百虑而一致矣。若头脑见得不分明，原看做两个了，则虽把知、行合作一个说，亦恐终未有凑泊处，况又分作两截去做，则是从头至尾，更没讨下落处也。"（《全书》卷六）

137. 来书云："教人以致知、明德，而戒其即物穷理，诚使昏暗之士，深居端坐，不闻教告，遂能至于知致而德明乎？纵令静而有觉，稍悟本性，则亦定慧无用之见；果能知古今、达事变，而致用于天下国家之实否乎？其曰'知者意之体，物者意之用[1]，格物如格君心之非之格'[2]。语虽超悟，独得不踵陈见，抑恐于道未相吻合。"

区区论致知格物，正所以穷理，未尝戒人穷理，使之深居端坐而一无所事也。若谓即物穷理，如前所云"务外而遗内"者，则有所不可耳。昏暗之士，果能随事随物精察此心之天理，以致其本然之良知，则虽愚必明，虽柔必强，[3]大本立而达道行，九经[4]之属，可一以贯之而无遗矣；尚何患其无致用之实乎？彼顽空虚静之徒，正惟不能随事随物精察此心之天理，以致其本然之良知，而遗弃伦理，寂灭虚无以为常，是以要之不可以治家国天下。孰谓圣人穷理尽性之学，而亦有是弊哉！

心者，身之主也，而心之虚灵明觉，即所谓本然之良知也。其虚灵明觉之良知应感而动者，谓之意。有知而后有意，无知则无意矣。知非意之体乎？意之所用必有其物，物即事也。如意用于事亲，即事亲为一物，意用于治民，即治民为一物，意用于读书，即读书为一物，意用于听讼，即听讼为一物。凡意之所用，无有无物者；有是意即有是物，无是意即无是物矣，物非意之用乎？

"格"字之义，有以"至"字训者，如"格于文祖"〔5〕、"有苗来格"〔6〕，是以"至"训者也。然"格于文祖"，必纯孝诚敬，幽明之间无一不得其理，而后谓之"格"；有苗之顽，实以文德诞敷而后格，则亦兼有"正"字之义在其间，未可专以"至"字尽之也。如"格其非心"〔7〕、"大臣格君心之非"之类，是则一皆"正其不正以归于正"之义，而不可以"至"字为训矣。且《大学》"格物"之训，又安知其不以"正"字为训，而必以"至"字为义乎？如以"至"字为义者，必曰"穷至事物之理"，而后其说始通。是其用功之要，全在一"穷"字，用力之地，全在一"理"字也。若上去一"穷"〔8〕，下去一"理"字，而直曰"致知在至物"，其可通乎？

夫"穷理尽性"，圣人之成训，见于《系辞》〔9〕者也。苟"格物"之说而果即"穷理"之义，则圣人何不直曰"致知在穷理"，而必为此转折不完之语，以启后世之弊邪？盖《大学》"格物"之说，自与《系辞》"穷理"大旨虽同，而微有分辨。"穷理"者，兼格、致、诚、正而为功也。故言“穷理”，则格、致、诚、正之功皆在其中，言“格物”，则必兼举致知、诚意、正心，而后其功始备而密。今偏举“格物”而遂谓之“穷理”，此所以专以“穷理”属“知”，而谓“格物”未常有“行”，非惟不得“格物”之旨，并“穷理”之义而失之矣。此后世之学所以析知、行为先后两截，日以支离决裂，而圣学益以残晦者，其端实始于此。吾子盖亦未免承沿积习见，则以为“于道未相吻合”，不为过矣。

〔1〕此语不见于《王文成公全书》，可能出自《古本大学旁释》，该书已佚。

〔2〕语见《孟子·离娄篇上》：“人不足与适也，政不足间也，惟大人为能格君心之非。君仁莫不仁，君义莫不义，君正莫不正。一正君而国定矣。”（第二十章）

〔3〕语见《中庸》：“人一能之，己百之；人十能之，己千之。果能此道矣，虽愚必明，虽柔必强。”（第二十章）

〔4〕见第128条注〔3〕。

〔5〕语见《书经·舜典》：“月正元日，舜格于文祖，询于四岳，辟四门，明四目，达四聪。”

〔6〕语见《书经·大禹谟》：“禹拜昌言，曰：‘俞’。班师振旅。帝乃诞敷文德，舞干羽于两阶，七旬有苗格。”

〔7〕语见《书经·囧命》：“惟予一人无良，实赖左右前后有位之士，匡其不及，绳愆纠缪，格其非心，俾克绍先烈。”

〔8〕施本、俞本“穷”字下有“字”字，《年谱》引此文亦同。

〔9〕“穷理尽性以至于命”，出自《易经·说卦》，此处误忆为出自《易经·系辞》。

138. 来书云：“谓致知之功，将如何为温凊、如何为奉养即是‘诚意’，非别有所谓‘格物’，此亦恐非。”

此乃吾子自以已意揣度鄙见而为是说，非鄙人之所以告吾子者矣。若果如吾子之言，宁复有可通乎？盖鄙人之见，则谓意欲温清、意欲奉养者，所谓“意”也，而未可谓之“诚意”，必实行其温清奉养之意，务求自慊而无自欺，然后谓之“诚意”。知如何而为温清之节、知如何而为奉养之宜者，所谓“知”也，而未可谓之“致知”。必致其知如何为温清之节者之知，而实以之温清；致其知如何为奉养之宜者之知，而实以之奉养，然后谓之“致知”。

温清之事、奉养之事，所谓“物”也，而未可谓之“格物”。必其于温清之事也，一如其良知之所知当如何为温清之节者而为之，无一毫之不尽；于奉养之事也，一如其良知之所知当如何为奉养之宜者而为之，无一毫之不尽，然后谓之“格物”。温清之物格，然后知温清之良知始致；奉养之物格，然后知奉养之良知始致。故曰：“物格而后知至。”〔1〕致其知温清之良知，而后温清之意始诚；致其知奉养之良知，而后奉养之意始诚。故曰：“知至而后意诚。”〔2〕此区区“诚意、致知、格物”之说盖如此。吾子更熟思之，将亦无可疑者矣。〔3〕

〔1〕〔2〕语见《大学》：“物格而后知至，知至而后意诚，意诚而后心正，心正而后身修，身修而后家齐，家齐而后国治，国治而后天下平。”

〔3〕参见《书诸阳卷》：“曰：‘然则朱子所谓如何而为温清之节，如何而为奉养之宜者，非致知之功乎？’曰：‘是所谓知矣，而未可以为致知也。知其如何而为温清之节，则必实致其温清之功，而后吾之知始至。知其如何而为奉养之宜，则必实致其奉养之力，而后吾之知始至。如是乃可以为致知耳。若但空然知之为如何温清奉养，而遂谓之致知，则孰非致知者耶？’《易》曰：‘知至至之。’知至者，知也；至之者，致知也。此孔门不易之教，百世以俟圣人而不惑者也。”（《全书》卷八）

139. 来书云："道之大端易于明白，所谓'良知、良能'愚夫愚妇可与及者。[1]至于节目时变之详，毫厘千里之谬，必待学而后知。今语孝于温凊定省，孰不知之？至于舜之不告而娶[2]，武之不葬而兴师[3]，养志、养口[4]，小杖、大杖[5]，割股、庐墓[6]等事，处常、处变，过与不及之间，必须讨论是非，以为制事之本，然后心体无蔽，临事无失。"

"道之大端易于明白"，此语诚然。顾后之学者忽其易于明白者而弗由，而求其难于明白者以为学，此其所以"道在迩而求诸远，事在易而求诸难"[7]也。孟子云："夫道若大路然，岂难知哉？人病不由耳。"[8]良知、良能，愚夫、愚妇与圣人同；但惟圣人能致其良知，而愚夫、愚妇不能致，此圣、愚之所由分也。节目时变，圣人夫岂不知？但不专以此为学。而其所谓学者，正惟致其良知，以精察此心之天理，而与后世之学不同耳。吾子未暇良知之致，而汲汲焉顾是之忧，此正求其难于明白者以为学之弊也。

夫良知之于节目时变，犹规矩、尺度之于方圆、长短也；节目时变之不可预定，犹方圆、长短之不可胜穷也。故规矩诚立，则不可欺以方圆，而天下之方圆不可胜用矣；尺度诚陈，则不可欺以长短，而天下之长短不可胜用[9]矣；良知诚致，则不可欺以节目时变，而天下之节目时变不可胜应矣。毫厘千里之谬，不于吾心良知一念之微而察之，亦将何所用其学乎？是不以规矩而欲定天下之方圆，不以尺度而欲尽天下之长短，吾见其乖张谬戾，日劳而无成也已。

吾子谓："语孝于温凊定省，孰不知之？"然而能致其知者鲜矣。若谓粗知温凊定省之仪节，而遂谓之能致其知，则凡知君之当仁者，皆可谓之能致其仁之知，知臣之当忠者，皆可谓之能致其忠之知，则天下孰非致知者邪？以是而言，可以知致知之必在于行，而不行之不可以为致知也明矣。知、行合一之体，不益较然矣乎？

夫舜之不告而娶，岂舜之前已有不告而娶者为之准则，故舜得以考之何典，问诸何人，而为此邪？抑亦求诸其心一念之良知，权轻重之宜，不得已而为此邪？武之不葬而兴师，岂武之前已有不葬而兴师者为之准则，故武得以考之何典，问诸何人，而为此邪？抑亦求诸其心一念之良知，权轻重之宜，不得已而为此邪？使舜之心而非诚于为无后，武之心而非诚于为救民，则其不告而娶与不葬而兴师，乃不孝、不忠之大者。而后之人不务致其良知，以精察义理于此心感应酬酢之间，顾欲悬空讨论此等变常之事，执之以为制事之本，以求临事之无失，其亦远矣。其余数端，皆可类推，则古人致知之学，从可知矣。

〔1〕语本《中庸》："君子之道费而隐，夫妇之愚可以与知焉，及其至也，虽圣人亦有所不知焉；夫妇之不肖，可以能行焉，及其至也，虽圣人亦有所不能焉。"（第十二章）

〔2〕语本《孟子·万章篇上》，万章问曰："《诗》云'娶妻如之何，必告父母'，信斯言也，宜莫如舜。舜之不告而娶，何也？"孟子曰："告则不得娶。男女居室，人之大伦也。如告，则废人之大伦，以怼父母，是以不告也。"（第二章）

〔3〕事见《史记·伯夷列传》："武王载木主，号为文王，东伐纣。伯夷、叔齐扣马而谏曰：'父死不葬，爰及干戈，可谓孝乎？以臣弑君，可谓仁乎？'"（卷六十一）

〔4〕语本《孟子·离娄篇上》："曾子养曾皙，必有酒肉；将彻，必请所与；问有余，必曰有。曾皙死，曾元养曾子，必有酒肉；将彻，不请所与；问有余，曰'亡矣'，将以复进也。此所谓养口体者也。若曾子，则

可谓养志也。事亲若曾子者,可也。”(第十九章)

〔5〕语本《孔子家语》:“子曰:‘汝不闻乎,昔瞽瞍有子曰舜,舜之事瞽瞍,欲使之,未尝不在于侧。索而杀之,未尝可得。小棰则待过,大杖则逃走。故瞽瞍不犯不父之罪,而舜不失烝烝之孝。今参事父,委身以待暴怒,殪而不避,既身死而陷父于不义,其不孝孰大焉?’”(卷四)

〔6〕事见《新唐书·孝友列传》:“唐时陈藏器著《本草拾遗》,谓人肉治羸疾,自是民间以父母疾,多刲股肉而进。”(卷一九五)

又宋苏轼曰:“上以孝取人,则勇者割股,怯者庐墓。”(《宋史·选举一》,卷一五五)

〔7〕语本《孟子·离娄篇上》:“道在迩而求诸远,事在易而求诸难。人人亲其亲,长其长,而天下平。”(第十一章)

〔8〕语见《孟子·告子篇下》第二章。

〔9〕参见《礼记纂言序》:“然方圆者,规矩之所出,而不可遂以方圆为规矩。故执规矩以为方圆,则方圆不可胜用。舍规矩以为方圆,而遂以方圆为之规矩,则规矩之用息矣。故规矩者,无一定之方圆,而方圆者,有一定之规矩。”(《全书》卷七)

140. 来书云:“谓《大学》‘格物’之说,专求本心,犹可牵合;至于《六经》、《四书》所载‘多闻多见’〔1〕、‘前言往行’〔2〕、‘好古敏求’〔3〕、‘博学审问’〔4〕、‘温故知新’〔5〕、‘博学详说’〔6〕、‘好问好察’〔7〕,是皆明白求于事为之际,资于论说之间者,用功节目固不容紊矣。”

“格物”之义,前已详悉,“牵合”之疑,想已不俟复解矣。至于“多闻多见”,乃孔子因子张之务外好高,徒欲以多闻多见为学,而不能求诸其心,以阙疑殆,此其言行所以不免于尤悔。而所谓见闻者,适以资其务外好高而已,盖所以救子张多闻多见之病，而非以是教之为学也。夫子尝曰："盖有不知而作之者，我无是也。"〔8〕是犹孟子"是非之心，人皆有之"之义也。此言正所以明德性之良知非由于闻见耳。若曰"多闻择其善者而从之，多见而识之"，则是专求诸见闻之末，而已落在第二义矣，故曰："知之次也。"

夫以见闻之知为次，则所谓知之上者，果安所指乎？是可以窥圣门致知用力之地矣。夫子谓子贡曰："赐也，汝以予为多学而识之者欤？非也，予一以贯之。"〔9〕使诚在于"多学而识"，则夫子胡乃谬为是说以欺子贡者邪？"一以贯之"非致其良知而何？《易》曰："君子多识前言往行，以畜其德。"夫以畜其德为心，则凡多识前言往行者，孰非畜德之事？此正知、行合一之功矣。

"好古敏求"者，好古人之学而敏求此心之理耳。心即理也，学者，学此心也，求者，求此心也。孟子云："学问之道无他，求其放心而已矣。"〔10〕非若后世广记博诵古人之言词，以为好古，而汲汲然惟以求功名利达之具于其外者也。"博学、审问"，前言已尽。"温故、知新"，朱子亦以"温故"属之"尊德性"矣。〔11〕德性岂可以外求哉？惟夫"知新"必由于"温故"，而"温故"乃所以"知新"，则亦可以验知、行之非两节矣。

"博学而详说之"者，"将以反说约也"。若无"反约"之云，则"博学、详说"者，果何事邪？舜之"好问好察"，惟以用中而致其精一于道心耳。道心者，良知之谓也。君子之学，何尝离去事为而废论说；但其从事于事为、论说者，要皆知、行合一之功，正所以致其本心之良知，而非若世之徒事口耳谈说以为知者，分知、行为两事，而果有节目先后之可言也。

〔1〕语本《论语·为政篇》："子张学干禄，子曰：'多闻阙疑，慎言其余，

则寡尤。多见阙殆，慎行其余，则寡悔。言寡尤，行寡悔，禄在其中矣。’”（第十八章）

〔2〕语本《易经·大畜》卦辞：“君子以多识前言往行，以畜其德。”

〔3〕语本《论语·述而篇》：“子曰：‘我非生而知之者，好古敏以求之者也。’”（第十章）

〔4〕语本《中庸》：“博学之，审问之，慎思之，明辨之，笃行之。”（第二十章）

〔5〕语本《论语·为政篇》：“子曰：‘温故而知新，可以为师矣。’”（第十一章）

〔6〕语本《孟子·离娄篇下》：“孟子曰：‘博学而详说之，将以反说约也。’”（第十五章）

〔7〕语本《中庸》：“舜好问而好察迩言。”（第六章）

〔8〕语本《论语·述而篇》：“子曰：‘盖有不知而作之者，我无是也。多闻，择其善者而从之，多见而识之，知之次也。’”（第二十七章）

〔9〕语本《论语·卫灵公篇》：“子曰：‘赐也，女以予为多学而识之者欤？’对曰：‘然，非与？’曰：‘非也，予一以贯之。’”（第三章）

〔10〕见《孟子·告子篇上》第十一章。

〔11〕语本朱熹说：“温故只是存得这道理在，便是尊德性；敦厚只是个朴实头，亦是尊德性。”（《朱子语类》卷六十四）

141. 来书云：“杨、墨之为仁义〔1〕，乡愿之乱忠信〔2〕，尧、舜、子之之禅让〔3〕，汤、武、楚项之放伐〔4〕，周公、莽、操之摄辅〔5〕，谩无印正，又焉适从？且于古今事变、礼乐、名物，未尝考识，使国家欲兴明堂，建辟雍，制历律，草封禅，〔6〕又将何所致其用乎？故《论语》曰‘生而知之’者，义理耳。若夫礼乐、名物、古今事变，亦必待学而后有以验其行事之实，〔7〕此则可谓定论矣。”

所喻杨、墨、乡愿、尧、舜、子之、汤、武、楚项、周公、莽、操之辨，与前舜、武之论，大略可以类推。古今事变之疑，前于良知之说，已有规矩尺度之喻，当亦无俟多赘矣。至于明堂、辟雍诸事，似尚未容于无言者。然其说甚长，姑就吾子之言而取正焉，则吾子之惑将亦可以少释矣。

夫明堂、辟雍之制，始见于吕氏之《月令》，汉儒之训疏，《六经》、《四书》之中，未尝详及也。岂吕氏、汉儒之知，乃贤于三代之贤圣乎？齐宣之时，明堂尚有未毁，[8]则幽、厉之世，周之明堂皆无恙也。尧、舜茅茨土阶，明堂之制未必备，而不害其为治；幽、厉之明堂，固犹文、武、成、康之旧，而无救于其乱，何邪？岂能"以不忍人之心，而行不忍人之政"[9]，则虽茅茨土阶，固亦明堂也；以幽、厉之心，而行幽、厉之政，则虽明堂，亦暴政所自出之地邪？武帝肇讲于汉，而武后盛作于唐，其治乱何如邪？

天子之学曰辟雍，诸侯之学曰泮宫，皆象地形而为之名耳。[10]然三代之学，其要皆所以明人伦，非以辟不辟、泮不泮为重轻也。孔子云："人而不仁，如礼何？人而不仁，如乐何？"[11]制礼作乐，必具中和之德，声为律而身为度者[12]，然后可以语此，若夫器数之末，乐工之事，祝史之守，故曾子曰："君子所贵乎道者三，笾豆之事，则有司存也。"[13]尧"命羲、和，钦若昊天，历象日月星辰"，其重在于"敬授人时"也。[14]舜"在璇玑玉衡"，其重在于"以齐七政"也。[15]是皆汲汲然以仁民之心而行其养民之政，治历明时之本，固在于此也。

羲、和历数之学，皋、契未必能之也，禹、稷未必能之也，尧、舜之知而不遍物，虽尧、舜亦未必能之也，[16]然至于今循羲、和之法而世修之，虽曲知小慧之人、星术浅陋之士，亦能推步占候而无所忒，则是后世曲知小慧之人，反贤于禹、稷、尧、舜者邪？

“封禅”之说，尤为不经，是乃后世佞人谀士所以求媚于其上，倡为夸侈，以荡君心而靡国费，盖欺天罔人、无耻之大者，君子之所不道，司马相如之所以见讥于天下后世也。[17]吾子乃以是为儒者所宜学，殆亦未之思邪？

夫圣人之所以为圣者，以其生而知之也。而释《论语》者曰：“‘生而知之’者，义理耳。若夫礼乐、名物、古今事变，亦必待学而后有以验其行事之实。”夫礼乐、名物之类，果有关于作圣之功也，而圣人亦必待学而后能知焉，则是圣人亦不可以谓之“生知”矣。谓圣人为“生知”者，专指义理而言，而不以礼乐、名物之类，则是礼乐、名物之类无关于作圣之功矣。圣人之所以谓之“生知”者，专指义理而不以礼乐、名物之类，则是“学而知之”者，亦惟当学知此义理而已。“困而知之”者，亦惟当困知此义理而已。今学者之学圣人，于圣人之所能知者，未能“学而知之”，而顾汲汲焉求知圣人之所不能知者以为学，无乃失其所以希圣之方欤？凡此皆就吾子之所惑者而稍为之分释，未及乎拔本塞源[18]之论也。

夫拔本塞源之论不明于天下，则天下之学圣人者，将日繁日难，斯人沦于禽兽、夷狄，而犹自以为圣人之学。

吾之说虽或暂明于一时，终将冻解于西而冰坚于东，雾释于前而云滃于后，呶呶焉危困以死，而卒无救于天下之分毫也已。夫圣人之心，以天地万物为一体，其视天下之人，无外内远近，凡有血气，皆其昆弟赤子之亲，莫不欲安全而教养之，以遂其万物一体之念。

天下之人心，其始亦非有异于圣人也，特其间于有我之私，隔于物欲之蔽，大者以小，通者以塞，人各有心，至有视其父子兄弟如仇雠者。圣人有忧之，是以推其天地万物一体之仁以教天下，使之皆有以克其私，去其蔽，以复其心体之同然。其教之大端，则尧、舜、禹之相授受，所谓“道心惟微，惟精惟一，允执厥中”；而其节目，则舜之命契，所谓“父子有亲，君臣有义，夫妇有别，长幼有序，朋友有信”〔19〕五者而已。唐、虞、三代之世，教者惟以此为教，而学者惟以此为学。当是之时，人无异见，家无异习，安此者谓之圣，勉此者谓之贤，而背此者虽其启明如朱〔20〕，亦谓之不肖；下至闾井、田野，农、工、商、贾之贱，莫不皆有是学，而惟以成其德行为务。何者？无有闻见之杂，记诵之烦，辞章之靡滥，功利之驰逐，而但使之孝其亲，弟其长，信其朋友，以复其心体之同然。是盖性分之所固有，而非有假于外者，则人亦孰不能之乎？

学校之中，惟以成德为事，而才能之异，或有长于礼乐、长于政教、长于水土播植者，则就其成德，而因使益精其能于学校之中。迨夫举德而任，则使之终身居其职而不易。用之者惟知同心一德，以共安天下之民，视才之称否，而不以崇卑为轻重，劳逸为美恶；效用者亦惟知同心一德，以共安天下之民，苟当其能，则终身处于烦剧而不以为劳，安于卑琐而不以为贱。当是之时，天下之人熙熙皞皞，皆相视如一家之亲；其才质之下者，则安其农、工、商、贾之分，各勤其业，以相生相养，而无有乎希高慕外之心。

其才能之异，若皋、夔、稷、契者〔21〕，则出而各效其能。若一家之务，或营其衣食，或通其有无，或备其器用，集谋并力，以求遂其仰事俯育之愿，惟恐当其事者之或怠而重己之累也。故稷勤其稼，而不耻其不知教，视契之善教，即己之善教也；夔司其乐，而不耻于不明礼，视夷〔22〕之通礼，即己之通礼也。盖其心学纯明，而有以全其万物一体之仁，故其精神流贯，志气通达，而无有乎人己之分、物我之间。[23]譬之一人之身，目视、耳听、手持、足行，以济一身之用。目不耻其无聪，而耳之所涉，目必营焉；足不耻其无执，而手之所探，足必前焉。盖其元气充周，血脉条畅，是以痒疴呼吸，感触神应，有不言而喻之妙。此圣人之学所以至易至简，易知易从，学易能而才易成者，正以大端惟在复心体之同然，而知识技能非所与论也。

三代之衰，王道熄而霸术焻；孔、孟既没，圣学晦而邪说横。教者不复以此为教，而学者不复以此为学。霸者之徒，窃取先王之近似者，假之于外以内济其私己之欲，天下靡然而[24]宗之，圣人之道遂以芜塞。相仿相效，日求所以富强之说、倾诈之谋、攻伐之计，一切欺天罔人，苟一时之得，以猎取声利之术，若管、商、苏、张[25]之属者，至不可名数。

既其久也，斗争劫夺，不胜其祸，斯人沦于禽兽、夷狄，而霸术亦有所不能行矣。世之儒者慨然悲伤，搜猎先圣王之典章法制，而掇拾修补于煨烬之余，盖其为心良亦欲以挽回先王之道。圣学既远，霸术之传积渍已深，虽在贤知，皆不免于习染，其所以讲明修饰，以求宣畅光复于世者，仅足以增霸者之藩篱，而圣学之门墙，遂不复可睹。于是乎有训诂之学，而传之以为名；有记诵之学，而言之以为博；有词章之学，而侈之以为丽。若是者，纷纷籍籍，群起角立于天下，又不知其几家，万径千蹊，莫知所适。

世之学者如入百戏之场，欢谑跳踉，骋奇斗巧，献笑争妍者，四面而竞出，前瞻后盼，应接不遑，而耳目眩瞀，精神恍惑，日夜遨游淹息其间，如病狂丧心之人，莫自知其家业之所归。时君世主亦皆昏迷颠倒于其说，而终身从事于无用之虚文，莫自知其所谓。间有觉其空疏谬妄、支离牵滞，而卓然自奋，欲以见诸行事之实者，极其所抵，亦不过为富强功利、五霸之事业而止。圣人之学日远日晦，而功利之习愈趋愈下。其间虽尝瞽惑于佛、老，而佛、老之说卒亦未能有以胜其功利之心；虽又尝折衷于群儒，而群儒之论终亦未能有以破其功利之见。

盖至于今，功利之毒沦浃于人之心髓，而习以成性也几千年矣。相矜以知，相轧以势，相争以利，相高以技能，相取以声誉。其出而任也，理钱谷者则欲兼夫兵刑，典礼乐者又欲与于铨轴，处郡县则思藩臬之高，居台谏则望宰执之要。〔26〕故不能其事，则不得以兼其官；不通其说，则不可以要其誉；记诵之广，适以长其敖也；知识之多，适以行其恶也；闻见之博，适以肆其辨也；辞章之富，适以饰其伪也。是以皋、夔、稷、契所不能兼之事，而今之初学小生皆欲通其说，究其术。其称名僭号，未尝不曰吾欲以共成天下之务，而其诚心实意之所在，以为不如是则无以济其私而满其欲也。

呜呼！以若是之积染，以若是之心志，而又讲之以若是之学术，宜其闻吾圣人之教，而视之以为赘疣枘凿，则其以良知为未足，而谓圣人之学为无所用，亦其势有所必至矣！呜呼！士生斯世，而尚何以求圣人之学乎！尚何以论圣人之学乎！士生斯世，而欲以为学者，不亦劳苦而繁难乎！不亦拘滞而险艰乎！呜呼，可悲也已！

所幸天理之在人心，终有所不可泯，而良知之明，万古一日，则其闻吾拔本塞源之论，必有恻然而悲，戚然而痛，愤然而起，沛然若决江河，而有所不可御者矣。非夫豪杰之士，无所待而兴起者，吾谁与望乎？

（此条自第八段“夫拔本塞源之论不明于天下”起，陈龙正曾单独选出刻行，标明为“拔本塞源论”，系王守仁的最著名的论著之一，代表他的伦理思想。参见第171条。）

〔1〕语本《孟子·尽心篇上》：“孟子曰：‘杨子取为我，拔一毛而利天下，不为也；墨子兼爱，摩顶放踵利天下，为之。’”（第二十六章）

〔2〕语本《孟子·尽心篇下》，万章以孔子谓乡原为德之贼为问，孟子曰：“非之无举也，刺之无刺也，同乎流俗，合乎污世，居之似忠信，行之似廉洁，众皆悦之，自以为是，而不可与入尧、舜之道，故曰德之贼也。”（第三十七章）

〔3〕燕王哙让国于其相子之，三年，国大乱。事见《史记·燕召公世家》。

〔4〕项羽（前232—前202）初尊楚怀王为义帝，后又放逐义帝并击杀之。事见《史记·项羽本纪》。

〔5〕王莽（前45—23）初为汉相，后篡位，事见《汉书·王莽传》。曹操（155—220）相汉，专权，自诩为周文王，后其子曹丕篡位。事见《三国志·武帝纪》注引《魏氏春秋》。

〔6〕明堂，古代施政行礼之所。辟雍，古代大学所在地。历律，推算音律以定历法。《大戴礼记·曾子天圆》注：“历以治时，律以候气。”封禅，古代帝王祭天地、立碑石以纪功。

〔7〕语本《论语集注·述而篇》引尹焞注：“盖生而可知者义理尔。若夫礼乐名物，古今事变，亦必待学，而后有以验其实也。”（第十九章注）

〔8〕事见《孟子·梁惠王篇下》：“齐宣王问曰：‘人皆谓我毁明堂，毁诸已乎？’”（第五章）

〔9〕语见《孟子·公孙丑篇上》第六章。

〔10〕辟雍，形圆似圆璧，围以深沟，故名。泮宫，东西门以南通水，北部一半无水，故名。

〔11〕语见《论语·八佾篇》第三章。

〔12〕指禹而言，事本《史记·夏本纪》："禹为人敏给克勤；其德不违，其仁可亲，其言可信；声为律，身为度，称以出；亹亹穆穆，为纲为纪。"

〔13〕曾子告孟敬子语，语见《论语·泰伯篇》："君子所贵乎道者三：动容貌，斯远暴慢矣；正颜色，斯近信矣；出辞气，斯远鄙倍矣。"（第四章）

〔14〕语见《书经·尧典》。钦，敬。若，顺。

〔15〕语见《书经·舜典》。在，察。璇玑玉衡，测天文之器。七政，日、月、五星运行轨道。

〔16〕语本《孟子·尽心篇上》："知者无不知也，当务之为急；仁者无不爱也，急亲贤之为务。尧、舜之知而不遍物，急先务也，尧、舜之仁不遍爱人，急亲贤也。"（第四十六章）

〔17〕司马相如（前179—前117）有遗札言封禅，事见《史记·司马相如列传》。

〔18〕语本《左传》："我在伯父，犹衣服之有冠冕，木水之有本原，民人之有谋主也。伯父若裂冠毁冕，拔本塞原，专弃谋主，虽戎狄，其何有余一人。"（昭公九年）

〔19〕语本《孟子·滕文公篇上》："人之有道也，饮食、暖衣、逸居而无教，则近于禽兽。圣人有忧之，使契为司徒，教以人伦：父子有亲，君臣有义，夫妇有别，长幼有序，朋友有信。"（第四章）

〔20〕朱：丹朱，尧之子。

〔21〕四人皆舜臣，皋陶为掌刑法之官，夔为典乐之官，稷为掌农事之官，契为教育之官，事见《书经·舜典》。

〔22〕夷：伯夷，舜臣，掌礼之官。

〔23〕参见《绥柔流贼》："古之人，能以天地万物为一体，故能通天下之志。凡举大事，必顺其情而使之，因其势而导之，乘其机而动之，及其时而兴之。是以为之但见其易，而成之不见其难。此天下

之民，所以阴受其庇，而莫知其功之所自也。今皆反之，岂所见若是其相远乎？亦由无忠诚恻怛之心以爱其民，不肯身任地方利害为久远之图，凡所施为，不本于精神心术，而惟事补辏掇拾，支吾粉饰于其外，以苟幸吾身之无事，此盖今时之通弊也。”（《全书》卷十八）

〔24〕施本、俞本无“而”字。

〔25〕管：管仲（卒于前 645），春秋时齐国宰相，法家。商：商鞅（卒于前 338），战国时秦国宰相，法家。苏：苏秦（卒于前 317），战国时纵横家。张：张仪（卒于前 309），战国时纵横家。

〔26〕理钱谷，指户部的财政工作。典礼乐，指礼部及太常卿的礼仪工作。铨轴，指吏部的铨叙工作。藩臬，藩指一省最高负责官吏的藩司，臬指巡视各省的臬使。台谏，御史台与谏议。宰执，宰相执政。

答周道通[1]书

142. 吴、曾两生至，备道道通恳切为道之意，殊慰相[2]念。若道通，真可谓笃信好学者矣。忧病[3]中会[4]，不能与两生细论，然两生亦自有志向，肯用功者，每见辄觉有进，在区区诚不能无负于两生之远来，在两生则亦庶几无负其远来之意矣。临别以此册致道通意，请书数语。荒愦无可言者，辄以道通来书中所问数节，略下转语奉酬，草草殊不详细，两生当亦自能口悉也。

来书云：“日用工夫只是‘立志’，近来于先生诲言时时体验，愈益明白。然于朋友不能一时相离。若得朋友讲习，则此志才精健阔大，才有生意。若三五日不得朋友相讲，便觉微弱，遇事便会困，亦时会忘。乃今无朋友相讲之日，还只静坐，或看书，或游衍经行，凡寓目、措身，悉取以培养此志，颇觉意思和适，然终不如朋友讲聚，精神流动，生意更多也。离群索居之人，当更有何法以处之？”

此段足验道通日用工夫所得，工夫大略亦只是如此用，只要无间断，到得纯熟后，意思又自不同矣。大抵吾人为学，紧要大头脑，只是“立志”。所谓“困、忘”之病，亦只是志欠真切。今好色之人，未尝病于困忘，只是一真切耳。自家痛痒，自家须会知得，自家须会搔摩得；既自知得痛痒，自家须不能不搔摩得。佛家谓之“方便法门”，须是自家调停斟酌，他人总难与力，亦更无别法可设也。〔5〕

〔1〕周道通(1485—1532)，名冲，号静庵，常州府宜兴人。明正德五年(1510)年举人，曾任江西万安训导，唐府长史等职，受业于王守仁、湛若水，力图调和两家之说，参见《明儒学案》卷二十五。据《阳明先生文录》，此信写于甲申(1524)。

〔2〕施本、俞本、德安府南本“相”作“想”。

〔3〕王守仁父王华，死于嘉靖元年(1522)。王按礼守制三年，此信写于王守制期间。

〔4〕施本、德安府南本“会”作“曾”。

〔5〕参见《赠周莹归省序》：永康周莹德纯，尝学于应子元忠。既乃复见阳明子而请益。阳明子曰：“子从应子之所来乎？”曰：“然。”“应子则何以教子？”曰：“无他言也。惟日诲之以希圣希贤之学，毋溺于流俗。且曰：‘斯吾所尝就正于阳明子者也。子而不吾信，则盍亲往焉。’莹以是不远千里而来谒。”曰：“子之来也，犹有所未信乎？”曰：“信之。”曰：“信之而又来，何也？”曰：“未得其方也。”阳明子曰：“子既得其方矣，无所事于吾。”周生悚然有间，曰：“先生以应子之故，望卒赐之教。”阳明子曰：“子既得之矣，无所事于吾。”周生

悚然而起，茫然有间，曰："莹愚，不得其方，先生毋乃以莹为戏，幸卒赐之教。"阳明子曰："子之自永康而来也，程几何？"曰："千里而遥。"曰："远矣，从舟乎？"曰："从舟而又登陆也。"曰："劳矣，当兹六月，亦暑乎？"曰："途之暑特甚也。"曰："难矣！具资粮，从童仆乎？"曰："中途而仆病，乃舍贷而行。"曰："兹益难矣。"曰："子之来，既远且劳，其难若此也，何不遂返，而必来乎？将亦无有强子者乎？"曰："莹至于夫子之门，劳苦艰难诚乐之，宁以是而遂返；又俟乎人之强之也乎？"曰："斯吾所谓子之既得其方也。子之志欲至于吾门也，则遂至于吾门，无假于人。子而志于圣贤之学，有不至于圣贤者乎？而假于人乎？子之舍舟从陆，捐仆贷粮，冒毒暑而来也，则又安所从受之方也？"生跃然起拜曰："兹乃命之方也已。"（《全书》卷七）王守仁在此用机锋的方法，教导周莹，成圣之道在于立志和自得。此法以后为罗近溪所发展，在明末产生很大的影响。

143. 来书云："上蔡[1]尝问天下何思何虑[2]。伊川云：'有此理，只是发得太早。'[3]在学者工夫，固是'必有事焉而勿忘'，然亦须识得'何思何虑'底气象，一并看为是。若不识得这气象，便有正与助长之病，若认得'何思何虑'，而忘'必有事焉'工夫，恐又堕于'无'也。须是不滞于'有'，不堕于'无'，然乎否也？"

所论亦相去不远矣，只是契悟未尽。上蔡之问，与伊川之答，亦只是上蔡、伊川之意，与孔子《系辞》原旨稍有不同。《系》[4]言"何思何虑"是言所思所虑只是一个天理，更无别思别虑耳，非谓无思无虑也。故曰："同归而殊途，一致而百虑，天下何思何虑。"云"殊途"，云"百虑"，则岂谓无思无虑[5]邪？心之本体即是天理。天理只是一个，更有何可思虑得？天理原自寂然不动，原自感而遂通。学者用功，虽千思万虑，只是要复他本来体用而已，不是以私意去安排思索出来。故明道云："君子之学，莫若廓然而大公，物来而顺应。"若以私意去安排思索，便是"用智自私"〔6〕矣。"何思何虑"正是工夫。在圣人分上，便是自然的；在学者分上，便是勉然的。伊川却是把作效验看了，所以有"发得太早"之说。既而云"却好用功"，则已自觉其前言之有未尽矣。濂溪主静之论亦是此意。〔7〕今道通之言，虽已不为无见，然亦未免尚有两事也。

〔1〕谢良佐(1050—1103)，字显道，蔡州上蔡(今属河南)人，先后从程颢、程颐受业，传学于胡安国、胡五峰、张栻等。号称"湖南学派"。著有《论语说》、《上蔡语录》，参见《宋元学案》卷二十四。

〔2〕语本《易经·系辞下》："天下何思何虑，天下同归而殊途，一致而百虑，天下何思何虑。"(第五章)

〔3〕语本《二程集·外书》："(谢良佐)二十年前往见伊川。伊川曰：'近日事如何？'对曰：'天下何思何虑。'伊川曰：'是则是有此理，贤却发得太早。'在伊川直是会锻炼得人，说了又道，恰好著工夫也。"(第十二卷)

〔4〕朱文启校本"系"下有"辞"字。

〔5〕第39条言："何思何虑，非初学时事。"此处所言已进展一步，更为浑全了。参见《与黄勉之·二》："过思亦是暴气，此语说得亦是。若遂欲截然不思，却是因噎而废食者也。来书谓思而外于良知，乃谓之过。若念念在良知上体认，即终日终夜以思，亦不为过。不外良知，即是何思何虑，此语甚得鄙意。"(《全书》卷五)

〔6〕语见《答横渠张子厚先生书》："夫天地之常，以其心普万物而无心；圣人之常，以其情顺万事而无情。故君子之学，莫若廓然而大公，物来而顺应。……人之情各有所蔽，故不能适道，大率患在于自私而用智。自私则不能以有为为应迹，用智则不能以明觉为自

然。”(《二程集·文集》卷三)

〔7〕语本《太极图说》:“二气交感,化生万物。万物生生而变化无穷焉。惟人也得其秀而最灵。形既生矣,神发知矣,五性感动,而善恶分、万事出矣。圣人定之以中正仁义而主静(自注:无欲故静),立人极焉。”(《周子通书》卷一)

144. 来书云:“凡学者才晓得做工夫,便要识认得圣人气象。盖认得圣人气象,把做准的,乃就实地做工夫去,才不会差,才是作圣工夫。未知是否?”

先认圣人气象,〔1〕昔人尝有是言矣,然亦欠有头脑。圣人气象自是圣人的,我从何处识认?若不就自己良知上真切体认,如以无星之称而权轻重,未开之镜而照妍媸,真所谓以小人之腹,而度君子之心〔2〕矣。圣人气象何由认得?自己良知原与圣人一般,若体认得自己良知明白,即圣人气象不在圣人而在我矣。程子尝云:“觑著尧,学他行事,无他许多聪明睿智,安能如彼之动容周旋中礼?”〔3〕又云:“心通于道,然后能辨是非。”〔4〕今且说通于道在何处?聪明睿智从何处出来?

〔1〕语本伊川所说:“凡看文字,非只是要理会语言,要识得圣贤气象,如孔子曰:‘盍各言尔志。’而由曰:‘愿车马衣轻裘与朋友共,敝之而无憾!’颜子曰:‘愿无伐善,无施劳。’孔子曰:‘老者安之,朋友信之,少者怀之。’观此数句,便见圣贤气象大段不同。若读此不见得圣贤气象,他处也难见,学者须要理会得圣贤气象。”(《二程集·遗书》卷二十二上)

〔2〕语本《世说新语》:“刘庆孙在太傅府,于时人士多为所构,唯庾子嵩纵心事外,无迹可间,后以其性俭家富,说太傅令换千万,冀其有吝,于此可乘。太傅于众坐中问庾,庾时颓然已醉,帻堕几上,以头

就穿取，徐答云：‘下官家故可有两娑千万，随公所取。’于是乃服。后有人向庾道此，庾曰：‘可谓以小人之虑，度君子之心。’”（《雅量第六》）

〔3〕语本伊川所说：“子以诚敬为可勉强，且恁地说，到底须是知了方行得。若不知，只是觑着尧学他行事，无尧许多聪明睿智，怎生得如他动容周旋中礼？有诸中，必形诸外，德容安可妄学。如子所言，是笃信而固守之，非固有之也。”（《二程集·遗书》卷十八）

〔4〕语本程颐《答朱长文书》：“夫心通乎道，然后能辨是非，如持权衡以较轻重，孟子所谓‘知言’是也。揆之以道，则是非了然，不待精思而后见也。学者当以道为本。心不通乎道，而较古人之是非，犹不持权衡而酌轻重，竭其目力，劳其心智，虽使时中，亦古人所谓‘亿则屡中’，君子不贵也。”（《二程集·文集》卷九）

145. 来书云：“事上磨炼。一日之内，不管有事无事，只一意培养本原。若遇事来感，或自己有感，心上既有觉，安可谓无事？但因事凝心一会，大段觉得事理当如此，只如无事处之，尽吾心而已。然乃有处得善与未善，何也？又或事来得多，须要次第与处，每因才力不足，辄为所困，虽极力扶起而精神已觉衰弱。遇此未免要十分退省，宁不了事，不可不加培养。如何？”

所说工夫，就道通分上也只是如此用，然未免有出入在。凡人为学，终身只为这一事。自少至老、自朝至暮，不论有事无事，只是做得这一件，所谓“必有事焉”者也。若说“宁不了事，不可不加培养”，却是尚为两事也。“必有事焉而勿忘勿助”，事物之来，但尽吾心之良知以应之，所谓“忠恕违道不远”〔1〕矣。凡处得有善有未善及有困顿失次之患者，皆是牵于毁誉得丧，不能实致其良知耳。若能实致其良知，然后见得平日所谓善者未必是善，所谓未善者却恐正是牵于毁誉得丧，自贼其良知者也。

〔1〕语本《中庸》：“忠恕违道不远。施诸己而不愿，亦勿施于人。”（第十三章）

146. 来书云：“致知之说，春间再承诲益，[1]已颇知用力，觉得比旧尤为简易。但鄙心则谓与初学言之，还须带‘格物’意思，使之知下手处。本来‘致知’、‘格物’一并下，但在初学未知下手用功，还说与‘格物’，方晓得‘致知’。”云云。

“格物”是“致知”工夫，知得“致知”便已知得“格物”；若是未知“格物”，则是“致知”工夫亦未尝知也。近有一书[2]与友人论此颇悉，今往一通，细观之，当自见矣。

〔1〕王守仁致周冲书，在《全书》中仅存此件。日本天理大学存王守仁答周冲书五通原件，其中一件有云：“所谓良知，即孟子所谓‘是非之心，知也’。是非之心，人孰无有，但不能致此知耳。能致此知，即所谓充其是非之心，而知不可胜用矣。来书既云‘良心发见’，而复云‘不能辨理欲于疑似之间’，则所谓‘良心发见’者，果何物耶？”（《中国哲学》杂志第一辑）此处所称，或即指此书而言。

〔2〕此处所称“近有一书”，佐藤一斋说：“文成论格致书，捡《全书》不止十数，本文一书，今未审的指何书。”（《传习录栏外书》第一一七页）陈荣捷说：“或指《答顾东桥书》，也可能指《答罗整庵书》。”（《传习录》英译本第一二九页）。按：陈说指《答罗整庵书》较确。王守仁称此书“与友人论此颇悉”。王他书论此较答顾、罗二书为简；而答顾东桥书写于1525年，较此书为晚也。

147. 来书云：“今之为朱、陆之辨者尚未已。每对朋友言，正学不明已久，且不须枉费心力为朱、陆争是非，只依先生‘立志’二字点化人。若其人果能辨得此志来，决意要知此学，已是大段明白了；朱、陆虽不辨，彼自能觉得。又尝见朋友中见有人议先生之言者，辄为动气。昔在朱、陆二先生所以遗后世纷纷之议者，亦见二先生工夫有未纯熟，分明亦有动气之病。若明道则无此矣。观其与吴涉礼〔1〕论介甫之学云：‘为我尽达诸介甫，不有益于他，必有益于我也。’〔2〕气象何等从容！尝见先生与人书中亦引此言，〔3〕愿〔4〕朋友皆如此，如何？”

此节议论得极是极是，愿道通遍以告于同志，各自且论自己是非，莫论朱、陆是非也。〔5〕以言语谤人，其谤浅，若自己不能身体实践，而徒入耳出口，呶呶度日，是以身谤也，其谤深矣。凡今天下之议论我者，苟能取以为善，皆是砥砺切磋我也，则在我无非警惕修省进德之地矣。昔人谓攻吾之短者是吾师〔6〕，师又可恶乎？

〔1〕《二程全书·遗书》卷一作“吴师礼”。

〔2〕语本程颢所说：“为我尽达诸介甫，我亦未敢自以为是。如有说，愿往复。此天下公理，无彼我。果能明辩，不有益于介甫，则必有益于我。”（《二程集·遗书》卷一）

〔3〕语本《答汪石潭内翰》：“吾兄之心，非若世之立异自高者，要在求其是而已，故敢言之无讳。有所未尽，不惜教论。不有益于兄，必有益于我也。”（《全书》卷四）

〔4〕德安府南本“愿”作“顾”。

〔5〕参见《答友人问》：“君子之学，岂有心于同异，惟其是而已。吾于象山之学有同者，非是苟同；其异者，自不掩其为异也。吾于晦庵之论有异者，非是求异；其同者，自不害其为同也。假使伯夷、柳下惠，与孔、孟同处一堂之上，就其所见之偏全，其议论断亦不能皆合，然要之不害其同为圣贤也。若后世论学之士，则全是党同伐

异，私心浮气所使，将圣贤人做一场儿戏看了也。”（《全书》卷六）

〔6〕语本《荀子·修身篇》：“故非我而当者，吾师也；是我而当者，吾友也；谄谀我者，吾贼也。故君子隆师而亲友，以致恶其贼。”（卷一）

148. 来书云：“有引程子‘人生而静，以上不容说，才说性便已不是性’〔1〕。何故不容说？何故不是性？晦庵答云：‘不容说者，未有性之可言；不是性者，已不能无气质之杂矣。’〔2〕二先生之言皆未能晓，每看书至此，辄为一惑，请问。”

“生之谓性”。生字即是气字，犹言“气即是性”也。气即是性，“人生而静，以上不容说”，才说“气即是性”，即已落在一边，不是性之本原矣。孟子性善，是从本原上说，然性善之端，须在气上始见得，若无气亦无可见矣。恻隐、羞恶、辞让、是非即是气。程子谓：“论性不论气，不备；论气不论性，不明。”〔3〕亦是为学者各认一边，只得如此说。若见得自性明白时，气即是性，性即是气，原无性、气之可分也。〔4〕

〔1〕语见《二程集·遗书》：“生之谓性，性即气，气即性，生之谓也。人生气禀，理有善恶，然不是性中元有此两物相对而生也。有自幼而善，有自幼而恶，是气禀有然也。善固性也，然恶亦不可谓之性也。盖‘生之谓性’，‘人生而静’以上不容说，才说性时，便已不是性也。凡人说性，只是说继之者善也，孟子言人性善是也。”（卷一）

〔2〕语本朱熹《答严时亨》之一：“‘人生而静’是未发时，以上即是人物未生之时，不可谓性。才谓之性，便是人生以后，此理堕在形气之中，不全是性之本体矣。”（《朱文公文集》卷六十一）

〔3〕语见《二程集·遗书》卷六。

〔4〕参见第220条。王守仁以“恻隐、羞恶、辞让、是非即是气”，与朱熹说微有不同。朱熹认为四者是情，情虽与气有关，但看说明情是“性之动”或“性之发用”，很少直接与气相联而言。

答陆原静书[1]

149. 来书云："下手工夫，觉此心无时宁静，妄心固动也，照心亦动也；心既恒动，则无刻暂停也。"

是有意于求宁静，是以愈不宁静耳。夫妄心则动也，照心非动也。恒照则恒动恒静，天地之所以恒久而不已也[2]。照心固照也，妄心亦照也。其为物不贰[3]，则其生物不息，有刻暂停，则息矣，非至诚无息之学矣。

〔1〕据《阳明文录》，此书写于甲申(1524)。陆原静事迹，见第15条注〔1〕。

〔2〕语本《易经·恒卦·彖辞》："天地之道，恒久而不已也。"

〔3〕语本《中庸》："天地之道，可一言而尽也，其为物不贰，则其生物不测。"(第二十六章)

150. 来书云"良知亦有起处"云云。

此或听之未审。良知者，心之本体，即前所谓恒照者也。心之本体，无起无不起。虽妄念之发，而良知未尝不在，但人不知存，则有时而或放耳；虽昏塞之极，而良知未尝不明，但人不知察，则有时而或蔽耳。虽有时而或放，其体实未尝不在也，存之而已耳；虽有时而或蔽，其体实未尝不明也，察之而已耳。若谓良知亦有起处，则是有时而不在也，非其本体之谓矣。

151. 来书云："前日精一之论，即作圣之功否？"[1]

"精一"之"精"以理言,"精神"之"精"以气言。理者,气之条理;气者,理之运用。[2]无条理则不能运用,无运用则亦无以见其所谓条理者矣。精则精,精则明,精则一[3],精则神,精则诚;一则精,一则明,一则神,一则诚,原非有二事也。[4]但后世儒者之说与养生之说各滞于一偏,是以不相为用。前日"精一"之论,虽为原静爱养精神而发,然而作圣之功,实亦不外是矣。

〔1〕"来书云"等十五字,诸本并脱,据王本补。

〔2〕朱熹以理气为二:"天地之间,有理有气,理也者,形而上之道也,生物之本也。气也者,形而下之器也,生物之具也。"(《朱文公文集》卷五十八《答黄道夫书》)王守仁以"理者气之条理,气者理之运用",与朱说成为鲜明的对照。

〔3〕"精则一"三字疑为衍文。

〔4〕参见《送宗伯乔白岩序》:"夫道广矣、大矣,文词技能于是乎出,而以文词技能为者,去道远矣。是故非专则不能以精,非精则不能以明,非明则不能以诚,故曰惟精惟一。精,精也;专,一也。精则明矣,明则诚矣。是故明,精之为也;诚,一之基也;一,天下之大本也;精,天下之大用也。知天地之化育,而况于文词技能之末乎。"(《全书》卷七)

152. 来书云:"元神、元气、元精必各有寄藏发生之处;又有真阴之精,真阳之气。"云云。

夫良知,一也,以其妙用而言谓之神,以其流行而言谓之气,以其凝聚而言谓之精,安可以形象方所求哉?真阴之精,即真阳之气之母,真阳之气,即真阴之精之父;阴根阳,阳根阴,亦非有二也。苟吾良知之说明,则凡若此类,皆可以不言而喻;[1]不然,则如来书所云"三关"、"七返"、"九还"之属,[2]

尚有无穷可疑者也。

〔1〕参见《与陆元静》:“大抵养德养身,只是一事。”(《全书》卷五)又参见《寿汤云谷序》:“古之有道之士,外槁而中泽,处隘而心广,累释而无所挠其精,机忘而无所忤于俗,是故其色愉愉,其居于于,其所遭若清风之披物,而莫知其所从往也。今子之步徐发改,而貌若益惫,然而其精藏矣。言下意恳,而气若益衰,然而其神守矣。室庐无所增益于旧,而志意扩然,其累释矣。乡人之相忘于贤愚贵贱,且以为慈母,且以为婴儿,其机忘矣。夫精藏则太和流,神守则天光发,累释则怡愉而静,机忘则心纯而一,四者,道之证也。夫道无在而神无方,安常处顺,其至矣。”(《全书》卷二十二)

〔2〕语见《黄庭经》:“三关之中精气深。”又见《周易参同契·中篇》:“刚施而退,柔化以滋,九还七反,八归六居。”九还,精气运转一周期。七反,精气运转七次。

参见《长生》:“微躯一系念,去道日远而,中岁忽有觉,九还乃在兹。非炉亦非鼎,何坎复何离,本无终始究,宁有死生期?彼哉游方士,诡辞反增疑。”(《全书》卷二十)

又〔1〕

153. 来书云:“良知,心之本体,即所谓性善也,未发之中也,寂然不动之体也,廓然大公也,何常人皆不能而必待于学耶?中也,寂也,公也,既以属心之体,则良知是矣。今验之于心,知无不良,而中、寂、大公,实未有也,岂良知复超然于体用之外乎?”

性无不善,故知无不良。良知即是未发之中,即是廓然大公、寂然不动之本体,人人之所同具者也。〔2〕但不能不昏蔽于物欲，故须学以去其昏蔽；然于良知之本体，初不能有加损于毫末也。知无不良，而中、寂、大公，未能全者，是昏蔽之未尽去，而存之未纯耳。体即良知之体，用即良知之用，宁复有超然于体、用之外者乎？

〔1〕《阳明先生文录》本及王本无此“又”字。钱德洪所据南本或亦无“又”字，故前言中提及《答陆清伯书》仅有一书。但此信提及陆来信引用前信“照心非动也”、“妄心亦照也”句，则二信似非同时所写。

〔2〕参见《答汪石潭内翰》：“心统性情。性，心体也；情，心用也。程子云：‘心一也，有指体而言者，寂然不动是也；有指用而言者，感而遂通是也。’斯言既无以加矣。”（《全书》卷四）

154. 来书云：“周子曰‘主静’，程子曰‘动亦定，静亦定’，先生曰‘定者心之本体’。是静定也，决非不睹不闻，无思无为之谓，必常知常存，常主于理之谓也。夫常知常存，常主于理，明是动也，已发也，何以谓之静？何以谓之本体？岂是静定也，又有以贯乎心之动静者邪？”

理无动者也。常知常存，常主于理，即不睹不闻、无思无为之谓也。不睹不闻、无思无为，非槁木死灰之谓也；睹闻思为一于理，而未尝有所睹闻思为，即是动而未尝动也。所谓“动亦定，静亦定”〔1〕、“体用一原”〔2〕者也。

〔1〕佐藤一斋说他尝得文成《书太极图说》墨本，末有云：“濂溪自注主静云‘无欲故静’。而于《通书》云：‘无欲则静虚动直。’是主静之说，实兼动静。”（《传习录栏外书》第一二二页）据此，王守仁实沟通“主静”与“动亦定，静亦定”之说，并可补充此处答语。

〔2〕语本程颐《易传序》：“至微者理也，至著者象也。体用一源，显微无

间。”(《二程全书·周易程子传序》)。陈荣捷说,《大汉和辞典》提到“体用一源”四字来源于澄观的《华严经注》,但太田绵城已在《疑问录》中指出,在该书及澄观的其他著作中,都没有发现此语。然而澄观确实在其注疏中说过意义较泛的类似用语,但用字稍有不同(参见《续大藏经》第一辑第八十八套第三册)。十一世纪时,这个用语已在佛教与新儒家中通用了。像唐顺之(1507—1560)说,儒、佛皆此语,但无人指出这些话是谁说的。(《唐荆川集》卷六)太田说“显微无间”是法藏(643—712)所用格言,但他没有点出确切出处。(《传习录》英译本第一三五页)

155. 来书云:“此心未发之体,其在已发之前乎?其在已发之中而为之主乎?其无前后、内外而浑然之体者乎?今谓心之动、静者,其主有事、无事而言乎?其主寂然、感通而言乎?其主循理、从欲而言乎?若以循理为静,从欲为动,则于所谓‘动中有静,静中有动〔1〕,动极而静,静极而动〔2〕’者,不可通矣。若以有事而感通为动,无事而寂然为静,则于所谓‘动而无动,静而无静’〔3〕者,不可通矣。若谓未发在已发之先,静而生动,是至诚有息也,圣人有复也,又不可矣。若谓未发在已发之中,则不知未发、已发俱当主静乎?抑未发为静而已发为动乎?抑未发、已发俱无动无静乎?俱有动有静乎?幸教。”

未发之中,即良知也,无前后内外,而浑然一体者也。有事、无事可以言动、静,而良知无分于有事、无事也;寂然、感通可以言动、静,而良知无分于寂然、感通也。动、静者,所遇之时;心之本体,固无分于动、静也。理无动者也,动即为欲。循理则虽酬酢万变而未尝动也,从欲则虽槁心一念而未尝静也。“动中有静,静中有动”,又何疑乎?有事而感通,固可以言动，然而寂然者未尝有增也；无事而寂然，固可以言静，然而感通者未尝有减也。“动而无动，静而无静”，又何疑乎？无前后内外而浑然一体，则至诚有息之疑，不待解矣。未发在已发之中，而已发之中未尝别有未发者在，已发在未发之中，而未发之中未尝别有已发者存。是未尝无动、静，而不可以动、静分者也。[4]

凡观古人言语，在以意逆志而得其大旨，若必拘滞于文义，则“靡有孑遗”者，是周果无遗民也。[5]周子“静极而动”之说，苟不善观，亦未免有病。盖其意从“太极动而生阳，静而生阴”说来。太极生生之理，妙用无息，而常体不易。太极之生生，即阴阳之生生。就其生生之中，指其妙用无息者而谓之动，谓之阳之生，非谓动而后生阳也，就其生生之中，指其常体不易者而谓之静，谓之阴之生，非谓静而后生阴也。若果静而后生阴，动而后生阳，则是阴阳、动静，截然各自为一物矣。阴阳一气也，一气屈伸而为阴阳；动静一理也，一理隐显而为动、静。春夏可以为阳、为动，而未尝无阴与静也；秋冬可以为阴、为静，而未尝无阳与动也。春夏此不息，秋冬此不息，皆可谓之阳，谓之动也；春夏此常体，秋冬此常体，皆可谓之阴，谓之静也。自元、会、运、世、[6]岁、月、日、时，以至刻、杪、忽、微，莫不皆然。所谓动静无端，阴阳无始，[7]在知道者默而识之，非可以言语穷也。若只牵文泥句，比拟仿像，则所谓心从《法华》转，非是转《法华》矣。[8]

〔1〕语见《二程集·遗书》：“静中便有动，动中自有静。”（卷七）

〔2〕语见周敦颐《太极图说》：“无极而太极，太极动而生阳，动极而静，静而生阴，静极复动。一动一静，互为其根，分阴分阳，两仪立焉。”

〔3〕语见周敦颐《通书·动静》：“动而无静，静而无动，物也。动而无

动，静而无静，神也。动而无动，静而无静，非不动不静也。”

〔4〕参见《答伦彦式》：“心无动静者也。其静也者，以言其体也。其动也者，以言其用也。故君子之学，无间于动静。其静也，常觉而未尝无也，故常应；其动也，常定而未尝有也，故常寂。常应常寂，动静皆有事焉，是之谓集义。集义故能无只悔，所谓动亦定，静亦定者也。”（《全书》卷五）

〔5〕语本《孟子·万章篇上》：“故说《诗》者，不以文害辞，不以辞害志，以意逆志，是为得之，如以辞而已矣，《云汉》之诗曰：‘周余黎民，靡有孑遗。’信斯言也，是周无遗民也。”（第四章）

〔6〕语本邵雍《观物内篇》：“日经天之元，月经天之会，星经天之运，辰经天之世。”（《皇极经世》卷十一）并以三十年为一世，十二世为一运，三十运为一会，十二会为一元。

〔7〕语本程颐《易说·系辞》：“道者，一阴一阳也。动静无端，阴阳无始。非知道者，孰能识之。”（《二程集·经说》卷一）

〔8〕语本《六祖坛经》：“心迷《法华》转，心悟转《法华》。诵经久不明，与义作雠家。”（《机缘品》）

参见《与黄勉之·二》：“大抵训释字义，亦只是得其大概。若其精微奥蕴，在人思而自得，非言语所能喻。后人多有泥文著相，专在字眼上穿求，却是心从《法华》转也。”（《全书》卷五）

156. 来书云：“尝试于心，喜、怒、忧、惧之感发也，虽动气之极，而吾心良知一觉，即罔然消阻，或遏于初，或制于中，或悔于后。然则良知常若居优闲无事之地而为之主，于喜、怒、忧、惧若不与焉者，何欤？”

知此，则知未发之中、寂然不动之体，而有发而中节之和、感而遂通之妙矣。然谓“良知常若居于优闲无事之地”，语尚有病。盖良知虽不滞于喜、怒、忧、惧，而喜、怒、忧、惧亦不外于良知也。〔1〕

〔1〕参见第268条。

157. 来书云:"夫子昨以良知为照心。窃谓良知,心之本体也,照心,人所用[1]功,乃戒慎恐惧之心也,犹思也,而遂以戒慎恐惧为良知,何欤?"

能戒慎恐惧者,是良知也。[2]

〔1〕"用功"二字之间,施本、俞本并有"之"字。
〔2〕参见第244、308条。

158. 来书云:"先生又曰:'照心非动也。'[1]岂以其循理而谓之静欤?'妄心亦照也。'岂以其良知未尝不在于其中,未尝不明于其中,而视听言动之不过则者,皆天理欤?且既曰妄心,则在妄心可谓之照,而在照心则谓之妄矣。妄与息何异?今假妄之照以续至诚之无息,窃所未明,幸再启蒙。"

"照心非动"者,以其发于本体明觉之自然,而未尝有所动也;有所动即妄矣。"妄心亦照"者,以其本体明觉之自然者,未尝不在于其中,但有所动耳;无所动即照矣。无妄、无照,非以妄为照、以照为妄也。照心为照,妄心为妄,是犹有妄、有照也。有妄、有照,则犹贰也,贰则息矣。无妄、无照则不贰,不贰则不息矣。

〔1〕参见第149条。

159. 来书云:"养生以清心寡欲为要。夫清心寡欲,作圣之功毕矣。然欲寡则心自清。清心非舍弃人事而独居求静之谓也。盖欲使此心纯乎天理,而无一毫人欲之私耳。今欲为此之功,而随人欲生而克之,则病根常在,未免灭于东而生于西。若欲刊剥洗荡于众欲未萌之先，则又无所用其力，徒使此心之不清。且欲未萌而搜剔以求去之，是犹引犬上堂而逐之也，[1]愈不可矣。"

必欲此心纯乎天理，而无一毫人欲之私，此作圣之功也。必欲此心纯乎天理，而无一毫人欲之私，非防于未萌之先而克于方萌之际不能也。防于未萌之先而克于方萌之际，此正《中庸》"戒慎恐惧"、《大学》"致知格物"之功，舍此之外，无别功矣。

夫谓灭于东而生于西，引犬上堂而逐之者，是自私自利，将迎意必之[2]为累，而非克治洗荡之为患也。今曰"养生以清心寡欲为要"，只"养生"二字，便是自私自利、将迎意必之根。有此病根潜伏于中，宜其有"灭于东而生于西"、"引犬上堂而逐之"之患也。

〔1〕语本《二程集·遗书》："勿谓小儿无记性，所历事皆能不忘，故善养子者，当其婴孩，鞠之使得所养，全其和气，乃至长而性美，教之示以好恶有常。至如养犬者，不欲其升堂，则时其升堂而扑之。若既扑其升堂，又复食之于堂，则使孰从？虽日挞而求其不升，不可得也。养异类且尔，况人乎？故养正者，圣人也。"(卷二下)

〔2〕将、迎，语本《庄子·知北游篇》："颜渊问乎仲尼曰：'回尝闻诸夫子曰：无有所将，无有所迎，回敢问其游？'仲尼曰：'……圣人处物，不伤物。不伤物者，物亦不能伤也，唯无所伤者，为能与人相将迎。'"

意、必，语本《论语·子罕篇》："子绝四：毋意，毋必，毋固，毋我。"(第四章)

160. 来书云："佛氏于'不思善、不思恶时，认本来面目'[1]，于吾儒'随物而格'之功不同。吾若于不思善、不思恶时，用致知之功，则已涉于思善矣。欲善恶不思，而心之良知清静自在，惟有寐而方醒之时耳。斯正孟子'夜气'[2]之说。但于斯光景不能久，倏忽之际，思虑已生，不知用功久者，其常寐初醒而思未起之时否乎？今澄欲求宁静，愈不宁静，欲念无生，则念愈生。如之何而能使此心前念易灭，后念不生，良知独显，而与造物者游乎？"[3]

"不思善、不思恶时，认本来面目"，此佛氏为未识本来面目者设此方便。本来面目即吾圣门所谓良知，今既认得良知明白，即已不消如此说矣。

"随物而格"是致知之功，即佛氏之"常惺惺"，[4]亦是常存他本来面目耳。体段工夫大略相似，但佛氏有个自私自利之心，所以便有不同耳。今欲善恶不思，而心之良知清静自在，此便有自私自利、将迎意必之心，所以有"不思善、不思恶时，用致知之功，则已涉于思善"之患。孟子说"夜气"，亦只是为失其良心之人指出个良心萌动处，使他从此培养将去。今已知得良知明白，常用致知之功，即已不消说"夜气"。却是得兔后不知守兔，而仍去守株，兔将复失之矣。[5]欲求宁静，欲念无生，此正是自私自利、将迎意必之病，是以念愈生而愈不宁静。良知只是一个良知，而善恶自辨，更有何善何恶可思！[6]良知之体本自宁静，今却又添一个求宁静；本自生生，今却又添一个欲无生，非独圣门致知之功不如此，虽佛氏之学亦未如此将迎意必也。只是一念良知，彻头彻尾，无始无终，即是前念不灭，后念不生。[7]今却欲前念易灭，而后念不生，是佛氏所谓断灭种性，[8]入于槁木死灰之谓矣。

〔1〕语本《六祖坛经·行由品》："惠能遂出，盘坐石上。惠明作礼云：'望行者为我说法。'惠能云：'汝既为法而来，可屏息诸缘，勿生一

念，吾为汝说。’明良久，惠能云：‘不思善，不思恶，正与么时，那个是明上座本来面目。’惠明言下大悟。”

〔2〕语本《孟子·告子篇上》，参见第47条注〔1〕。

〔3〕语本《庄子·天下篇》说庄子上与造物者游，而下与外死生、无终始者为友。

〔4〕语本《明觉禅师语录》：“玄沙问僧：‘近离甚处？’云：‘瑞岩。’沙云：‘瑞岩有何言句？’僧云：‘长唤主人翁，自云诺惺惺著，他后莫受人瞒。’”（卷三）

〔5〕语本《韩非子·五蠹篇》：“宋人有耕者，田中有株，兔走触株，折颈而死，因释其耒而守株，冀复得兔，兔不可复得，而身为宋国笑。”

〔6〕参见《题梦槎奇游诗卷》：“君子之学，求尽吾心焉尔。故其事亲也，求尽吾心之孝，而非以为孝也。事君也，求尽吾心之忠，而非以为忠也。是故夙兴夜寐，非以为勤也；剸繁理剧，非以为能也；嫉邪祛蠹，非以为刚也；规切谏诤，非以为直也；临难死义，非以为节也。吾心有不尽焉，是谓自欺其心，心尽而后吾之心始自以为快也。惟夫求以自快吾心，故凡富贵贫贱忧戚患难之来，莫非吾所以致知求快之地。苟富贵贫贱忧戚患难而莫非吾致知求快之地，则亦宁有所谓富贵贫贱忧戚患难者足以动其中哉？世之人，徒知君子之于富贵贫贱忧戚患难无入而不自得也，而皆以为独能人之所不可及，不知君子之求以自快其心而已矣。”（《全书》卷二十四）

〔7〕语本《六祖坛经·机缘品》：“问曰：‘即心即佛，愿垂指谕。’师曰：‘前念不生即心，后念不灭即佛，成一切相即心，离一切相即佛。’”

〔8〕语本《成唯识论》：“何谓大乘二种种性？一、本性住种性，谓无始来依附本识法尔所得无漏法因；二、习所成种性，谓闻法界等流法已、闻所成等熏习所成，要具大乘此二种性，方能渐次悟入唯识。”（卷九）断灭种性，则不能悟入唯识。

161. 来书云：“佛氏又有常提念头之说，其犹孟子所谓

‘必有事’，夫子所谓‘致良知’之说乎？其即‘常惺惺，常记得，常知得，常存得’者乎？于此念头提在之时，而事至物来，应之必有其道。但恐此念头提起时少，放下时多，则工夫间断耳。且念头放失，多因私欲客气[1]之动而始，忽然惊醒而后提，其放而未提之间，心之昏杂多不自觉，今欲曰精曰明，常提不放，以何道乎？只此常提不放，即全功乎？抑于常提不放之中，更宜加省克之功乎？虽曰常提不放，而不加戒惧克治之功，恐私欲不去；若加戒惧克治之功焉，又为‘思善’之事，而于‘本来面目’又未达一间也。如之何则可？”

戒惧克治即是常提不放之功，即是“必有事焉”，岂有两事邪！此节所问，前一段已自说得分晓，末后却是自生迷惑，说得支离。及有‘本来面目未达一间’之疑，都是自私自利、将迎意必之为病，去此病，自无此疑矣。

〔1〕客气：指受外界影响而生之骄傲、名誉、情欲等。

162. 来书云：“质美者明得尽，渣滓便浑化。[1]如何谓[2]明得尽？如何而能便浑化？”

良知本来自明。气质不美者，渣滓多，障蔽厚，不易开明。质美者，渣滓原少，无多障蔽，略加致知之功，此良知便自莹彻，些少渣滓，如汤中浮雪，如何能作障蔽？此本不甚难晓，原静所以致疑于此，想是因一“明”字不[3]明白，亦是稍有欲速之心。向曾面论明善之义，明则诚矣，非若后儒所谓明善之浅也。[4]

〔1〕语本程颢所说：“学只要鞭辟近里，著己而已。故‘切问而近思’，则‘仁在其中矣’。‘言忠信，行笃敬，虽蛮貊之邦，行矣；言不忠信，行不笃敬，虽州里，行乎哉！立则见其参于前也，在舆则见其倚于衡，夫然后行。’只此是学质美者，明得尽，渣滓便浑化，却与天地同体，

其次惟庄敬持养，及其至，则一也。”（《二程集·遗书》卷十一）

〔2〕施本、俞本“谓”下并有“之”字。

〔3〕施本、俞本“不”并作“欠”。

〔4〕参见《别黄宗贤归天台序》：“君子之学，以明其心，其心本无昧也，而欲为之蔽，习为之害。故去蔽与害而明复，匪自外得也。心犹水也，污入之而流浊；犹鉴也，垢积之而光昧。孔子告颜渊克己复礼为仁，孟轲氏谓万物皆备于我，反身而诚。夫己克而诚，固无待乎其外也。世儒既叛孔、孟之说，昧于《大学》格致之训，而徒务博乎其外，以求益乎其内，皆入污以求清，积垢以求明者也，弗可得已。”（《全书》卷七）

163. 来书云：“聪明睿知果质乎？〔1〕仁义礼智果性乎？喜怒哀乐果情乎？私欲客气果一物乎？二物乎？古之英才，若子房、仲舒、叔度、孔明、文中、韩、范诸公〔2〕，德业表著，皆良知中所发也，而不得谓之闻道者，果何在乎？苟曰此特生质之美耳，则生知、安行者，不愈于学知、困勉〔3〕者乎？愚意窃云谓诸公见道偏则可，谓全无闻则恐后儒崇尚记诵训诂之过也。然乎？否乎？”

性一而已。仁、义、礼、知，性之性〔4〕也；聪、明、睿、知，性之质也；喜、怒、哀、乐，性之情也；私欲、客气，性之蔽也。质有清浊，故情有过不及，而蔽有浅深也；私欲、客气，一病两痛，非二物也。张、黄、诸葛及韩、范诸公，皆天质之美，自多暗合道妙，虽未可尽谓之知学，尽谓之闻道，然亦自其有学，违道不远者也；使其闻学知道，即伊、傅、周、召〔5〕矣。若文中子则又不可谓之不知学者，其书虽多出于其徒，亦多有未是处，然其大略则亦居然可见，但今相去辽远，无有的然凭证，不可悬断其所至矣。夫良知即是道，良知之在人心，不但圣贤，虽常人亦无不如此。若无有物欲牵蔽，但循着良知发用流行将去，即无不是道。但在常人多为物欲牵蔽，不能循得良知。如数公者，天质既自清明，自少物欲为之牵蔽，则其良知之发用流行处，自然是多，自然违道不远。学者学循此良知而已。谓之知学，只是知得专在学循良知。数公虽未知专在良知上用功，而或泛滥于多歧，疑迷于影响，是以或离或合而未纯。若知得时，便是圣人矣。后儒尝以数子者，尚皆是气质用事，未免于行不著，习不察，此亦未为过论。但后儒之所谓著、察者，亦是狃于闻见之狭，蔽于沿习之非，而依拟仿象于影响形迹之间，尚非圣门之所谓著、察者也。则亦安得以己之昏昏，而求人之昭昭[6]也乎？所谓生知、安行，"知、行"二字，亦是就用功上说；若是知、行本体，即是良知、良能，虽在困勉之人，亦皆可谓之生知、安行矣。知、行二字更宜精察。

〔1〕语本《中庸》："唯天下至圣，为能聪明睿知，足以有临也。"（第三十一章）朱熹注曰："聪明睿知，生知之质。"（《中庸章句》）

〔2〕汉张良（？—前189）、董仲舒（前179—前104）、黄宪（75—122），蜀诸葛亮（181—234），隋王通（584—617），宋韩琦（1008—1075）、范仲淹（989—1052）。

〔3〕"勉"字疑为"知"字之误，或以"学知"为"学利"之误。

〔4〕王贻乐本"性之性"作"性之德"。

〔5〕伊尹：商朝贤相，相汤（前1751—前1739?）伐纣，助太甲（前1738—前1727）建立功业。

傅说：商朝贤相，助武丁（前1339—前1281）建立功业。

〔6〕语本《孟子·尽心篇下》："贤者以其昭昭使人昭昭。"

164. 来书云："昔周茂叔每令伯淳寻仲尼、颜子乐处。[1]敢问是乐也，与七情之乐同乎？否乎？若同，则常人之一遂所欲，皆能乐矣，何必圣贤？若别有真乐，则圣贤之遇大忧、大怒、大惊、大惧之事，此乐亦在否乎？且君子之心常存戒惧，是盖终身之忧也，恶得乐？澄平生多闷，未尝见真乐之趣，今切愿寻之。”

乐是心之本体，〔2〕虽不同于七情之乐，而亦不外于七情之乐；虽则圣贤别有真乐，而亦常人之所同有，但常人有之而不自知，反自求许多忧苦，自加迷弃。虽在忧苦迷弃之中，而此乐又未尝不存，但一念开明，反身而诚，则即此而在矣。每与原静论，无非此意，而原静尚有“何道可得”之问，是犹未免于骑驴觅驴之蔽也。

〔1〕语本《二程集·遗书》：“昔受学于周茂叔，每令寻颜子、仲尼乐处所乐何事。”（卷二上）

〔2〕参见《与黄勉之·二》：“乐是心之本体。仁人之心，以天地万物为一体。欣合和畅，原无间隔，来书谓人之生理本自和畅，本无不乐，但为客气物欲搅此和畅之气，始有间隔不乐，是也。时习者，求复此心之本体也。悦，则本体渐复矣。朋来，则本体之欣合和畅，充周无间。本体之欣合和畅，本来如是，初未尝有所增也，就使无朋来，而天下莫我知焉，初未尝有所减也。”（《全书》卷五）

又参见《朱得之语录》：“问喜怒哀乐，阳明老师曰：‘乐者心之本体也。得所乐则喜，反所乐则怒，失所乐则哀。不喜不怒不哀时，此真乐也。’”（《明儒学案》卷二十五）

165. 来书云：“《大学》以‘心有好乐、忿懥、忧患、恐惧’为‘不得其正’，而程子亦谓‘圣人情顺万事而无情’。所谓有者，《传习录》中以病疟譬之，〔1〕极精切矣。若程子之言，则是圣人之情不生于心而生于物也，何谓邪？且事感而情应，则是是非非可以就格；事或未感时，谓之有则未形也，谓之无则病根在有无之间，何以致吾知乎？学务无情，累虽轻，而出儒入佛矣，可乎？”

圣人致知之功，至诚无息。其良知之体，皦如明镜，略无纤翳，妍媸之来，随物见形，而明镜曾无留染，所谓“情顺万事而无情”也。“无所住而生其心”，[2]佛氏曾有是言，未为非也。明镜之应物，妍者妍，媸者媸，一照而皆真，即是生其心处，妍者妍，媸者媸，一过而不留，即是无所住处。病疟之喻，既已见其精切，则此节所问可以释然。病疟之人，疟虽未发，而病根自在，则亦安可以其疟之未发而遂忘其服药调理之功乎？若必待疟发而后服药调理，则既晚矣。致知之功，无间于有事、无事，而岂论于病之已发、未发邪？大抵原静所疑，前后虽若不一，然皆起于自私自利、将迎意必之为祟，此根一去，则前后所疑，自将冰消雾释，有不待于问辨者矣。

答原静书出，读者皆喜澄善问，师善答，皆得闻所未闻。师曰：“原静所问只是知解上转，不得已与之逐节分疏。若信得良知，只在良知上用工，虽千经万典无不吻合，异端曲学一勘尽破矣。何必如此节节分解！佛家有‘扑人逐块’之喻，[3]见块扑人，则得人矣，见块逐块，于块奚得哉？”在座诸友闻之，惕然皆有惺悟。此学贵反求，非知解可入也。[4]

〔1〕参见第76条。

〔2〕语见《金刚经》。

〔3〕语本《大般若经·法性品第六》：“天王富知，邪见外道为求解脱，但欲断死，不知断生。若法不生，即无有灭。譬如有人块掷狮子，狮子逐人而块自息。菩萨亦尔，但断其生而死自灭。犬唯逐块不知逐人，块终不息。外道亦尔，不知断生，终不离死。”（卷五六九）

〔4〕此段系钱德洪按语。

答欧阳崇一[1]

166. 崇一来书云:“师云:‘德性之良知,非由于闻见,若曰“多闻择其善者而从之,多见而识之”,则是专求之见闻之末,而已落在第二义。’[2]窃意良知虽不由见闻而有,然学者之知,未尝不由见闻而发;滞于见闻固非,而见闻亦良知之用也。今曰‘落在第二义’,恐为专以见闻为学者而言,若致其良知而求之见闻,似亦知、行合一之功矣。如何?”

良知不由见闻而有,而见闻莫非良知之用,故良知不滞于见闻,而亦不离于见闻。[3]孔子云:“吾有知乎哉?无知也。”[4]良知之外,别无知矣。故“致良知”是学问大头脑,是圣人[5]教人第一义。今云专求之见闻之末,则是失却头脑,而已落在第二义矣。近时同志中,盖已莫不知有“致良知”之说,然其功夫[6]尚多鹘突者,正是欠此一问。大抵学问功夫只要主意头脑是当,若主意头脑专以“致良知”为事,则凡多闻、多见,莫非“致良知”之功。盖日用之间,见闻酬酢,虽千头万绪,莫非良知之发用流行,除却见闻酬酢,亦无良知可致矣,故只是一事。若曰致其良知而求之见闻,则语意之间未免为二。此与专求之见闻之末者虽稍不同,其为未得精一之旨,则一而已。“多闻择其善者而从之,多见而识之。”既云择,又云识,其良知[7]亦未尝不行于其间,但其用意[8]乃专在多闻多见上去择、识,则已失却头脑矣。[9]崇一于此等处见得当已分晓,今日之问,正为发明此学,于同志中极有益。但语意未莹,则毫厘千里,亦不容不精察之也。

〔1〕据《阳明先生文录》及《年谱》,此书写于丙戌(1526)。

〔2〕见《答顾东桥书》。

〔3〕参见黄檗禅师《传心法要》:“然本心不属见闻觉知,亦不离见闻觉知,但莫于见闻觉知上起见解,亦莫于见闻觉知上动念,亦莫离见闻觉知觅心,亦莫舍见闻觉知取法。不即不离,不住不著,纵横自在,无非道场。”

〔4〕语本《论语·子罕篇》:“子曰:‘吾有知乎哉?无知也。有鄙夫问于我,空空如也。我叩其两端而竭焉。’”(第六章)

〔5〕施本、俞本、德安府南本“圣人”并作“圣门”。

〔6〕施本、俞本、德安府南本“然其功夫”并作“然其间功夫”。鹘突:糊涂。

〔7〕德安府南本“其良知”作“则良知”。

〔8〕施本、俞本、王本、德安府南本“但其用意”并作“但其立意”。

〔9〕参见王畿《钱绪山行状》:“辟龙泉中天阁,请夫子(守仁)升座开讲,君首以所学请正。夫子曰:‘知乃德性之知,是为良知,而非知识也。良知至微而显,故知微可与入德。唐、虞授受,只是指点得一微字。《中庸》不睹不闻,以至无声无臭,中间只是发明得一微字。’众闻之,跃然有悟如大梦之得醒。”(《龙溪先生全集》卷二十)

167. 来书云:“师云:‘《系》言“何思何虑”,是言所思所虑只是天理,更无别思别虑耳,非谓无思无虑也。心之本体即是天理,有何可思虑得!学者用功,虽千思万虑,只是要复他本体,不是以私意去安排思索出来;若安排思索,便是自私用智矣。’学者之敝,大率非沈空守寂,则安排思索。德辛壬[1]之岁著前一病,近又著后一病,但思索亦是良知发用,其与私意安排者何所取别?恐认贼作子[2],惑而不知也。”

“思曰睿,睿作圣”[3]。“心之官则思,思则得之”[4]。思其可少乎?沈空守寂与安排思索,正是自私用智,其为丧失良知一也。良知是天理之昭明灵觉处，故良知即是天理，思是良知之发用。若是良知发用之思，则所思莫非天理矣〔5〕。良知发用之思，自然明白简易。良知亦自能知得。若是私意安排之思，自是纷纭劳扰。良知亦自会分别得。盖思之是非邪正，良知无有不自知者。所以认贼作子，正为致知之学不明，不知在良知上体认之耳。

〔1〕辛壬：辛巳(1521)，壬午(1522)。

〔2〕语本《楞严经》："佛告阿难：'汝今答我，如来屈指为光明拳，耀汝心目，汝目可见，以何为心，当我拳耀？'阿难言：'如来现今征心所在，而我以心推穷寻逐，即能推者，我将为心。'佛言：'咄！阿难，此非汝心。'阿难矍然避座合掌，起立白佛：'此非我心，当名何等？'佛告阿难：'此是前尘虚妄相想，惑汝真性。由汝无始至于今生，认贼为子，失汝元常，故受轮转。'"(卷一)

〔3〕语本《书经·洪范》："五事：一曰貌，二曰言，三曰视，四曰听，五曰思。貌曰恭，言曰从，视曰明，听曰聪，思曰睿。恭作肃，从作乂，明作哲，聪作谋，睿作圣。"

〔4〕语本《孟子·告子篇上》："心之官则思，思则得之，不思则不得也。此天之所与我者。"(第十五章)

〔5〕参见《答南元善》："盖吾良知之体，本自聪明睿智，本自宽裕温柔，本自发强刚毅，本自斋庄中正，文理密察，本自溥博渊泉而时出之。本无富贵之可慕，本无贫贱之可忧，本无得丧之可欣戚、爱憎之可取舍。盖吾之耳而非良知则不能以听矣，又何有于聪。目而非良知则不能以视矣，又何有于明。心而非良知则不能以思与觉矣，又何有于睿知。然则又何有于宽裕温柔乎？又何有于发强刚毅乎？又何有于斋庄中正文理密察乎？又何有于溥博渊泉而时出之乎？故凡慕富贵，忧贫贱，欣戚得丧，爱憎取舍之类，皆足以蔽吾聪明睿知之体，而窒吾渊泉时出之用。若此者，如明目之中

而翳之以尘沙，聪耳之中而塞之以木楔也。其疾痛郁逆，将必速去之为快，而何能忍于时刻乎？”(《全书》卷六)

168. 来书又云：“师云：‘为学终身只是一事，不论有事无事，只是这一件。若说宁不了事，不可不加培养，却是分为两事也。’[1]窃意觉精力衰弱，不足以终事者，良知也；宁不了事，且加休养，致知也。如何却为两事？若事变之来，有事势不容不了，而精力虽衰，稍鼓舞亦能支持，则持志以帅气可矣。[2]然言动终无气力，毕事则困惫已甚，不几于暴其气已乎？[3]此其轻重缓急，良知固未尝不知，然或迫于事势，安能顾精力？或困于精力，安能顾事势？如之何则可？”

“宁不了事，不可不加培养”之意，且与初学如此说，亦不为无益，但作两事看了，便有病痛在。孟子言必有事焉，则君子之学终身只是“集义”一事。义者，宜也，心得其宜之谓义。能致良知则心得其宜矣，故“集义”亦只是致良知。君子之酬酢万变，当行则行，当止则止，当生则生，当死则死，斟酌调停，无非是致其良知，以求自慊而已。故“君子素其位而行”，“思不出其位”，凡谋其力之所不及，而强其知之所不能者，[4]皆不得为致良知；而凡“劳其筋骨，饿其体肤，空乏其身，行拂乱其所为，动心忍性以增益其所不能”[5]者，皆所以致其良知也。[6]若云宁不了事，不可不加培养者，亦是先有功利之心，较计成败利钝而爱憎取舍于其间。是以将了事自作一事，而培养又别作一事，此便有是内、非外之意，便是自私用智，便是“义外”，便有“不得于心勿求于气”之病，便不是致良知以求自慊之功矣。所云“鼓舞支持，毕事则困惫已甚”，又云“迫于事势，困于精力”，皆是把作两事做了，所以有此。凡学问之功，一则诚，二则伪，凡此皆是致良知之意欠诚一真切之故。《大学》言："诚其意者，如恶恶臭，如好好色，此之谓自慊。"曾见有恶恶臭，好好色，而须鼓舞支持者乎？曾见毕事则困惫已甚者乎？曾有迫于事势，困于精力者乎？此可以知其受病之所从来矣。

〔1〕见《答周道通书》之四(第145条)。

〔2〕语本《孟子·公孙丑篇上》，孟子告公孙丑云："告子曰：'不得于言，勿求于心，不得于心，勿求于气。'不得于心，勿求于气，可；不得于言，勿求于心，不可。夫志，气之帅也，气，体之充也；夫志至焉，气次焉，故曰，持其志无暴其气。"(第二章)

〔3〕同上。

〔4〕语本欧阳修《秋声赋》："人为动物，惟物之灵，百忧感其心，万事劳其形。有动于中，必摇其精，而况思其力所不及，忧其智之所不能。"(《欧阳文忠公文集》卷十五)

〔5〕语本《孟子·告子篇下》："故天将降大任于是人也，必先苦其心志，劳其筋骨，饿其体肤，空乏其身，行拂乱其所为，所以动心忍性，增益其所不能。"(第十五章)

〔6〕参见《与王纯甫》："吾安能小不忍于纯甫，不使动心忍性，以大其所就乎？譬之金之在冶，经烈焰，受钳锤，当此之时，为金者甚苦；然自他人视之，方喜金之益精炼，而唯恐火力锤锻之不至。既出其冶，金亦自喜其挫折锻炼之有成矣。某平日亦每有傲视行辈，轻忽世故之心，后虽稍知惩创，亦惟支持抵塞于外而已。及谪贵州三年，百难备尝，然后能有所见，始信孟氏生于忧患之言，非欺我也。……汪景颜近亦出宰大名，临行请益，某告以变化气质。居常无所见，惟当利害，经变故，遭屈辱，平时愤怒者，到此能不愤怒，忧惶失措者，到此能不忧惶失措，始是能有得力处，亦便是用力处。"(《全书》卷四)

169. 来书又有云："人情机诈百出，御之以不疑，往往为所欺；觉则自入于逆亿。[1]夫逆诈，即诈也，亿不信，即非信也。为人欺，又非觉也。不逆、不亿而常先觉，其惟良知莹彻乎？然而出入毫忽之间，背觉合诈者多矣。"

不逆、不亿而先觉，此孔子因当时人专以逆诈、亿不信为心，而自陷于诈与不信，又有不逆、不亿者，然不知致良知之功，而往往又为人所欺诈，故有是言，非教人以是存心，而专欲先觉人之诈与不信也。以是存心，即是后世猜忌险薄者之事；而只此一念，已不可与入尧、舜之道矣。不逆、不亿而为人所欺者，尚亦不失为善，但不如能致其良知，而自然先觉者之尤为贤耳。崇一谓"其惟良知莹彻"者，盖已得其旨矣。然亦颖悟所及，恐未实际也，盖良知之在人心，亘万古、塞宇宙而无不同，不虑而知，恒易以知险，[2]不学而能，恒简以知阻，[3]先天而天不违，天且不违，而况于人乎？况于鬼神乎？[4]

夫谓背觉合诈者，是虽不逆人而或未能无自欺也，虽不亿人而或未能果自信也，是或常有求先觉之心，而未能常自觉也。常有求先觉之心，即已流于逆、亿而足以自蔽其良知矣，此背觉合诈之所以未免也。君子学以为己，[5]未尝虞人之欺己也，恒不自欺其良知而已；未尝虞人之不信己也，恒自信其良知而已；未尝求先觉人之诈与不信也，恒务自觉其良知而已。是故不欺则良知无所伪而诚，诚则明矣；自信则良知无所惑而明，明则诚矣。明、诚相生，是故良知常觉常照；常觉常照则如明镜之悬，而物之来者自不能遁其妍媸矣。何者？不欺而诚，则无所容其欺，苟有欺焉而觉矣；自信而明[6]，则无所容其不信，苟不信焉而觉矣。是谓易以知险，简以知阻，子思所谓“至诚如神，可以前知”〔7〕者也。然子思谓“如神”，谓“可以前知”，犹二而言之。是盖推言思诚者之功效，是犹为不能先觉者说也。若就至诚而言，则至诚之妙用，即谓之“神”，不必言“如神”，至诚则“无知而无不知”，不必言“可以前知”矣。

〔1〕语本《论语·宪问篇》：“子曰：‘不逆诈，不亿不信，抑亦先觉者，是贤乎。’”（第三十一章）逆：未至而迎之。亿：未见而意之。诈：谓人欺己。不信：谓人疑己。

〔2〕语本《易经·系辞传下》：“夫乾，天下之至健也，德行恒易以知险；夫坤，天下之至顺也，德行恒简以知阻。”（第十二章）

〔3〕同注〔2〕。

〔4〕语本《易经·乾卦·文言》：“先天而天弗违，后天而奉天时。天且弗违，而况于人乎，况于鬼神乎？”

参见《书朱守乾卷》：“人孰无是良知乎？独有不能致之耳。自圣人以至于凡人，自一人之心以达于四海之远，自千古之前以至于万代之后，无有不同是良知者也，是所谓天下之大本也。致是良知而行，则所谓天下之达道也。天地以位，万物以育，将富贵贫贱、患难夷狄，无所入而弗自得也矣。”（《全书》卷八）

〔5〕语本《论语·宪问篇》：“古之学者为己，今之学者为人。”（第二十四章）

〔6〕施本、俞本、德安府南本“自信而明”作“自信而诚”。

〔7〕语本《中庸》：“至诚之道，可以前知，国家将兴，必有祯祥，国家将亡，必有妖孽，见乎蓍龟，动乎四体。祸福将至，善，必先知之；不善，必先知之，故至诚如神。”（第二十四章）

答罗整庵少宰书〔1〕

170. 某顿首启：昨承教及《大学》，发舟匆匆，未能奉答。

晓来江行稍暇，复取手教而读之。恐至赣后人事复纷沓，先具其略以请。来教云："见道固难，而体道尤难。道诚未易明，而学诚不可不讲，恐未可安于所见而遂以为极则也。"幸甚幸甚！何以得闻斯言乎！其敢自以为极则而安之乎？正思就天下之有道以讲明之耳，而数年以来，闻其说而非笑之者有矣，诟訾之者有矣，置之不足较量辨议之者有矣，其肯遂以教我乎？其肯遂以教我，而反复晓谕，恻然惟恐不及救正之乎？然则天下之爱我者，固莫有如执事之心深且至矣。感激当何如哉！夫"德之不修，学之不讲"，孔子以为忧，〔2〕而世之学者稍能传习训诂，即皆自以为知学，不复有所谓讲学之求，可悲矣！夫道必体而后见，非已见道而后加体道之功也，道必学而后明，非外讲学而复有所谓明道之事也。然世之讲学者有二，有讲之以身心者，有讲之以口耳者。讲之以口耳，揣摸测度，求之影响者也；讲之以身心，行著习察，实有诸己者也。知此，则知孔门之学矣。〔3〕

来教谓某"《大学》古本之复，以人之为学，但当求之于内，而程、朱'格物'之说不免求之于外，遂去朱子之分章，而削其所补之传"。〔4〕非敢然也。学岂有内外乎？《大学》古本乃孔门相传旧本耳。朱子疑其有所脱误而改正补缉之，在某则谓其本无脱误，悉从其旧而已矣。失在于过信孔子则有之，非故去朱子之分章而削其传也。〔5〕夫学贵得之心，求之于心而非也，虽其言之出于孔子，不敢以为是也，而况其未及孔子者乎？求之于心而是也，虽其言之出于庸常，不敢以为非也，而况其出于孔子者乎？〔6〕且旧本之传数千载矣，今读其文词，既明白而可通，论其工夫，又易简而可入；亦何所按据而断其此段之必在于彼，彼段之必在于此，与此之如何而缺，彼之如何而补？而遂改正补缉之，无乃重于背朱而轻于叛孔已乎？

来教谓："如必以学不资于外求，但当反观、内省以为务，则'正心诚意'四字亦何不尽之有，何必于入门之际，便困以'格物'一段工夫也？"〔7〕诚然诚然！若语其要，则"修身"二字亦足矣，何必又言"正心"？"正心"二字亦足矣，何必又言"诚意"？"诚意"二字亦足矣，何必又言"致知"，又言"格物"？惟其工夫之详密，而要之只是一事，此所以为"精一"之学，此正不可不思者也。夫理无内外，性无内外，故学无内外。讲习、讨论，未尝非内也；反观、内省，未尝遗外也。夫谓学必资于外求，是以己性为有外也，是"义外"也，用智者也；谓反观、内省为求之于内，是以己性为有内也，是有我也，自私者也，是皆不知性之无内外也。故曰："精义入神，以致用也；利用安身，以崇德也。"〔8〕"性之德也，合内外之道也。"〔9〕此可以知"格物"之学矣。"格物"者，《大学》之实下手处，彻首彻尾，自始学至圣人，只此工夫而已。非但入门之际有此一段也。夫"正心"、"诚意"、"致知"、"格物"，皆所以"修身"，而"格物"者，其所用力，日〔10〕可见之地。故"格物"者，格其心之物也，格其意之物也，格其知之物也；"正心"者，正其物之心也；"诚意"者，诚其物之意也；"致知"者，致其物之知也。此岂有内外、彼此之分哉？理一而已，以其理之凝聚而言则谓之"性"，以其凝聚之主宰而言则谓之"心"，以其主宰之发动而言则谓之"意"，以其发动之明觉而言则谓之"知"，以其明觉之感应而言则谓之"物"。〔11〕故就物而言谓之"格"，就知而言谓之"致"，就意而言谓之"诚"，就心而言谓之"正"。正者，正此也；诚者，诚此也；致者，致此也；格者，格此也，皆所谓穷理以尽性也。[12]天下无性外之理,无性外之物,学之不明,皆由世之儒者认理为外,认物为外,而不知义外之说,孟子盖尝辟之,乃至袭陷其内而不觉,岂非亦有似是而难明者欤?不可以不察也!

凡执事所以致疑于“格物”之说者,必谓其是内而非外也;必谓其专事于反观、内省之为,而遗弃其讲习、讨论之功也;必谓其一意于纲领、本原之约,而脱略于支条、节目之详也;必谓其沈溺于枯、槁、虚、寂之偏,而不尽于物理、人事之变也。审如是,岂但获罪于圣门、获罪于朱子,是邪说诬民,叛道乱正,人得而诛之也,而况于执事之正直哉?审如是,世之稍明训诂,闻先哲之绪论者,皆知其非也,而况执事之高明哉?凡某之所谓“格物”,其于朱子“九条”之说[13],皆包罗统括于其中;但为之有要,作用不同,正所谓毫厘之差耳。然毫厘之差,而千里之缪,实起于此,不可不辨。

孟子辟杨、墨至于“无父、无君”。[14]二子亦当时之贤者,使与孟子并世而生,未必不以之为贤。墨子兼爱,行仁而过耳,杨子为我,行义而过耳,此其为说亦岂灭理乱常之甚,而足以眩天下哉?而其流之弊,孟子至比于禽兽、夷狄,所谓以学术杀天下后世也。[15]今世学术之弊,其谓之学仁而过者乎?谓之学义而过者乎?抑谓之学不仁、不义而过者乎?吾不知其于洪水、猛兽何如也。孟子云:“予岂好辩哉?予不得已也。”[16]杨、墨之道塞天下,孟子之时,天下之尊信杨、墨,当不下于今日之崇尚朱说;而孟子独以一人呶呶于其间,噫,可哀矣!韩氏云:“佛、老之害甚于杨、墨。韩愈之贤不及孟子,孟子不能救之于未坏之先,而韩愈乃欲全之于已坏之后,其亦不量其力,且见其身之危莫之救以死也。”[17]呜呼!若某者,其尤不量其力，果见其身之危莫之救以死也矣！夫众方嘻嘻之中，而独出涕嗟若；举世恬然以趋，而独疾首蹙额以为忧，此其非病狂丧心，殆必诚有大苦者隐于其中，而非天下之至仁，其孰能察之。

其为《朱子晚年定论》，盖亦不得已而然。中间年岁早晚，诚有所未考，虽不必尽出晚年，固多出于晚年者矣。[18]然大意在委曲调停，以明此学为重。平生于朱子之说，如神明蓍龟，一旦与之背驰，心诚有所未忍，故不得已而为此。“知我者谓我心忧，不知我者谓我何求”[19]。盖不忍抵牾朱子者，其本心也；不得已而与之抵牾者，道固如是，不直则道不见也。[20]

执事所谓“决与朱子异”者，仆敢自欺其心哉？夫道，天下之公道也；学，天下之公学也，非朱子可得而私也，非孔子可得而私也，天下之公也，公言之而已矣。故言之而是，虽异于己，乃益于己也；言之而非，虽同于己，适损于己也。益于己者，己必喜之；损于己者，己必恶之。然则某今日之论，虽或于朱子异，未必非其所喜也。君子之过，如日月之食，其更也，人皆仰之；[21]而小人之过也必文。[22]某虽不肖，固不敢以小人之心事朱子也。

执事所以教，反复数百言，皆以未悉鄙人“格物”之说。若鄙说一明，则此数百言皆可以不待辨说而释然无滞，故今不敢缕缕，以滋琐屑之渎。然鄙说非面陈口析，断亦未能了了于纸笔间也。

嗟乎！执事所以开导启迪于我者，可谓恳到详切矣，人之爱我，宁有如执事者乎！仆虽甚愚下，宁不知所感刻佩服？然而不敢遽舍其中心之诚然而姑以听受云者，正不敢有负于深爱，亦思有以报之耳。秋尽东还，必求一面，以卒所请，千万终教。

〔1〕罗整庵（1465—1547），名钦顺，字允升。江西泰和人，弘治六年（1493）进士，官至南京吏部尚书。此信写于正德十五年（1520），时王守仁四十九岁，在平定宸濠反叛之后。罗当时任吏部右侍郎，其信见《罗整庵集》。罗获信后再答一信，王守仁时已逝世。参见《明儒学案》卷四十七。

〔2〕语本《论语·述而篇》："子曰：'德之不修，学之不讲，闻义不能徙，不善不能改，是吾忧也。'"（第三章）

〔3〕参见《与马子莘》："明道云：'吾学虽有所受，然天理二字，却是自家体认出来。'良知即是天理，体认者，实有诸己之谓耳，非若世之想像讲说者之为也。近时同志，莫不知以良知为说，然亦未见有能实体认之者，是以尚未免于疑惑。盖有谓良知不足以尽天下之理，而必假于穷索以增益之者。又以为徒致良知，未必能合于天理，须以良知讲求其所谓天理者，而执之以为一定之则，然后可以率由而无弊。是其为说，非实加体认之功，而真有以见夫良知者，则亦莫能辩其言之似是而非也。"（《全书》卷六）

〔4〕见《与王阳明》（《罗整庵先生存稿》卷一）。

〔5〕参见《答王天宇·二》："《大学》次第，但言格物而后知至，知至而后意诚，若穷理之极而后意诚，此则朱先生之说如此，其间亦自无大相矛盾。但于《大学》本旨，却恐未尽合耳。"（《全书》卷四）又参见第129条。

〔6〕王守仁在这里没有否定孔子的言论，但却主张不以孔子的是非为是非的根据，这与朱熹的观点成为明显的对照。朱熹赞扬孔子的言论说："圣人说话，磨棱合缝，盛水不漏。"（《朱子语类》卷十九）他主张对儒家经典"字求其训，句索其旨。未通乎前，则不求乎后；未通乎此，则不敢志乎彼。"（《朱子语类》卷十）王守仁却说"此心同，此理同，苟知用力于此，虽百虑殊途，同归一致。不然，虽字字而

证，句句而求，其始也毫厘，其末也千里。”(《全书》卷四《答甘泉》)王守仁对待孔子及其经典的这种态度，最后曾引导出李贽的不以孔子的是非为是非的相对主义思想。

〔7〕见《与王阳明》(《罗整庵先生存稿》卷一)。

〔8〕语见《易经·系辞传下》第五章。

〔9〕语本《中庸》：“诚者，非自成己而已也，所以成物也。成己，仁也，成物，知也。性之德也，合外内之道也，故时措之宜也。”(第二十五章)

〔10〕字施本、俞本“日”并作“实”。

〔11〕参见《朱得之语录》：“董实夫问心即理，心外无理，不能无疑，阳明老师曰：‘道无形体，万象皆是形体；道无显晦，人所见有显晦。以形体言，天地一物也；以显晦言，人心其机也。所谓心即理者，以其充塞氤氲谓之气，以其脉络分明谓之理，以其流行赋畀谓之命，以其禀受一定谓之性，以其物无不由谓之道，以其妙用不测谓之神，以其凝聚谓之精，以其主宰谓之心，以其无妄谓之诚，以其无所倚著谓之中，以其无物可加谓之极，以其屈伸消息往来谓之易，其实则一而已。’”(《明儒学案》卷二十五)

〔12〕参见《大学问》：“盖身心意知物者，是其工夫所用之条理，虽亦各有其所，而其实只是一物。格致诚正修者，是其条理所用之工夫，虽亦皆有其名，而其实只是一事……盖其工夫条理，虽有先后次序之可言，而其体之惟一，实无先后次序之可分。其条理工夫虽无先后次序之可分，而其用之惟精，固有纤毫不可得而缺焉者。此格致诚正之说所以阐尧、舜之正传而为孔氏之心印也。”(《全书》卷二十六)

〔13〕语本朱熹《大学或问》：“又有问进修之术何先者。程子曰：‘莫先于正心诚意。然欲诚意，必先致知，而欲致知，又在格物。致，尽也；格，至也，凡有一物，必有一理，穷而至之，所谓格物者也。然而格物，亦非一端，如或读书讲明道义，或论古今人物而别其是

非；或应接事物而处其当否，皆穷理也。'曰：'格物者，必物物而格之耶？将止格一物而万理皆通耶？'曰：'一物格而万理通，虽颜子亦未至此，惟今日而格一物焉，明日又格一物焉，积习既多，然后脱然有贯通处耳。'又曰：'自一身之中，以至万物之理，理会得多，自当豁然有个觉处。'又曰：'穷理者，非谓必穷尽天下之理，又非谓止穷得一理便到，但积累多后，自当脱然有悟处。'又曰：'格物，非欲尽穷天下之物，但于一事上穷尽，其他可以类推，至于言孝，则当求其所以为孝者如何？若一事上穷不得，且别穷一事，或先其易者，或先其难者，各随人浅深，譬如千蹊万径，皆可以适国，但得一道而入，则可以类推而通其余矣。盖万物各具一理，而万理同出一原，此所以可推而无不通也。'又曰：'物必有理，皆所当穷，若天地之所以高深，鬼神之所以幽显是也。若曰天，吾知其高而已矣；地，吾知其深而已矣；鬼神，吾知其幽且显而已矣，则是已然之词，又何理之可穷哉！'又曰：'如欲为孝，则当知所以为孝之道，如何而为奉养之宜，如何而为温清之节，莫不穷究，然后能之，非独守夫孝之一字而可得也。'或问：'观物察己者，岂因见物而反求诸己乎？'曰：'不必然也，物我一理，才明彼即晓此，此合内外之道也。语其大，天地之所以高厚；语其小，至一物之所以然，皆学者所宜致思也。'曰：'然则先求之四端可乎？'曰：'求之情性，因切于身，然一草一木，亦皆有理，不可不察。'又曰：'致知之要，当知至善之所在，如父止于慈、子止于孝之类。若不务此，而徒欲泛然以观万物之理，则吾恐其如大军之游骑，出太远而无所归也。'又曰：'格物，莫若察之于身，其得之尤切。'此九条者，皆言格物致知所当用力之地，与其次第工程也。"（第四六一五二页）

〔14〕语本《孟子·滕文公篇下》："杨氏为我，是无君也。墨氏兼爱，是无父也。无父、无君，是禽兽也。"（第九章）

〔15〕语本陆九渊《与曾宅之》："惟其生于后世，学绝道丧，异端邪说充塞弥满，遂使有志之士，罹此患害，乃与世间凡庸恣情纵欲之人，

均其陷溺，此岂非以学术杀天下哉！”（《陆九渊集》卷一）

〔16〕语本《孟子·滕文公篇下》：“我亦欲正人心，息邪说，距詖行，放淫辞，以承三圣者，岂好辩哉？予不得已也，能言距杨、墨者，圣人之徒也。”（第九章）

〔17〕语见韩愈《与孟尚书书》（《韩昌黎集》卷十八），唯字句略有出入。

〔18〕此语系针对罗整庵所云：“偶考得何叔京氏卒于淳熙乙未(1175)，时朱子年方四十有六尔。尔后二年丁酉，而《论孟集注》、《或问》始成。今有取于答何书者四通以为晚年定论。至于《集注》、《或问》，则以为中年未定之说，窃恐考之欠详，而立论之太果也。又所取《答黄直卿》一书，监本只云此是向来差误，别无‘定本’二字。今所编刻增此二字，当别有据。而序中又变定字为旧字，却未详本字同所指否。朱子有《答吕东莱》一书，尝及定本之说，然非指《集注》、《或问》也。凡此，愚皆不能无疑。”（《罗整庵先生存稿》卷一《与王阳明书》）

〔19〕语本《诗经·国风·黍离篇》：“彼黍离离，彼稷之苗。行迈靡靡，中心摇摇。知我者谓我心忧，不知我者谓我何求。悠悠苍天，此何人哉。”（卷二）

〔20〕墨者夷之求见孟子。孟子曰：“吾今则可以见矣。不直，则道不见，我且直之。”（《孟子·滕文公篇上》第五章）

〔21〕语本《论语·子张篇》：“子贡曰：‘君子之过也，如日月之食焉，过也，人皆见之；更也，人皆仰之。’”（第二十一章）

〔22〕语本《论语·子张篇》：“子夏曰：‘小人之过也必文。’”（第八章）

答聂文蔚〔1〕

171. 春〔2〕间远劳迂途枉顾，问证惓惓，此情何可当也！已期二三同志，更处静地，扳留旬日，少效其鄙见，以求切劘之益，而公期俗绊，势有不能，别去极怏怏，如有所失。忽承笺惠，反复千余言，读之无甚浣慰。中间推许太过，盖亦奖掖之盛心，而规砺真切，思欲纳之于贤圣之域，又托诸崇一以致其勤勤恳恳之怀，此非深交笃爱，何以及是；知感知愧，且惧其无以堪之也。虽然，仆亦何敢不自鞭勉，而徒以感愧辞让为乎哉！

其谓“思、孟、周、程无意相遭于千载之下，与其尽信于天下，不若真信于一人。道固自在，学亦自在，天下信之不为多，一人信之不为少”〔3〕者，斯固君子“不见是而无闷”〔4〕之心，岂世之谫谫屑屑者知足以及之乎！乃仆之情，则有大不得已者存乎其间，而非以计人之信与不信也。

夫人者，天地之心，天地万物本吾一体者也。〔5〕生民之困苦荼毒，孰非疾痛之切于吾身者乎？不知吾身之疾痛，无是非之心者也。是非之心不虑而知，不学而能，所谓“良知”也。良知之在人心，无间于圣愚，天下古今之所同也。世之君子惟务致其良知，则自能公是非，同好恶，视人犹己，视国犹家，而以天地万物为一体，求天下无治，不可得矣。古之人所以能见善不啻若己出，见恶不啻若己入，视民之饥溺犹己之饥溺，而一夫不获，若己推而纳诸沟中者，〔6〕非故为是而以蕲天下之信己也，务致其良知求自慊而已矣。尧、舜、三王之圣，言而民莫不信者，致其良知而言之也，行而民莫不说者，致其良知而行之也。〔7〕是以其民熙熙皞皞，杀之不怨，利之不庸，〔8〕施及蛮貊，而凡有血气者莫不尊亲，〔9〕为其良知之同也。呜呼！圣人之治天下，何其简且易哉。

后世良知之学不明，天下之人用其私智以相比轧，是以人各有心，而偏琐僻陋之见，狡伪阴邪之术，至于不可胜说；

外假仁义之名，而内以行其自私自利之实，诡辞以阿俗，矫行以干誉；揜人之善而袭以为己长，讦人之私而窃以为己直，忿以相胜而犹谓之徇义，险以相倾而犹谓之疾恶，妒贤忌能而犹自以为公是非，恣情纵欲而犹自以为同好恶，相陵相贼，自其一家骨肉之亲，已不能无尔我胜负之意、彼此藩篱之形，而况于天下之大、民物之众，又何能一体而视之？则无怪于纷纷籍籍，而祸乱相寻于无穷矣。

仆诚赖天之灵，偶有见于良知之学，以为必由此，而后天下可得而治。是以每念斯民之陷溺，则为之戚然痛心，忘其身之不肖，而思以此救之，亦不自知其量者。天下之人见其若是，遂相与非笑而诋斥之，以为是病狂丧心之人耳。呜呼！是奚足恤哉！吾方疾痛之切体，而暇计人之非笑乎？人固有见其父子兄弟之坠溺于深渊者，呼号匍匐，裸跣颠顿，扳悬崖壁而下拯之。士之见者，方相与揖让谈笑于其傍，以为是弃其礼貌衣冠而呼号颠顿若此，是病狂丧心者也。故夫揖让谈笑于溺人之傍而不知救，此惟行路之人，无亲戚骨肉之情者能之，然已谓之无恻隐之心非人矣；若夫在父子兄弟之爱者，则固未有不痛心疾首，狂奔尽气，匍匐而拯之；彼将陷溺之祸有不顾，而况于病狂丧心之讥乎？而又况于蕲人之信与不信乎？呜呼！今之人虽谓仆为病狂丧心之人，亦无不可矣。天下之人心，皆吾之心也。〔10〕天下之人犹有病狂者矣，吾安得而非病狂乎！犹有丧心者矣，吾安得而非丧心乎！〔11〕

昔者孔子之在当时，有议其为谄者，〔12〕有讥其为佞者，〔13〕有毁其未贤，〔14〕诋其为不知礼，〔15〕而侮之以为东家丘者，〔16〕有嫉而沮之者，〔17〕有恶而欲杀之者，〔18〕晨门、荷蒉之徒，皆当时之贤士，且曰："是知其不可而为之者欤？"〔19〕"鄙哉硁硁乎！莫己知也，斯已而已矣。”[20]虽子路在升堂之列，尚不能无疑于其所见，[21]不悦于其所欲往，[22]而且以之为迂，[23]则当时之不信夫子者，岂特十之二三而已乎？然而夫子汲汲遑遑若求亡子于道路，而不暇于暖席者，宁以蕲人之知我、信我而已哉？盖其天地万物一体之仁，疾痛迫切，虽欲已之而自有所不容已。故其言曰："吾非斯人之徒与而谁与？”[24]“欲洁其身而乱大伦。”[25]“果哉，末之难矣！”[26]呜呼！此非诚以天地万物为一体者，孰能以知夫子之心乎？[27]若其遁世无闷，[28]乐天知命者，[29]则固无入而不自得，[30]道并行而不相悖也。[31]

仆之不肖，何敢以夫子之道为己任？顾其心亦已稍知疾痛之在身，是以彷徨四顾，将求其有助于我者，相与讲去其病耳。今诚得豪杰同志之士，扶持匡翼，共明良知之学于天下，使天下之人皆知自致其良知，以相安相养，去其自私自利之蔽，一洗谗妒胜忿之习，以济于大同，则仆之狂病固将脱然以愈，而终免于丧心之患矣，岂不快哉？

嗟呼！今诚欲求豪杰同志之士于天下，非如吾文蔚者，而谁望之乎？如吾文蔚之才与志，诚足以援天下之溺者，今又既知其具之在我，而无假于外求矣，循是而充[32]，若决河注海，孰得而御哉！文蔚所谓“一人信之不为少”，其又能逊以委之何人乎？[33]

会稽素号山水之区，深林长谷，信步皆是，寒暑晦明，无时不宜，安居饱食，尘嚣无扰，良朋四集，道义日新，优哉游哉，天地之间，宁复有乐于是者？[34]孔子云："不怨天，不尤人，下学而上达。”[35]仆与二三同志方将请事斯语，奚暇外慕？独其切肤之痛，乃有未能恝然者，辄复云云尔。

咳疾暑毒，书札绝懒，盛使远来，迟留经月，临歧执笔，又不觉累纸，盖于相知之深，虽已缕缕至此，殊觉有所未能尽也。

〔1〕聂文蔚(1487—1563)，名豹，号双江，江西永丰人，正德十二年(1517)进士。三十四岁任华亭知事，有政绩。四十岁任福建道监察御史，得见王守仁。四十四岁任苏州知府，以钱绪山为证，拜王守仁为师，四十五岁丁忧归，五十七岁任陕西按察司副使，因得罪夏贵溪，六十岁革职，不久下狱。出狱归里后又因徐阶推荐，历任至兵部尚书。著有《聂双江先生文集》。参见《明儒学案》卷十七。据《阳明先生文录》及《年谱》，此信写于丙戌(1526)。

〔2〕施本、俞本“春间”作“夏间”，与《年谱》一致。

〔3〕此信不见于现存《聂双江先生文集》。

〔4〕语本《易经·乾卦·文言》：“初九曰‘潜龙勿用’，何谓也？子曰：‘龙德而隐者也，不易乎世，不成乎名，遁世无闷，不见是而无闷。乐则行之，忧则违之，确乎其不可拔。潜龙也。’”

〔5〕参见《亲民堂记》：“人者，天地之心也。民者，对己之称也，曰民焉，则三才之道举矣。是故亲吾之父以及人之父，而天下之父子莫不亲矣。亲吾之兄以及人之兄，而天下之兄弟莫不亲矣。君臣也，夫妇也，朋友也，推而至于鸟兽草木也，而皆有以亲之，无非求尽吾心焉，以自明其明德也。……明德亲民而不止于至善，亡其则矣。夫是之谓大人之学。大人者，以天地万物为一体也。夫然后能以天地万物为一体。”(《全书》卷七)

〔6〕语本《书经·说命下》：“一夫不获，则曰时予之辜。”又见《孟子·万章篇上》：“思天下之民，匹夫匹妇有不被尧、舜之泽者，若己推而纳之沟中。”(第七章)

〔7〕语本《中庸》：“溥博如天，渊泉如渊，见而民莫不敬，言而民莫不信，行而民莫不说。”(第三十一章)

〔8〕语本《孟子·尽心篇上》：“孟子曰：‘霸者之民欢虞如也，王者之民皞皞如也。杀之而不怨，利之而不庸，民日迁善而不知为之者。’”

(第十三章)庸:酬功之意。

〔9〕语本《中庸》:“是以声名洋溢乎中国,施及蛮貊。舟车所至,人力所通,天之所覆,地之所载,日月所照,霜露所坠,凡有血气者莫不尊亲,故曰配天。”(第三十一章)

〔10〕参见《送黄敬夫先生佥宪广西序》:“古之君子,唯知天下之情,不异于一乡。一乡之情,不异于一家。而家之情,不异于吾之一身。故其视家之尊卑长幼,犹家之视身也。视天下之尊卑长幼,犹乡之视家也。是以安土乐天,而无入不自得。”(《全书》卷二十九)

〔11〕参见《书林司训卷》:“逮其后世,功利之说,日浸以盛,不复知有明德亲民之实,士皆巧文博词以饰诈,相规以伪,相轧以利,外冠裳而内禽兽,而犹或自以为从事于圣贤之学,如是而欲挽而复之三代,呜呼!其难哉。吾为此惧,揭知行合一之说,订致知格物之谬,思有以正人心,息邪说,以求明先圣之学,庶几君子闻大道之要,小人蒙至治之泽。而哓哓者皆视以为狂惑丧心,诋笑訾怒,予亦不自知其力之不足,日挤于颠危莫之救以死而不顾也。不亦悲夫!”(《全书》卷八)

〔12〕语本《论语·八佾篇》:“子曰:‘事君尽礼,人以为谄也。’”(第十八章)

〔13〕语本《论语·宪问篇》:“微生亩谓孔子曰:‘丘何为是栖栖者与?无乃为佞乎。’”(第三十四章)

〔14〕事本《论语·子张篇》:“叔孙武叔毁仲尼。子贡曰:‘无以为也!仲尼不可毁也。他人之贤者,丘陵也,犹可逾也;仲尼,日月也,无得而逾焉。’”(第二十四章)

〔15〕事本《论语·八佾篇》:“子入太庙,每事问。或曰:‘孰曰鄹人之子知礼乎?入太庙,每事问。’”(第十五章)

〔16〕语本沈约《辩圣论》:“当仲尼在世之时,世人不言为圣人也。伐树削迹,于七十君而不一值。或以为东家丘,或以为丧家犬,若不

高叹凤鸟，称梦周公，乐正雅颂，各得其所，则当世安知其圣人乎？”（《沈隐侯集》卷一）

〔17〕事本《论语・微子篇》：“齐人归女乐，季桓子受之，三日不朝，孔子行。”（第四章）

〔18〕事本《论语・述而篇》：“子曰：‘天生德于予，桓魋其如予何。’”（第二十三章）

〔19〕事本《论语・宪问篇》：“子路宿于石门，晨门曰：‘奚自？’子路曰：‘自孔氏。’曰：‘是知其不可而为之者与？’”（第三十八章）

〔20〕事本《论语・宪问篇》：“子击磬于卫，有荷蒉而过孔氏之门者，曰：‘有心哉，击磬乎。’既而曰：‘鄙哉，硁硁乎！莫己知也，斯己而已矣，深则厉，浅则揭。’子曰：‘果哉，末之难矣。’”（第三十九章）

〔21〕事本《论语・雍也篇》：“子见南子，子路不说，夫子矢之曰：‘予所否者，天厌之，天厌之！’”（第二十八章）

〔22〕事本《论语・阳货篇》：“公山弗扰以费畔，召，子欲往。子路不说。”（第五章）

〔23〕事本《论语・子路篇》：“‘卫君待子而为政，子将奚先？’子曰：‘必也正名乎！’子路曰：‘有是哉？子之迂也，奚其正。’”（第三章）

〔24〕事本《论语・微子篇》：“子曰：‘鸟兽不可与同群，吾非斯人之徒与而谁与？天下有道，丘不与易也。”（第六章）

〔25〕事本《论语・微子篇》：“子路曰：‘不仕无义。长幼之节不可废也，君臣之义，如之何其废之？欲洁其身而乱大伦。君子之仕也，行其义也。道之不行，已知之矣。’”（第七章）

〔26〕见注〔20〕。

〔27〕参见《书王嘉秀请益卷》：“仁者以天地万物为一体，莫非己也。故曰：‘己欲立而立人，己欲达而达人。’古之人，所以能见人之善，若己有之，见人之不善，则恻然若己推而纳诸沟中者，亦仁而已矣。”（《全书》卷八）

〔28〕见本条注〔4〕。

〔29〕语见《易经·系辞传上》:“与天地相似,故不违。知周万物而道济天下,故不过。旁行而不流,乐天知命,故不忧。安土敦乎仁,故能爱。”(第四章)

〔30〕语本《中庸》:“素富贵行乎富贵,素贫贱行乎贫贱,素夷狄行乎夷狄,素患难行乎患难,君子无入而不自得焉。”(第十四章)

〔31〕语见《中庸》:“万物并育而不相害,道并行而不相悖。小德川流,大德敦化,此天地之所以为大也。”(第三十章)

〔32〕施本、俞本“循是而充”作“循是以往”。

〔33〕又参见《月夜二首》之二:“举世困酣睡,而谁偶独醒?疾呼未能起,瞪目相怪惊。反谓醒者狂,群起环斗争。洙泗辍金铎,濂洛转微声。谁鸣涂毒鼓,闻者皆昏冥。嗟尔欲奚为,奔走皆营营。何当闻此鼓,开尔天聪明。”(《全书》卷二十)

〔34〕参见《归兴二首》之二:“归去休来归去休,千貂不换一羊裘。青山待我长为主,白发从他自满头。种果移花新事业,茂林修竹旧风流。多情最爱沧州伴,日日相呼理钓舟。”(《全书》卷二十)

〔35〕语本《论语·宪问篇》:“子曰:‘不怨天,不尤人,下学而上达,知我者其天乎?’”(第三十五章)

二〔1〕

172. 得书,见近来所学之骤进,喜慰不可言。谛视数过,其间虽亦有一二未莹彻处,却是致良知之功尚未纯熟,到纯熟时自无此矣。譬之驱车,既已由于康庄大道之中,或时横斜迂曲者,乃马性未调,衔勒不齐之故,然已只在康庄大道中,决不赚入傍蹊曲径矣。近时海内同志,到此地位者曾未多见,喜慰不可言,斯道之幸也!贱躯旧有咳嗽畏热之病,近入炎方，辄复大作。主上圣明洞察，责付甚重，不敢遽辞；地方军务冗沓，皆舆疾从事。今却幸已平定，已具本乞回养病，得在林下稍就清凉，或可瘳耳。人还，伏枕草草，不尽倾企。外惟濬一简，〔2〕幸达致之。

来书所询，草草奉复一二。近岁来山中讲学者，往往多说“勿忘、勿助”工夫甚难，问之，则云才著意便是助，才不著意便是忘，所以甚难。区区因问之云：“忘是忘个甚么？助是助个甚么？”其人默然无对，始请问。区区因与说，我此间讲学，却只说个“必有事焉”，不说“勿忘、勿助”。“必有事焉”者，只是时时去“集义”。若时时去用“必有事”的工夫，而或有时间断，此便是忘了，即须“勿忘”；时时去用“必有事”的工夫，而或有时欲速求效，此便是助了，即须“勿助”。其工夫全在“必有事焉”上用；“勿忘、勿助”只就其间提撕警觉而已。若是工夫原不间断，即不须更说“勿忘”；原不欲速求效，即不须更说“勿助”〔3〕，此其工夫何等明白简易！何等洒脱自在！今却不去“必有事”上用工，而乃悬空守著一个“勿忘、勿助”，此正如烧锅煮饭，锅内不曾渍水下米，而乃专去添柴放火，不知毕竟煮出个甚么物来！吾恐火候未及调停，而锅已先破裂矣。近日一种专在“勿忘、勿助”上用工者，其病正是如此。终日悬空去做个“勿忘”，又悬空去做个“勿助”，漭漭荡荡，全无实落下手处，究竟工夫，只做得个沈空守寂，学成一个痴呆汉，才遇些子事来，即便牵滞纷扰，不复能经纶宰制。〔4〕此皆有志之士，而乃使之劳苦缠缚，担阁一生，皆由学术误人之故，甚可悯矣！

夫“必有事焉”只是“集义”，“集义”只是“致良知”。说“集义”则一时未见头脑，说“致良知”即当下便有实地步可用工。故区区专说“致良知”，随时就事上致其良知，便是“格物”；著实去致良知，便是“诚意”；著实致其良知，而无一毫“意”、“必”、“固”、“我”，便是“正心”，著实致良知，则自无“忘”之病，无一毫意必固我，则自无“助”之病。故说“格、致、诚、正”，则不必更说个“忘、助”。孟子说“忘、助”，亦就告子得病处立方。告子强制其心，是“助”的病痛，故孟子专说助长之害，告子助长，亦是他以义为外，不知就自心上“集义”、在“必有事焉”上用功，是以如此，若时时刻刻就自心上“集义”，则良知之体洞然明白，自然是是非非纤毫莫遁，又焉有“不得于言，勿求于心，不得于心，勿求于气”之弊乎？孟子“集义”、“养气”之说，固大有功于后学，然亦是因病立方，说得大段，不若《大学》“格、致、诚、正”之功，尤极精一简易，为彻上彻下，万世无弊者也。

圣贤论学，多是随时就事，虽言若人殊，而要其工夫头脑若合符节。缘天地之间，原只有此性，只有此理，只有此良知，只有此一件事耳。故凡就古人论学处说工夫，更不必搀和兼搭而说，自然无不吻合贯通者；才须搀和兼搭而说，即是自己工夫未明彻也。近时有谓“集义”之功，必须兼搭个“致良知”而后备者，则是“集义”之功尚未了彻也。“集义”之功尚未了彻，适足以为“致良知”之累而已矣。〔5〕谓“致良知”之功必须兼搭一个“勿忘、勿助”而后明者，则是“致良知”之功尚未了彻也；“致良知”之功尚未了彻，适足以为“勿忘、勿助”之累而已矣。若此者，皆是就文义上解释牵附，以求混融凑泊，而不曾就自己实工夫上体验，是以论之愈精，而去之愈远。

文蔚之论，其于大本达道既已沛然无疑，至于“致知”、“穷理”及“忘、助”等说，时亦有搀和兼搭处，却是区区所谓康庄大道之中，或时横斜迂曲者，到得工夫熟后，自将释然矣。

文蔚谓“致知”之说，求之事亲、从兄之间，便觉有所持循者，此段最见近来真切笃实之功。但以此自为不妨，自有得力处，以此遂为定说教人，却未免又有因药发病之患，亦不可不一讲也。

盖良知只是一个天理自然明觉发见处，只是一个真诚恻怛，便是他本体。故致此良知之真诚恻怛以事亲便是孝，致此良知之真诚恻怛以从兄便是弟，致此良知之真诚恻怛以事君便是忠，只是一个良知，一个真诚恻怛。若是从兄的良知不能致其真诚恻怛，即是事亲的良知不能致其真诚恻怛矣；事君的良知不能致其真诚恻怛，即是从兄的良知不能致其真诚恻怛矣。故致得事君的良知，便是致却从兄的良知；致得从兄的良知，便是致却事亲的良知。不是事君的良知不能致，却须又从事亲的良知上去扩充将来。如此又是脱却本原，著在支节上求了。良知只是一个，随他发见流行处，当下具足，更无去来，不须假借。然其发见流行处，却自有轻重厚薄，毫发不容增减者，所谓“天然自有之中”〔6〕也。虽则轻重厚薄，毫发不容增减，而原又只是一个。虽则只是一个，而其间轻重厚薄，又毫发不容增减。〔7〕若可得增减，若须假借，即已非其真诚恻怛之本体矣。此良知之妙用，所以无方体，无穷尽，语大天下莫能载，语小天下莫能破者也。〔8〕

孟氏“尧、舜之道，孝弟而已”〔9〕者，是就人之良知发见得最真切笃厚、不容蔽昧处提省人。使人于事君、处友、仁民、爱物，与凡动静语默间，皆只是致他那一念事亲、从兄真诚恻怛的良知，即自然无不是道。盖天下之事虽千变万化，至于不可穷诘，而但惟致此事亲、从兄一念真诚恻怛之良知以应之，则更无有遗缺渗漏者，正谓其只有此一个良知故也。事亲、从兄一念良知之外，更无有良知可致得者。故曰："尧、舜之道，孝弟而已矣。"此所以为"惟精惟一"之学，放之四海而皆准，施诸后世而无朝夕者也。〔10〕

文蔚云："欲于事亲、从兄之间，而求所谓良知之学。"就自己用工得力处如此说，亦无不可；若曰致其良知之真诚恻怛以求尽夫事亲、从兄之道焉，亦无不可也。明道云："行仁自孝、弟始。孝、弟是仁之一事，谓之行仁之本则可，谓是仁之本则不可。"〔11〕其说是矣。

"亿、逆、先觉"之说，文蔚谓："诚则旁行曲防〔12〕，皆良知之用。"甚善甚善！间有搀搭处，则前已言之矣。惟濬之言，亦未为不是，在文蔚须有取于惟濬之言而后尽，在惟濬又须有取于文蔚之言而后明。不然，则亦未免各有倚著之病也。舜察迩言而询刍荛，非是以迩言当察，〔13〕刍荛当询，〔14〕而后如此，乃良知之发见流行，光明圆莹，更无挂碍遮隔处，此所以谓之大知；才有执著意必，其知便小矣。讲学中自有去取分辨，然就心地上着实用工夫，却须如此方是。

"尽心"三节〔15〕，区区曾有"生知、学知、困知"之说，颇已明白，无可疑者。盖尽心、知性、知天者，不必说存心、养性、事天，不必说夭寿不贰、修身以俟，而"存心养性"与"修身以俟"之功已在其中矣。存心、养性、事天者，虽未到得尽心、知天的地位，然已是在那里做个求到尽心、知天的工夫，更不必说夭寿不贰、修身以俟，而"夭寿不贰、修身以俟"之功已在其中矣。譬之行路，尽心、知天者，如年力壮健之人，既能奔走往来于数千百里之间者也；存心、事天者，如童稺之年，使之学习步趋于庭除之间者也；夭寿不贰、修身以俟者，如襁抱之孩，方使之扶墙傍壁，而渐学起立移步者也。既已能奔走往来数千里之间者，则不必更使之于庭除之间而学步趋，而步趋于庭除之间，自无弗能矣；既已能步趋于庭除之间，则不必更使之扶墙傍壁而学起立移步，而起立移步自无弗能矣。然学起立移步，便是学步趋庭除之始；学步趋庭除，便是学奔走往来于数千里之基，固非有二事，但其工夫之难易则相去悬绝矣。心也，性也，天也，一也。故及其知之、成功则一，然而三者人品力量，自有阶级，不可躐等而能也。

细观文蔚之论，其意以恐尽心、知天者，废却存心、修身之功，而反为尽心、知天之病；是盖为圣人忧工夫之或间断，而不知为自己忧工夫之未真切也。吾侪用工，却须专心致志，在夭寿不贰、修身以俟上做，只此便是做尽心、知天功夫之始；正如学起立移步，便是学奔走千里之始。吾方自虑其不能起立移步，而岂遽虑其不能奔走千里，又况为奔走千里者而虑其或遗忘于起立移步之习哉！文蔚识见本自超绝迈往，而所论云然者，亦是未能脱去旧时解说文义之习，是为此三段书分疏比合，以求融会贯通，而自添许多意见缠绕，反使用工不专一也。近时悬空去做勿忘、勿助者，其意见正有此病，最能耽误人，不可不涤除耳。

所谓〔16〕“尊德性而道问学”一节，至当归一，更无可疑。此便是文蔚曾著实用工，然后能为此言。此本不是险僻难见的道理，人或意见不同者，还是良知尚有纤翳潜伏，若除去此纤翳，即自无不洞然矣。

已作书后，移卧檐间，偶遇无事，遂复答此。文蔚之学既已得其大者，此等处久当释然自解，本不必屑屑如此分疏；但承相爱之厚，千里差人远及，谆谆下问，而竟虚来意，又自不能已于言也。然直戆烦缕已甚，恃在信爱，当不为罪。惟濬处及谦之[17]、崇一处，各得转录一通寄视之，尤承一体之好也。

右南大吉录。[18]

〔1〕王守仁此信写于戊子(1528)。聂豹来信见《聂双江集》卷八。

〔2〕见《与陈惟濬》(《全书》卷六)。

〔3〕参见《答徐成之》:"先儒所谓志道恳切，固是诚意，然急迫求之，则反为私己，不可不察也。日用间何莫非天理流行？但此心常存而不放，则义理自熟，孟子所谓勿忘勿助，深造自得者矣。"(《全书》卷四)

〔4〕参见王畿《读先师再报海日翁吉安起兵书序》:"师(守仁)既献俘……一日召诸生入，讲曰:'我自用兵以来，致知格物之功，愈觉精透……致知在于格物，正是对境应感，实用力处。平时执持怠缓，无甚查考。及其军旅酬酢，呼吸存亡，宗社安危所系，全体精神，只从一念入微处自照自察，一些著不得防检，一毫容不得放纵，勿助勿忘，触机神应，是乃良知妙用，以顺万物之自然，而我无与焉。夫人心本神，本自变动周流，本能开物成务。所以蔽累之者，只是利害毁誉两端。世人利害不过一家得丧尔已，毁誉不过一身荣辱尔已。今之利害毁誉两端乃是灭三族，助逆谋反，系天下安危。只如人疑我与宁王同谋，机少不密，若有一毫激作之心，此身已成齑粉，何待今日；动少不慎，若有一毫假借之心，万事已成瓦裂，何有今日。此等苦心，只好自知。譬如真金之遇烈焰，愈锻炼愈发光辉。此处致得，方是真知。此处格得，方是真物，非见解意识所能及也。"(《龙溪先生全集》卷十三)

〔5〕参见《答董沄萝石》:"若平日能集义，则浩然之气至大至公，充塞天地，自然富贵不能淫，贫贱不能移，威武不能屈，自然能知人之言，而凡诐淫邪遁之词，皆无所施于前矣，况肯自以为慚乎？集义，只是致良知，心得其宜为义，致良知，则心得其宜矣。"(《全书》卷五)

〔6〕程颐语，朱熹引用见于《大学或问》第五十六页。

〔7〕参见《大学问》："至善之发现，是而是焉，非而非焉，轻重厚薄，随感随应，变动不居，而亦莫不自有天然之中。是乃民彝物则之极，而不容少有拟议增损于其间也。"（《全书》卷二十六）

〔8〕语本《中庸》："君子之道费而隐。……故君子语大，天下莫能载焉，语小，天下莫能破焉。"（第十二章）

〔9〕语见《孟子·告子篇下》第二章。

〔10〕语本《礼记·祭义》："夫孝，置之而塞乎天地，溥之而横乎四海，施诸后世而无朝夕，推而放诸东海而准，推而放诸西海而准，推而放诸南海而准，推而放诸北海而准。"（卷十四）

〔11〕语见《二程集·遗书》："谓行仁自孝弟始，盖孝弟是仁之一事，谓之行仁之本则可，谓之是仁之本则不可。盖仁是性也，孝弟是用也。性中只有仁义礼智四者，几曾有孝弟来！"（卷十八）原为程颐语，此误忆为明道语。

〔12〕施本、俞本"旁行曲防"作"旁行曲行"。

〔13〕语本《中庸》："舜其大知也与？舜好问而好察迩言。"（第六章）

〔14〕语本《诗经·大雅·板》："先民有言，询于刍荛。"（卷十七）刍荛：采薪之人。

〔15〕语指《孟子·尽心篇上》："孟子曰：'尽其心者，知其性也。知其性，则知天矣。存其心养其性，所以事天也。夭寿不贰，修身以俟之，所以立命也。'"（第一章）

〔16〕施本、俞本及德安府南本"所谓"并作"所论"。

〔17〕邹谦之，参见第185条注〔1〕。

〔18〕德安府重刊南大吉本无此五字。此系钱德洪所书，当置于卷末。据德安府重刊南本及胡宗宪本，此条后有《示弟立志说》。据王懋论言，原稿王守仁自志甲戌四月八日，《文集》注云乙亥作，非是。

示弟立志说

予弟守文来学，告之以立志。守文因请次第其语，使得时时观省，且请浅近其辞，则易于通晓也，因书以与之。

夫学，莫先于立志。志之不立，犹不种其根，而徒事培拥灌溉，劳苦无成矣。世之所以因循苟且，随俗习非，而卒归于污下者，凡以志之弗立也。故程子曰："有求为圣人之志，然后可与共学。"人苟诚有求为圣人之志，则必思圣人之所以为圣人者安在？非以其心之纯乎天理而无人欲之私欤？圣人之所以为圣人，惟以其心之纯乎天理而无人欲，则我之欲为圣人，亦惟在于此心之纯乎天理而无人欲耳。欲此心之纯乎天理而无人欲，则必去人欲而存天理；务去人欲而存天理，则必求所以去人欲而存天理之方；求所以去人欲而存天理之方，则必正诸先觉，考诸古训。而凡所谓学问之功者，然后可得而讲，而亦有所不容已矣。夫所谓正诸先觉者，既以其人为先觉而师之矣，则当专心致志，惟先觉之为听。言有不合，不得弃置，必从而思之；思之不得，又从而辨之，务求了释，不敢辄生疑惑。故《记》曰："师严然后道尊，道尊然后民知敬学。"苟无尊崇笃信之心，则必有轻忽慢易之意，言之而听之不审，犹不听也；听之而思之不慎，犹不思也，是则虽曰师之，犹不师也。

夫所谓考诸古训者，圣贤垂训，莫非教人去人欲而存天理之方，若五经四书是已。吾惟欲去吾之人欲，存吾之天理，而不得其方，是以求之于此，则其展卷之际，真如饥者之于食，求饱而已；病者之于药，求愈而已；暗者之于灯，求照而已；跛者之于杖，求行而已，曾有徒事记诵讲说以资口耳之弊哉！

夫立志亦不易矣，孔子，圣人也，犹曰："吾十有五而志于学，三十而立。"立者，志立也，虽至于不逾矩，亦志之不逾矩也，志岂可易而视哉！夫志，气之帅也，人之命也，木之根也，水之源也。源不濬则流息，根不植则木枯，命不续则人死，志不立则气昏。是以君子之学，无时无处而不以立志为事。正目而视之,无他见也;倾耳而听之,无他闻也。如猫捕鼠,如鸡覆卵,精神心思,凝聚融结,而不复知有其他,然后此志常立,神气精明,义理昭著。一有私欲,即便知觉,自然容住不得矣。故凡一毫私欲之萌,只责此志不立,即私欲便退;听一毫客气之动,只责此志不立,即客气便消除。或怠心生,责此志即不怠。忽心生,责此志即不忽。懆心生,责此志即不懆。妒心生,责此志即不妒。忿心生,责此志即不忿。贪心生,责此志即不贪。傲心生,责此志即不傲。吝心生,责此志即不吝。盖无一息而非立志责志之时,无一事而非立志责志之地。故责志之功,其于去人欲,有如烈火之燎毛,太阳一出而魍魉潜消也。自古圣贤因时立教,虽若不同,其用功大指,无或少异。《书》谓"惟精惟一",《易》谓"敬以直内,义以方外",孔子谓"格致诚正,博文约礼",曾子谓"忠恕",子思谓"尊德性而道问学",孟子谓"集义养气,求其放心",虽若人自为说,有不可强同者,而求其要领归宿,合若符契。何者?夫道一而已,道同则心同,心同则学同。其卒不同者,皆邪说也。后世大患,尤在无志。故今以立志为说,中间字字句句,莫非立志,盖终身问学之功,只是立得志而已。若以是说而合精一,则字字句句皆精一之功。以是说而合敬义,则字字句句皆敬义之功。其诸格致博约忠恕等说,无不吻合,但能实心体之,然后信予言之非妄也。(《全书》卷七)

训蒙大意示教读刘伯颂等[1]

173. 古之教者,教以人伦,后世记诵词章之习起,而先王之教亡。今教童子,惟当以孝、弟、忠、信、礼、义、廉、耻为专务;其栽培涵养之方,则宜诱之歌诗以发其志意,导之习礼以肃其威仪,讽之读书以开其知觉[1]。今人往往以歌诗、习礼为不切时务,此皆末俗庸鄙之见,乌足以知古人立教之意哉！

大抵童子之情，乐嬉游而惮拘检，如草木之始萌芽，舒畅之则条达，摧挠之则衰痿；今教童子必使其趋向鼓舞，中心喜悦，则其进自不能已：譬之时雨春风，沾被卉木，莫不萌动发越，自然日长月化；若冰霜剥落，则生意萧索，日就枯槁矣。

故凡诱之歌诗者，非但发其志意而已，亦所以泄其跳号呼啸于咏歌，宣其幽抑结滞于音节也；导之习礼者，非但肃其威仪而已，亦所以周旋揖让而动荡其血脉，拜起屈伸而固束其筋骸也；讽之读书者，非但开其知觉而已，亦所以沈潜反复而存其心，抑扬讽诵以宣其志也；凡此皆所以顺导其志意，调理其性情，潜消其鄙吝，默化其粗顽，日使之渐于礼义而不苦其难，入于中和而不知其故，是盖先王立教之微意也。

若近世之训蒙稚者，日惟督以句读课仿〔2〕，责其检束而不知导之以礼，求其聪明而不知养之以善，鞭挞绳缚，若待拘囚。彼视学舍如囹狱而不肯入，视师长如寇仇而不欲见，窥避掩覆以遂其嬉游，设诈饰诡以肆其顽鄙，偷薄庸劣，日趋下流。是盖驱之于恶而求其为善也，何可得乎！

凡吾所以教，其意实在于此，恐时俗不察，视以为迂，且吾亦将去，故特叮咛以告。尔诸教读，其务体吾意，永以为训，毋辄因时俗之言，改废其绳墨，庶成"蒙以养正"之功矣，〔3〕念之念之。〔4〕

〔1〕据《年谱》，王守仁戊寅(1518)平定南赣农民反叛后，四月班师，立社学，延师教读，歌诗习礼，发布训蒙大意给教读刘伯颂等。在这里，他看重启发与诱导，反对"近世之训蒙稚者，日惟以句读课仿，

责其检束”、“鞭挞绳缚若待拘囚”，这些教育思想是与他的哲学思想一致的。

〔2〕课仿：指考试课文记忆。

〔3〕语本《易经·蒙卦·象辞》：“蒙以养正，圣功也。”

〔4〕王守仁的教育思想，参见《教条示龙场诸生》：“诸生相从于此，甚盛，恐无能为助也，以四事相规，聊以答诸生之意。一曰立志，二曰勤学，三曰改过，四曰责善，其慎听毋忽。

立志——志不立，天下无可成之事。虽百工技艺，未有不本于志者。今学者旷废隳堕，玩岁愒时，而百无所成，皆由于志之未立耳。故立志而圣则圣矣，立志而贤则贤矣。志不立，如无舵之舟，无衔之马，漂荡奔逸，终亦何所底乎？……

勤学——已立志为君子，自当从事于学。凡学之不勤，必其志之尚未笃也。从吾游者，不以聪慧警捷为高，而以勤确谦抑为上。

改过——夫过者，自大贤所不免。然不害其卒为大贤者，为其能改也。故不贵于无过，而贵于能改过。

责善——责善，朋友之道，然须忠告而善道之。悉其忠爱，致其婉曲，使彼闻之而可从，绎之而可改，有所感而无所怒，乃为善耳。若先暴白其过恶，痛毁极诋，使无所容，彼将发其愧耻愤恨之心，虽欲降以相从，而势有所不能，是激之而使为恶矣。……谏师之道，直不至于犯，而婉不至于隐耳。使吾而是也，因得以明其是；吾而非也，因得以去其非：盖教学相长也。诸生责善，当自吾始。”（《全书》卷二十六）

教　约

174. 每日清晨，诸生参揖毕，教读以次，遍询诸生，在家所以爱亲敬长之心，得无懈忽未能真切否？温清定省之仪，得无亏缺未能实践否？往来街衢步趋礼节，得无放荡未能谨饬否？一应言行心术，得无欺妄非僻未能忠信笃敬否？诸童子务要各以实对，有则改之，无则加勉。教读复随时就事，曲加诲谕开发，然后各退就席肄业。

175. 凡歌诗，须要整容定气，清朗其声音，均审其节调，毋躁而急，毋荡而嚣，毋馁而慑，久则精神宣畅，心气和平矣。每学量童生多寡，分为四班。每日轮一班歌诗，其余皆就席敛容肃听，每五日，则总四班递歌于本学。每朔望，集各学会歌于书院。

176. 凡习礼须要澄心肃虑，审其仪节，度其容止，毋忽而惰，毋沮而怍，毋径而野，从容而不失之迂缓，修谨而不失之拘局。久则体貌习熟，德性坚定矣。童生班次皆如歌诗，每间一日，则轮一班习礼，其余皆就席敛容肃观。习礼之日，免其课仿。每十日则总四班递习于本学。每朔望，则集各学会习于书院。

177. 凡授书不在徒多，但贵精熟。量其资禀，能二百字者止可授以一百字，常使精神力量有余，则无厌苦之患，而有自得之美。讽诵之际，务令专心一志，口诵心惟，字字句句细绎反复，抑扬其音节，宽虚其心意，久则义礼[1]浃洽，聪明日开矣。

〔1〕德安府南本“义礼”作“义理”。

178. 每日工夫，先考德，次背书诵书，次习礼或作课仿，次复诵书、讲书，次歌诗。凡习礼歌诗之类，皆所以常存童子之心，使其乐习不倦，而无暇及于邪僻。教者知此，则知所施矣。虽然，此其大略也，神而明之，则存乎其人。〔1〕

〔1〕语本《易经·系辞传上》："极天下之赜者存乎卦，鼓天下之动者存乎辞，化而裁之存乎变，推而行之存乎通，神而明之存乎其人，默而成之，不言而信，存乎德行。"（第十二章）

因材施教，参见《寄希渊·二》："人品不齐，圣贤亦因材成就。孔门之教，言人人殊，后世儒者，始有归一之论，然而成德达材者鲜，又何居乎？"（《全书》卷四）

教无定法，参见《别王纯甫序》："不一，所以一之也。天之于物也，巨微修短之殊位，而生成之一也。惟技也亦然，弓冶不相为能，而其足于用亦一也。匠斫也，陶埴也，圬墁也，其足以成室亦一也。是故立法而考之，技也，各诣其巧矣，而同足于用。因人而施之教也，各成其材矣，而同归于善。……曰：'然则教无定法乎？昔之辩者则何严也？'曰：'无定矣，而以之必天下，则弓焉而冶废，匠焉而陶圬废。圣人不欲人人而圣之乎？然而质人人殊，故辩之严者，曲之致也。是故或失则隘，或失则支，或失则流矣。是故因人而施者，定法矣；同归于善者，定法矣。因人而施，质异也；同归于善，性同也。夫教，以复其性而已。由尧、舜以来，未之有改，而谓无定乎？'"（《全书》卷七）

传习录下

179. 正德乙亥，九川[1]初见先生于龙江[2]。先生与甘泉先生论“格物”之说。甘泉[3]持旧说[4]。先生曰：“是求之于外了。”甘泉曰：“若以格物理为外，是自小其心也。”九川甚喜旧说之是。先生又论“尽心”一章，九川一闻却遂无疑。

后家居，复以“格物”遗质。先生答云：“但能实地用功，久当自释。”[5]山间乃自录《大学》旧本读之，觉朱子“格物”之说非是；然亦疑先生以意之所在为物，物字未明。

己卯归自京师，再见先生于洪都[6]。先生兵务倥偬，乘隙讲授，首问：“近年用功何如？”

九川曰：“近年体验得‘明明德’功夫只是‘诚意’。自‘明明德于天下’，步步推入根源，到‘诚意’上再去不得，如何以前又有‘格致’工夫？后又体验，觉得意之诚伪，必先知觉乃可，以颜子‘有不善未尝不知，知之未尝复行’[7]为证，豁然若无疑；却又多了‘格物’工夫。又思来吾心之灵，何有不知意之善恶？只是物欲蔽了；须格去物欲，[8]始能如颜子未尝不知耳。又自疑功夫颠倒，与‘诚意’不成片段。后问希颜[9]。希颜曰：‘先生谓格物致知是诚意功夫，极好。’九川曰：‘如何是诚意功夫？’希颜令再思体看，九川终不悟，请问。”

先生曰："惜哉！此可一言而悟，惟濬所举颜子事便是了。只要知身、心、意、知、物是一件。"

九川疑曰："物在外，如何与身、心、意、知是一件？"

先生曰："耳、目、口、鼻、四肢，身也，非心安能视、听、言、动？心欲视、听、言、动，无耳、目、口、鼻、四肢，亦不能。故无心则无身，无身则无心。〔10〕但指其充塞处言之，谓之身；指其主宰处言之，谓之心；指心之发动处，谓之意；指意之灵明处，谓之知；指意之涉著处，谓之物，只是一件。意未有悬空的，必著事物，故欲诚意，则随意所在某事而格之，去其人欲而归于天理，则良知之在此事者，无蔽而得致矣！此便是诚意的功夫。"九川乃释然破数年之疑。

又问："甘泉近亦信用《大学》古本，谓'格物'犹言'造道'，又谓穷理如穷其巢穴之穷，以身至之也，故格物亦只是'随处体认天理'；似与先生之说渐同。"〔11〕

先生曰："甘泉用功，所以转得来。当时与说'亲民'字不须改，他亦不信，今论'格物'亦近，〔12〕但不须换物字作理字，只还他一物字便是。"

后有人问九川曰："今何不疑物字？"曰："《中庸》曰'不诚无物'，程子曰'物来顺应'；又如'物各付物'〔13〕、'胸中无物'之类，皆古人常用字也。"

他日，先生亦云然。〔14〕

〔1〕陈九川（1495—1562），字惟濬，号明水，江西临川人，正德九年（1514）进士。任太常博士，因谏武宗南巡，被杖去职，世宗时复职任礼部郎中，主裁革浪费，被讼下狱。出狱后致仕，周流讲学名山。正德十五年入虔，拜阳明为师，即自焚其所著书。著有《明水先生集》。参见《明儒学案》卷十九。

〔2〕今江苏南京地。

〔3〕湛甘泉(1466—1560),名若水,字元明,广东增城人,从学于陈献章;弘治十八年(1505)进士,历任南京礼、吏、兵三部尚书。王守仁早年与湛往来甚密,思想相互影响。湛以随处体认天理为宗旨,不完全同意王守仁的格物说。以后双方弟子时有争辩。著有《湛甘泉文集》。参见《明儒学案》卷三十七。

〔4〕"旧说"指朱熹向外穷理的格物说。

〔5〕此信已佚。

〔6〕今江西南昌。

〔7〕语见《易经·系辞传下》:"子曰:'颜氏之子,其殆庶几乎?有不善未尝不知,知之未尝复行也。'"(第五章)

〔8〕参见《答天字书·二》:"扞去外物之说(指司马光之说),亦未为甚害。然止捍御于其外,则亦未有拔去病根之意,非所谓克己求仁之功矣。"(《全书》卷四)

〔9〕情况不明,或曰即蔡希渊。

〔10〕参见《大学问》:"何谓身?心之形体运用之谓也。何谓心?身之灵明主宰之谓也。"

〔11〕见湛若水《答阳明》:"格者,至也,即格于文祖、有苗格之格。物者,天理也,即言有物、舜明于庶物之物,即道也。格即造诣之义,格物者,即造道也。知行并进,学问思辨行,皆所以造道也。故读书亲师友酬应,随时随处,皆求体认天理而涵养之,无非造道之功。诚正修工夫,皆于格物上用,家国天下皆即此扩充,无两段工夫,此即所谓止至善。尝谓止至善,则明德亲民皆了者,此也。如是方可讲知至。孟子深造以道,即格物之谓也。自得之,即知至之谓也。居安资深逢源,即修齐治平之谓也。"(《湛甘泉文集》卷七)

〔12〕参见《答甘泉》:"然吾兄既不屑屑于仆,而仆亦不以汲汲于兄者,正以志向既同,如两人同适京都,虽所由之途,间有迂直,知其异日之归终同耳。向在龙江舟次,亦尝进其《大学》旧本及格物诸

说，兄时未以为然，而仆亦遂置不复强聒者，知兄不久自当释然于此也。乃今果获所愿，喜跃何可言，昆仑之源，有时而伏流，终必达于海也。”(《全书》卷四)

又参见《寄邹谦之》：“随处体认天理之说，大约未尝不是，只要根究下落，即未免捕风捉影，纵令鞭辟向里，亦与圣门致良知之功，尚隔一尘。若复失之毫厘，便有千里之谬矣，四方同志之至此者，但以此意提掇之，无不即有省发，只是著实能透彻者，甚亦不易得也。”(《全书》卷六)

又参见《与毛古庵宪副》：“凡鄙人所谓致良知之说，与今之所谓体认天理之说，本亦无大相远，但微有直截迂曲之差耳。譬之种植，致良知者，是培其根本之生意，而达之枝叶者也；体认天理者，是茂其枝叶之生意，而求以复之根本者也。然培其根本之生意，固自有以达之枝叶矣。欲茂其枝叶之生意，亦安能舍根本而别有生意可以茂之枝叶之间者乎？”(《全书》卷六)

〔13〕语本程颐所说：“盖人万物皆备，遇事时各因其心之所重者，更互而出，才见得这事重，便有这事出，若能物各付物，便自不出来也。”(《二程集·遗书》卷十八)

〔14〕闾本有钱德洪续刻《传习录序》载在此卷首，录于下：

古人立教，皆为未悟者设法，故其言简易明白，人人可以与知而与能。而究极所止，虽圣人，终身用之有所未尽。盖其见道明彻，先知进学之难易，故其为教也循循善诱，使人悦其近而不觉其入，喜其易而各极所趋。夫人之良知一也，而领悟不能以皆齐，有言下即能了悟者矣；有良知虽明，不能无间，必有待于修治之功者矣；有修治之功百倍于人，而后其知始彻者矣。善教者不语之以其所悟，而惟视其所入，如大匠之作室然，规矩虽一而因物曲成，故中材上下皆可与入道。若不顾其所安，而概欲强之以其所未及教者，曰：‘斯道之妙也如是。’学者亦曰：‘斯道之妙也如是。’彼以言授，此以言接，融释于声闻，悬解于测亿，而遂谓道固如是矣，宁不几于狂且惑乎！吾师阳明先生，平时论学未尝立一言，惟揭《大学》宗旨，以指示人心。谓《大学》之教自帝尧明德睦族以降，至孔门而复明。其为道也，由一身以至家、国、天下，由初学以至圣人，彻上彻下，通物通我，无不具足。此性命之真，几圣学之规矩也。然规矩陈矣，而运用之妙则由乎人，故及门之士，各得所趋，而莫知其所由入。吾师既没，不肖如洪，领悟未彻，又不肯加百倍之功。同志归散四方，各以所得引接来学，而四方学者渐觉头绪太多。执规矩者，滞于形器，而无言外之得；语妙悟者，又超于规矩之外，而不切事理之实，愿学者病焉。年来同志亟图为会，互相劘切，各极所诣，渐有合异同归之机。始思师门立教，良工苦心，盖其见道明彻之后，能不以其所悟示人，而为未悟者设法。故其高不至于凌虚，卑不至于执有，而人人善入。此师门之宗旨所以未易与绎也。洪在吴时，为先师裒刻《文录》，《传习录》所载下卷，皆先师书也。既以次入《文录》书类矣，乃摘录中问答语，仍书南大吉所录，以补下卷，复采陈惟濬诸同志所录，得二卷焉，附为《续录》，以合成书。适遭内艰，不克终事。去年秋会同志于南畿，吉阳何子迁、初泉刘子起宗，相与商订旧学，谓师门之教，使学者趋专归一，莫善于《传习录》。于是刘子归宁国，谋诸泾尹丘时庸，相与捐俸刻诸水西精舍，使学者各得所入，庶不疑其所行云。时嘉靖甲寅夏六月，门人钱德洪序。

180. 九川问：“近年因厌泛滥之学，每要静坐，求屏息念虑，非惟不能，愈觉扰扰，如何？”先生曰：“念如何可息？只是要正。”

曰：“当自有无念时否？”

先生曰：“实无无念时。”

曰：“如此却如何言静？”

曰：“静未尝不动，动未尝不静。戒谨恐惧即是念，何分动静?”

曰:“周子何以言‘定之以中正仁义而主静’?”

曰:“无欲故静,是‘静亦定,动亦定’的定字,主其本体也。戒惧之念,是活泼泼地,此是天机不息处,所谓‘维天之命,於穆不已’[1]。一息便是死,非本体之念,即是私念。”[2]

〔1〕语本《诗经·周颂·维天之命》:“维天之命,於穆不已,于乎不显,文王之德之纯。”天命:天道。於穆:深貌。不已:无穷。

〔2〕参见《象山文集序》:“至宋周、程二子,始复追寻孔、颜之宗,而有无极而太极,定之以仁义中正而主静之说,动亦定,静亦定,无内外,无将迎之论;庶几精一之旨矣。”(《全书》卷七)

181. 又问:“用功收心时,有声色在前,如常闻见,恐不是专一。”

曰:“如何欲不闻见?除是槁木死灰,耳聋目盲则可,只是虽闻见而不流去便是。”曰:“昔有人静坐,其子隔壁读书,不知其勤惰。程子称其甚敬。[1]何如?”

曰:“伊川恐亦是讥他。”[2]

〔1〕语本《二程集·遗书》:“许渤与其子隔一窗而寝,乃不闻其子读书与不读书,先生谓:‘此人持敬如此。’(曷尝有如此圣人)”(卷三)参见朱熹《答陈正已》:“许渤为人,不可知其详……隔窗事者,非必有寄寂之意而欲其不闻也。况此条之下,一本注云‘曷尝有如此圣人’,则是先生盖亦未之许也。”(《朱子大全》卷五十四)

〔2〕参见欧阳南野《论学书》:“先师(王守仁)谓致知存乎心悟,若认知识为良知,正是粗看了,未见所谓不学不虑,不系于人者,然非情无以见性,非知识意念,则亦无以见良知。”(《明儒学案·江右学案二》)按王守仁此处虽分别良知与知识,但并未将二者对立。与第 166 条(《答欧阳崇一书》)可以参照。

182. 又问:"静坐用功,颇觉此心收敛;遇事又断了,旋起个念头去事上省察;事过又寻旧功,还觉有内外,打不作一片。"

先生曰:"此'格物'之说未透。心何尝有内外?即如惟濬今在此讲论,又岂有一心在内照管?这听讲说时专敬,即是那静坐时心,功夫一贯,何须更起念头?人须在事上磨炼,做功夫乃有益;若只好静,遇事便乱,终无长进。那静时功夫亦差似收敛,而实放溺也。"

后在洪都,复与于中〔1〕、国裳〔2〕论内外之说,渠皆云物自有内外,但要内外并着功夫,不可有间耳。以质先生。

曰:"功夫不离本体,本体原无内外,只为后来做功夫的分了内外,失其本体了。如今正要讲明功夫不要有内外,乃是本体功夫。"〔3〕

是日俱有省。

〔1〕情况不详。

〔2〕舒芬(1484—1527),字国裳,号梓溪,江西进贤人,正德十二年(1517)进士第一,授翰林修撰,以谏武宗南巡,杖后贬谪福建。世宗时召复故职,不久因大礼议案下狱,释归后不久卒,著有《舒国裳先生集》。参见《明儒学案》卷五十三。

〔3〕参见《答魏师说》:"若见得透彻,即体面事势中,莫非良知之妙用。除却体面事势之外,亦别无良知矣。岂得又为体面所局,事势所格?即已动于私意,非复良知之本然矣。今时同志中,虽皆知得良知无所不在,一涉酬应,便又将人情物理与良知看作两事,此诚不可以不察也。"(《全书》卷六)

183. 又问:"陆子之学何如?"

先生曰:"濂溪、明道之后,还是象山,只是粗些。"〔1〕

九川曰:“看他论学,篇篇说出骨髓,句句似针膏肓,却不见他粗。”

先生曰:“然他心上用过功夫,与揣摹依仿、求之文义自不同,但细看有粗处。用功久,当见之。”

〔1〕参见《与席元山》:“象山之学,简易直截,孟子之后一人。其学问思辨,致知格物之说,虽亦未免沿袭之累,然其大本大原,断非余子所及也。”(《全书》卷五)

又参见《答友人问》:“致知格物,自来儒者皆相沿如此说,故象山遂相沿得来,不复致疑耳。然此毕竟亦是象山见得未精一处,不可掩也。”(《全书》卷六)

又参见《象山文集序》:“有象山陆氏,虽其纯粹和平,若不逮于二子(指周、程二子),而简易直截,真有以接孟子之传。其议论开阖,时有异者,乃其气质意见之殊,而要其学之必求诸心,则一而已。故吾尝断以陆氏之学,孟氏之学也。而世之议者,以其尝与晦翁之有同异,而遂诋以为禅。”(《全书》卷七)

184. 庚辰往虔州〔1〕再见先生。

问:“近来功夫虽若稍知头脑,然难寻个稳当快乐处。”

先生曰:“尔却去心上寻个天理,此正所谓理障〔2〕。此间有个诀窍。”

曰:“请问如何?”

曰:“只是致知。”

曰:“如何致?”

曰:“尔那一点良知,是尔自家底准则,尔意念着处,他是便知是,非便知非,更瞒他一些不得。尔只不要欺他,实实落落依着他做去,善便存,恶便去。他这里何等稳当快乐!此便是‘格物’的真诀,‘致知’的实功〔3〕。若不靠着这些真机,如何去格物？我亦近年体贴出来如此分明，初犹疑只依他恐有不足，精细看，无些小欠阙。”

〔1〕虔州：今江西赣县。

〔2〕语本《圆觉经》：“善男子，一切众生，由本贪欲，发挥无明，显出五性，差别不等，依二种障，而现深浅。云何二障？一者理障，碍正知见；二者事障，续诸生死。”（《大正新修大藏经》第十七卷）

〔3〕参见《答魏师说》：“所云任情任意，认作良知，及作意为之，不依本来良知，而自谓良知者，既已察识其病矣。意与良知，当分别明白。凡应物起念处，皆谓之意。意则有是有非，能知得意之是与非者，则谓之良知，依得良知即无有不是矣。所疑拘于体面，格于事势等患，皆是致良知之心未能诚切专一。若能诚切专一，自无此也。”（《全书》卷六）

185. 在虔与于中、谦之〔1〕同侍。

先生曰：“人胸中各有个圣人，只自信不及，都自埋倒了。”因顾于中曰：“尔胸中原是圣人。”〔2〕于中起，不敢当。

先生曰：“此是尔自家有的，如何要推？”

于中又曰：“不敢。”

先生曰：“众人皆有之，况在于中，却何故谦起来？谦亦不得。”于中乃笑受。

又论：“良知在人，随你如何，不能泯灭，虽盗贼，亦自知不当为盗，唤他做贼，他还忸怩。”

于中曰：“只是物欲遮蔽；良心在内，自不会失，如云自蔽日，日何尝失了。”

先生曰：“于中如此聪明，他人见不及此。”

〔1〕邹谦之（1491—1562），名守益，号东廓，江西安福人。正德六年

(1511)会试第一，廷试第三，授翰林编修。正德十四年往赣州见王守仁，求表父墓，殊无意于学，守仁日夕讲学，邹忽有省，遂称弟子。值宸濠反，助王平乱。嘉靖时，因大礼议下狱，谪判广德州(即元之广德路；明改为州，今安徽广德、郎溪两县地是)，建复初书院，延王艮等讲学。嘉靖六年任南京吏部郎中，首次刻《阳明先生文录》于广德州。历任至南京国子祭酒，晚年里居讲学，从游者众，黄宗羲称"阳明之殁，不失其传者，不得不以先生为宗子也"。参见《邹东廓先生文集》及《明儒学案》卷十六。

〔2〕参见《咏良知四首示诸生》之一："个个人心有仲尼，自将闻见苦遮迷。而今指与真头面，只是良知更莫疑。"(《全书》卷二十)

又参见《书魏师孟卷》："心之良知是谓圣，圣人之学，惟是致此良知而已。"(《全书》卷八)

186. 先生曰："这些子看得透彻，随他千言万语，是非诚伪，到前便明，合得的便是，合不得的便非，如佛家说'心印'〔1〕相似，真是个试金石、指南针。〔2〕"

〔1〕语见《祖庭事苑·八》："达磨西来，不立文字，单传心印，直指人心，见性成佛。"(《续藏经》第一辑第二编，第十八套，第一册)

〔2〕参见《寄邹谦之·四》："所幸良知在我，操得其要，譬犹舟之得舵，虽惊风巨浪，颠沛不无，尚犹得免于倾覆者也。"(《全书》卷六)

又参见《咏良知四首示诸生》之三："人人自有定盘针，万化根源总在心。却笑从前颠倒见，枝枝叶叶外头寻。"(《全书》卷二十)

187. 先生曰："人若知这良知诀窍，随他多少邪思枉念，这里一觉，都自消融；真个是灵丹一粒，点铁成金〔1〕。"

〔1〕又参见《碧岩录》："点铁成金，点金成铁，忽擒忽纵，是衲僧拄杖子。"(卷九)

又参见《与黄宗贤·五》："吾人为学，当从心髓入微处用力，自然笃实光辉。虽私欲之萌，真是洪炉点雪，天下之大本立矣。若就标末妆缀比拟，凡平日所谓学问思辨者，适足以为长傲遂非之资；自以为进于高明光大，而不知陷于狠戾险嫉，亦诚可哀也已。"（《全书》卷四）

188. 崇一曰："先生'致知'之旨发尽精蕴，看来这里再去不得。"

先生曰："何言之易也！再用功半年看如何？又用功一年看如何？功夫愈久，愈觉不同，此难口说。"〔1〕

〔1〕参见《寄希渊·三》："学问之道无他，求其放心而已，盖一言而足。至其功夫节目，则愈讲而愈无穷者。"（《全书》卷四）

189. 先生问九川："于'致知'之说体验如何？"

九川曰："自觉不同。往时操持常不得个恰好处，此乃是恰好处。"

先生曰："可知是体来与听讲不同。我初与讲时，知尔只是忽易，未有滋味。只这个要妙再体到深处，日见不同，是无穷尽的。"又曰："此'致知'二字，真是个千古圣传之秘，见到这里，'百世以俟圣人而不惑'。"〔1〕

〔1〕参见《书魏师孟卷》："此良知所以为圣愚之同具，而人皆可以为尧、舜者，以此也。是故良知之外无学矣。自孔、孟既没，此学失传几千百年。赖天之灵，偶复有见，诚千古之一快，百世以俟圣人而不惑者也。"（《全书》卷八）

又参见《与杨仕鸣》："区区所论致知二字，乃是孔门正法眼藏，于此见得真的，直是建诸天地而不悖，质诸鬼神而无疑，考诸三王而不谬，百世以俟圣人而不惑。知此者方谓之知道，得此者方谓之有德。异此而学，即谓之异端；离此而说，即谓之邪说；迷此而行，即谓之冥行。虽千魔万怪，眩瞀变幻于前，自当触之而碎，迎之而解，如太阳一出，而鬼魅魍魉自无所逃其形矣。尚何疑虑之有，而何异同之足惑乎。”(《全书》卷五)

190. 九川问曰：“伊川说到体用一原、显微无间处，门人已说是泄天机，[1]先生‘致知’之说，莫亦泄天机太甚否？”

先生曰：“圣人已指以示人，只为后人揜匿，我发明耳，何故说泄？此是人人自有的，觉来甚不打紧一般。然与不用实功人说，亦甚轻忽可惜，彼此无益；与实用功而不得其要者提撕之，甚沛然得力。”[2]

〔1〕语见《二程集·外书》：“和靖尝以《易传序》请问曰：‘至微者理也，至著者象也，体用一原，显微无间，莫太泄露天机否？’伊川曰：‘如此分明说破，犹自人不解悟。’”(第十二)

〔2〕参见《寄薛尚谦》：“‘致知’二字，是千古圣学之秘，向在虔时终日论此，同志中尚多有未彻。近于古本序中改数语，颇发此意，然见者往往亦不能察。今寄一纸，幸熟味，此是孔门正法眼藏，从前儒者多不曾悟到，故其说卒入于支离。”(《全书》卷五)

191. 又曰：“知来本无知，觉来本无觉，然不知则遂沦埋。”[1]

〔1〕“然不知则遂沦埋”，意指如果我们不知道“知来本无知，觉来本无觉”，即不知道知与觉的无限性，“功夫愈久，愈觉不同”，则“致知”的思想仍旧被淹没，并没有被我们真正理解。参见《答人问良知二首》：“良知即是独知时，此知之外更无知。谁人不有良知在？知得良知却是谁。”(《全书》卷二十)

192. 先生曰："大凡朋友，须箴规指摘处少，诱掖奖劝意多，方是。"后又戒九川云："与朋友论学，须委曲谦下，'宽以居之'。"[1]

[1] 参见《书中天阁勉诸生》："大抵朋友之交，以相下为益，或议论未合，要在从容涵育，相感以诚，不得动气求胜，长傲遂非。务在默而成之，不言而信。其或矜己之长，攻人之短，粗心浮气，矫以沽名，讦以为直，挟胜心而行愤嫉，以圮族败群为志，则虽日讲时习于此，亦无益矣。"(《全书》卷八)

"宽以居之"，语本《易经・乾卦・文言》："君子学以聚之，问以辨之，宽以居之，仁以行之。"

193. 九川卧病虔州。

先生云："病物亦难格，觉得如何？"

对曰："功夫甚难。"

先生曰："常快活便是功夫。"[1]

[1] 参见《与王纯甫》："尝以为君子素其位而行，不愿乎其外。素富贵行乎富贵，素贫贱行乎贫贱，素患难行乎患难，故无入而不自得。后之君子，亦当素其位而学，不愿乎其外。素富贵学处乎富贵，素贫贱患难学处乎贫贱患难，则亦可以无入而不自得。向尝为纯甫言之，纯甫深以为然，不审迩来用力却如何耳？"(《全书》卷四)

194. 九川问："自省念虑，或涉邪妄，或预料理天下事，思到极处，井井[1]有味，便缱绻[2]难屏，觉得早则易，觉迟则难，用力克治，愈觉扞格[3]，惟稍迁念他事，则随两忘。如此廓清，亦似无害。"

先生曰："何须如此，只要在良知上着功夫。"

九川曰："正谓那一时不知。"

先生曰："我这里自有功夫，何缘得他来？只为尔功夫断了，便蔽其知。既断了，则继续旧功便是，何必如此？"

九川曰："直是难鏖，虽知丢他不去。"

先生曰："须是勇；用功久，自有勇。故曰'是集义所生者'，胜得容易，便是大贤〔4〕。"

〔1〕井井：津津。佐藤一斋据《荀子》杨倞注释为"有条理也"。似不切。

〔2〕缱绻：牢固相著。

〔3〕扞格：抵捂不相入。

〔4〕张本"大贤"作"大勇"；参见《与黄宗贤》："人在仕途，比之退处山林时，其工夫之难十倍，非得良友时时警发砥砺，则其平日之所志向，鲜有不潜移默夺，弛然日就于颓靡者。近与诚甫言，在京师相与者少，二君必须预先相约定，彼此但见微有动气处，即须提起致良知话头，互相规切。凡人言语正到快意时，便截然能忍默得；意气正到发扬时，便翕然能收敛得，愤怒嗜欲正到沸腾时，便廓然能消化得，此非天下之大勇者不能也。然见得良知亲切时，其工夫又自不难。缘此数病，良知之所本无，只因良知昏昧蔽塞而后有。若良知一提醒时，即如白日一出，而魍魉自消矣。《中庸》谓'知耻近乎勇'，所谓知耻，只是耻其不能致得自己良知耳。"（《全书》卷六）

又参见《与黄宗贤·一》："子路之勇，而夫子未许其仁者，好勇而无所取裁，所勇未必皆出天理之公也。事君而不避其难，仁者不过如是，然而不知食辄之禄为非义，则勇非其所宜，勇不得为仁矣。然勇为仁之资，正吾侪之所尚欠也。"（《全书》卷四）

195. 九川问："此功夫却于心上体验明白，只解书不通。"

先生曰："只要解心。心明白，书自然融会。若心上不通，只要书上文义通，却自生意见。"〔1〕

〔1〕参见《与王纯甫·三》："后世之学，琐屑支离，正所谓采摘汲引，其间亦宁无小补？然终非积本求原之学，句句是，字字合，然而终不可入尧、舜之道也。"(《全书》卷四)

又参见《与杨仕鸣·三》："前者是备录区区之语，或未尽区区之心。此册乃直述仕鸣所得，反不失区区之见，可见学贵乎自得也。古人谓得意忘言，学苟自得，何以言为乎？"(《全书》卷五)

196. 有一属官因久听讲先生之学，曰："此学甚好，只是簿书讼狱繁难，不得为学。"

先生闻之，曰："我何尝教尔离了簿书讼狱，悬空去讲学？尔既有官司之事，便从官司的事上为学，才是真格物。如问一词讼，不可因其应对无状，起个怒心；不可因他言语圆转，生个喜心；不可恶其嘱托，加意治之；不可因其请求，屈意从之；不可因自己事务烦冗，随意苟且断之；不可因旁人谮毁罗织，〔1〕随人意思处之；这许多意思皆私，只尔自知，须精细省察克治，惟恐此心有一毫偏倚，枉人是非，这便是格物致知。簿书讼狱之间，无非实学〔2〕。若离了事物为学，却是着空。"〔3〕

〔1〕《唐书·酷吏传》："姚崇曰：'当时以告讦为功，天下号曰罗织。'"

〔2〕朱熹《中庸章句》引程颐语："其书始言一理，中散为万事，末复合为一理。放之则弥六合，卷之则退藏于密，其味无穷。皆实学也。"

又参见《与王纯甫》："天下事虽万变，吾所以应之，不出乎喜怒哀乐四者，此为学之要，而为政亦在其中矣。"(《全书》卷四)

〔3〕参见《与王公弼》："书中所云斯道广大，无处欠缺，动静穷达，无往

非学，自到任以来，钱谷狱讼，事上接下，皆不敢放过。但反观于独，犹未是夭寿不二根基，毁誉得丧之间未能脱然。足知用功之密。只此自知之明，便是良知，致此良知以求自慊，便是致知矣。”（《全书》卷五）

197. 虔州将归，有诗别先生云：“良知何事系多闻，妙合当时已种根，好恶从之为圣学，将迎无处是乾元。”

先生曰：“若未来讲此学，不知说‘好恶从之’从个甚么。”〔1〕

敷英〔2〕在座曰：“诚然。尝读先生《大学古本序》〔3〕，不知所说何事；及来听讲许时，乃稍知大意。”

〔1〕参见《咏良知四首示诸生》之四：“无声无臭独知时，此是乾坤万有基，抛却自家无尽藏，沿门持钵效贫儿。”（《全书》卷二十）

〔2〕情况不详。

〔3〕见《全书》卷七，此为嘉靖二年修改本新序。此处当指正德十三年初刻本旧序，旧序见罗钦顺《困知记三续》二十章。

198. 于中、国裳辈同侍食。

先生曰：“凡饮食只是要养我身，食了要消化；若徒蓄积在肚里，便成痞了，如何长得肌肤？后世学者博闻多识，留滞胸中，皆伤食之病也。”〔1〕

〔1〕参见《与黄宗贤·三》：“滁阳之行，相从者亦二三子，兼复山水清远，胜事闲旷，诚有足乐者。故人不忘久要，果能乘兴一来耶？得应元忠书，诚如其言，亦大可喜。牵制文义，自宋儒已然，不独今时学者，遂求脱然洗涤，恐亦甚难，但得渐能疑辨，当亦终有觉悟矣。”（《全书》卷四）

199. 先生曰:“圣人亦是‘学知’,众人亦是‘生知’。”〔1〕

问曰:“何如?”

曰:“这良知人人皆有,圣人只是保全无些障蔽,兢兢业业〔2〕,亹亹〔3〕翼翼〔4〕,自然不息,便也是学,只是生的分数多,所以谓之‘生知、安行’,众人自孩提之童,莫不完具此知,只是障蔽多,然本体之知自难泯息,虽问学克治,也只凭他,只是学的分数多,所以谓之‘学知、利行’。”〔5〕

〔1〕参见《答季明德》:“谓至其极而矩之不逾,亦不过自此志之不已所积。而不逾之上,亦必有学可进。圣人岂绝然与人异哉!”又云:“善者,圣之体也,害此善者,人欲而已。人欲,吾之所本无,去其本无之人欲,则善在我而圣体全。圣无有余,我无不足,此以知圣人之必可学也。然非有求为圣人之志,则亦不能以有成。”(《全书》卷六)

〔2〕语见《书经·皋陶谟》:“无教佚欲有邦,兢兢业业,一日二日万几,无旷庶官,天工人其代之。”

〔3〕语见《诗经·大雅·文王》:“亹亹文王,令闻不已。”亹亹:强勉貌。

〔4〕语见《诗经·大雅·文王》:“世之不显,厥犹翼翼。”翼翼:勉敬貌。

〔5〕此章后,俞、陈、朱本均有“门人陈九川录”六字。

200. 黄以方〔1〕问:“先生格致之说,随时格物以致其知,则知是一节之知,非全体之知也,何以到得‘溥博如天,渊泉如渊’〔2〕地位?”

先生曰:“人心是天、渊。心之本体无所不该,原是一个天,只为私欲障碍,则天之本体失了;心之理无穷尽,原是一个渊,只为私欲窒塞,则渊之本体失了。如今念念致良知,将此障碍窒塞一齐去尽,则本体已复,便是天、渊了。”乃指天以示之曰:“比如面前见天,是昭昭之天,四外见天,也只是昭昭之天。只为许多房子墙壁遮蔽,便不见天之全体,若撤去房子墙壁,总是一个天矣。不可道眼前天是昭昭之天,外面[3]又不是昭昭之天也。于此便见一节之知即全体之知,全体之知即一节之知,总是一个本体。"[4]

〔1〕黄直,字以方,其他情况不详。

〔2〕语本《中庸》:"溥博如天,渊泉如渊。见而民莫不敬,言而民莫不信,行而民莫不说。"(三十一章)

〔3〕闾东本"外面"下有"天"字。

〔4〕参见《书王一为卷》:"曰:'致知之训,千圣不传之秘也。一为既领之矣,敢请益。'予曰:'千丈之木,起于肤寸之萌芽。子谓肤寸之外无所益欤,则何以至于千丈?子谓肤寸之外有所益欤?则肤寸之外,子将何以益之?'一为跃然起拜曰:'闻教矣。'"(《全书》卷八)

又参见《气候图序》:"由是因人事以达于天道,因一月之候,以观夫世运会元,以探万物之幽赜,而穷天地之始终,皆于是乎始。"(《全书》卷二十二)

又参见王龙溪《抚州拟岘台会语》:"盖象山之学,得力处全在积累,因诵'涓流积至沧溟水,拳石崇成太华岑'。先师(王守仁)曰:'此只说得象山自家所见,须知涓流即是沧海,拳石即是泰山,此是最上一机,所谓无翼而飞,无足而至,不由积累而成者也。'"(《王龙溪全集》卷一)

又参见尤西川《拟学小记》:"许函谷与阳明在同年中最厚,别久再会,函谷举旧学相证,阳明不言,但微笑曰:'吾辈此时,只说自家话,还翻那旧本子作甚?人常言圣人忧天下,忧后世,故生许多假意,悬空料想,无病呻吟,君子思不出位,只是照管眼下,即天下后世一齐皆在。'"(《明儒学案·北方王门学案》)

201. 先生曰:"圣贤非无功业气节,但其循着这天理,则便是道，不可以事功气节名矣。”[1]

〔1〕参见《自得斋说》：“道，吾性也。性，吾生也，而何事于外求。世之学者，业辞章，习训诂，工技艺，探赜而索隐，弊精极力，勤苦终身，非无所谓深造之者。然亦辞章而已耳，训诂而已耳，技艺而已耳，非所以深造于道也，则亦外物而已耳，宁有所谓自得逢原者哉。”（《全书》卷七）

又参见《与黄诚甫》：“仁人者，正其谊不谋其利，明其道不计其功，一有谋计之心，则虽正谊明道，亦功利耳。”（《全书》卷四）

202. “‘发愤忘食’是圣人之志如此，真无有已时。‘乐以忘忧’[1]是圣人之道如此，真无有戚时。恐不必云得不得也。”

〔1〕语见《论语·述而篇》：“叶公问孔子于子路，子路不对。子曰：‘女奚不曰：其为人也，发愤忘食，乐以忘忧，不知老之将至云尔。’”（第十八章）朱熹注曰：“未得，则发愤而忘食；已得，则乐之而忘忧。”

参见《惜阴说》：“天道之运，无一息之或停。吾心良知之运，亦无一息之或停。良知即天道，谓之‘亦’，则犹二之矣。知良知之运，无一息之或停者，则知惜阴矣。知惜阴者，则知致其良知矣。子在川上曰：‘逝者如斯夫，不舍昼夜。’此其所以学如不及，至于发愤忘食也。”（《全书》卷七）

203. 先生曰：“我辈致知，只是各随分限所及。今日良知见在如此，只随今日所知扩充到底，明日良知又有开悟，便从明日所知扩充到底，如此方是精一功夫。与人论学，亦须随人分限所及。如树有这些萌芽，只把这些水去灌溉，萌芽再长，便又加水，自拱把以至合抱，灌溉之功皆是随其分限所

及。若些小萌芽，有一桶水在，尽要倾上，便浸坏他了。”〔1〕

〔1〕参见《寄李道夫》：“学绝道丧，俗之陷溺，如人在大海波涛中，且须援之登岸，然后可授之衣而与之食。若以衣食投之波涛中，是适重其溺，彼将不以为德，而反以为尤矣。故凡居今之时，且须随机道引，因事启沃，宽心平气以薰陶之，俟其感发兴起，而后开之以其说，是故为力易而收效溥。不然，将有扞格不胜之患，而且为君子爱人之累。”（《全书》卷四）

204. 问“知行合一”。

先生曰：“此须识我立言宗旨。今人学问，只因知、行分作两件，故有一念发动，虽是不善，然却未曾行，便不去禁止。我今说个‘知行合一’，正要人晓得一念发动处，便即是行了；发动处有不善，就将这不善的念克倒了，须要彻根彻底不使那一念不善潜伏在胸中；此是我立言宗旨。”〔1〕

〔1〕参见《答周冲书五通》之四：“知行合一之说，专为近世学者分知行为两事，必欲先用知之之功而后行，遂致终身不行，故不得已而为此补偏救弊之言。学者不能著体履，而又牵制缠绕于言语之间，愈失而愈远矣。行之明觉精察处即是知，知之真切笃实处即是行。足下但以此语细思之，当自见。”（《中国哲学》第一辑）

又参见《与陆元静・二》：“孟子云：‘是非之心，知也。’是非之心人皆有之，即所谓良知也，孰无是良知乎？但不能致之耳。《易》谓‘知至至之’，知至者，知也；至之者，致知也，此知行之所以一也。近世格物致知之说，只一知字尚未有下落，若致知工夫，全不曾道著矣，此知行之所以二也。”（《全书》卷五）

205. “圣人无所不知，只是知个天理；无所不能，只是能个天理。圣人本体明白，故事事知个天理所在，便去尽个天理；不是本体明后，却于天下事物都便知得，便做得来也。天下事物，如名物度数、草木鸟兽之类，不胜其烦，圣人须[1]是本体明了，亦何缘能尽知得？但不必知的，圣人自不消求知，其所当知的，圣人自能问人；如'子入太庙，每事问'[2]之类。先儒谓'虽知亦问，敬谨之至'[3]；此说不可通。圣人于礼乐名物，不必尽知。然他知得一个天理，便自有许多节文度数出来。不知能问，亦即是天理节文所在。"[4]

〔1〕闾东本"须"作"虽"。

〔2〕语本《论语·八佾篇》："子入太庙，每事问。或曰：'孰谓鄹人之子知礼乎？入太庙，每事问。'子闻之曰：'是礼也。'"（第十五章）

〔3〕朱熹《论语集注·八佾篇》引尹焞曰："礼者，敬而已矣。虽知亦问，谨之至也，其为敬，莫大于此。"（第十五章）

〔4〕参见《与马子莘》："良知即是天理。体认者，实有诸己之谓耳，非后世之想像讲说者之为也。……良知之外更无知，致知之外更无学。外良知以求知者，邪妄之知矣；外致知以为学者，异端之学矣。"（《全书》卷六）

又参见《次谦之韵》："珍重江船冒暑行，一宵心话更分明。须从根本求生死，莫向支流辨浊清。久奈世儒横臆说，竞搜物理外人情。良知底用安排得？此物由来自浑成。"（《全书》卷二十）

206. 问："先生尝谓善、恶只是一物。[1]善、恶两端，如冰、炭相反，如何谓只一物？"

先生曰："至善者，心之本体。本体上才过当些子，便是恶了；不是有一个善，却又有一个恶来相对也。故善、恶只是一物。"

直因闻先生之说，则知程子所谓"善固性也，恶亦不可不谓之性"[2]。又曰："善、恶皆天理。谓之恶者，本非恶，但于本性上过与不及之间耳。”[3]其说皆无可疑。

〔1〕见第101条。

〔2〕语见《二程集·遗书》:“人生气禀,理有善恶,然不是性中元有此两物相对而生也。有自幼而善,有自幼而恶,是气禀有然也。善固性也,然恶亦不可不谓之性也。”(卷一)

〔3〕语本《二程集·遗书》:“天下善恶皆天理,谓之恶者非本恶,但过或不及便如此,如杨、墨之类。”(卷二,上)

207. 先生尝谓:“人但得好善如好好色,恶恶如恶恶臭,便是圣人。”[1]直初时闻之,觉甚易,后体验得来,此个功夫着实是难。如一念虽知好善、恶恶,然不知不觉又夹杂去了;才有夹杂,便不是好善如好好色,恶恶如恶恶臭的心。善能实实的好,是无念不善矣,恶能实实的恶,是无念及恶矣,如何不是圣人?故圣人之学,只是一诚而已。[2]

〔1〕参见第5条。

〔2〕参见《与朱守忠》:“道之不明,皆由吾辈明之于口而不明之于身,是以徒腾颊舌,未能不言而信。要在立诚而已。向日谦虚之说,其病端亦起于不诚。便能如好好色,如恶恶臭,亦安有不谦不虚时邪?”(《全书》卷五)

208. 问:“《修道说》[1]言‘率性之谓道’,属圣人分上事;‘修道之谓教’,属贤人分上事。”

先生曰:“众人亦率性也,但率性在圣人分上较多,故‘率性之谓道’属圣人事;圣人亦修道也,但修道在贤人分上多,故‘修道之谓教’属贤人事。”又曰:“《中庸》一书,大抵皆是说修道的事。故后面凡说君子,说颜渊,说子路,皆是能修道的；说小人，说贤知、愚不肖，说庶民，皆是不能修道的；其他言舜、文、周公、仲尼至诚至圣之类，则又圣人之自能修道者也。”〔2〕

〔1〕《修道说》：“率性之谓道，诚者也；修道之谓教，诚之者也。故曰：‘自诚明，谓之性；自明诚，谓之教。’《中庸》为诚之者而作，修道之事也。道也者，性也，不可须臾离也。而过焉，不及焉，离也。是故君子有修道之功，戒慎乎其所不睹，恐惧乎其所不闻。微之显，诚之不可掩也，修道之功，若是其无间，诚之也夫。夫然后喜怒哀乐之未发谓之中，发而皆中节谓之和，道修而性复矣。致中和，则大本立而达道行，知天地之化育矣，非至诚尽性，其孰能与于此哉！是修道之极功也。而世之言修道者离矣，故特著其说。”（《全书》卷七）

〔2〕参见《徐昌国墓志》：“守仁曰：‘谓吾为有秘，道固无形也。谓吾谓子非，子未吾是也，虽然，试言之。夫去有以超无，无将奚超矣？外器以融道，道器为偶矣。而固未尝超乎？而固未尝融乎？夫盈虚消息，皆命也。纤巨内外，皆性也。隐微寂感，皆心也。存心尽性，顺夫命而已矣，而奚所趋舍于其间乎？’昌国首肯，良久曰：‘冲举有诸？’守仁曰：‘尽鸢之性者，可以冲于天矣；尽鱼之性者，可以泳于川矣。’曰：‘然则有之。’曰：‘尽人之性者，可以知化育矣。’”（《全书》卷二十五）

209. 问：“儒者到三更时分，扫荡胸中思虑，空空静静，与释氏之静只一般，两下〔1〕皆不用，此时何所分别？”

先生曰：“动、静只是一个。那三更时分空空静静的，只是存天理，即是如今应事接物的心；如今应事接物的心，亦是循此天理，便是那三更时分空空静静的心。故动、静只是一个，分别不得。知得动、静合一，释氏毫厘差处亦自莫

揜矣。”〔2〕

〔1〕两下，指儒、释。

〔2〕参见《答黄宗贤、应原忠》：“向时未见得向里面意思，此工夫自无可讲处，今已见此一层，却恐好易恶难，便流入禅、释去也。昨论儒、释之异，明道所谓‘敬以直内则有之，义以方外则未’，毕竟连敬以直内亦不是者，已说到八九分矣。”（《全书》卷四）

又参见《与王纯甫・二》：“纯甫平日徒知存心之说，而未尝实加克治之功，故未能动静合一，而遇事辄有纷扰之患，今乃能推究若此，必以渐悟往日之堕空虚矣。”（《全书》卷四）

210. 门人在座，有动止甚矜持者。

先生曰：“人若矜持太过，终是有弊。”

曰：“矜持太过，如何有弊？”

曰：“人只有许多精神，若专在容貌上用功，则于中心照管不及者多矣。”

有太直率者。

先生曰：“如今讲此学，却外面全不检束，又分心与事为二矣。”〔1〕

〔1〕参见《书石川卷》：“议论好胜，亦是今时学者大病，今学者于道，如管中窥天，少有所见，即自足自是，傲然居之不疑。与人言论，不待其辞之终，而已先怀轻忽非笑之意，訑訑之声音颜色，拒人于千里之外，不知有道者从傍视之，方为之竦息汗颜，若无所容，而彼悍然不顾，略无省觉，斯亦可哀也已。”（《全书》卷八）

211. 门人作文送友行，问先生曰：“作文字不免费思，作了后又一二日常记在怀。”

曰："文字思索亦无害；但作了常记在怀，则为文所累，心中有一物矣，此则未可也。"又作诗送人。先生看诗毕，谓曰："凡作文字要随我分限所及，若说得太过了，亦非修辞立诚[1]矣。"

〔1〕语见《易经·乾卦·文言》："君子进德修业。忠信，所以进德也。修辞立其诚，所以居业也。知至至之，可与几也。知终终之，可与存义也。"

参见《与杨仕鸣》："诗文之习，儒者虽亦不废，孔子所谓有德者必有言也。若著意安排组织，未有不起于胜心者。先辈号为有志斯道，而亦复如是，亦只是习心未除耳。仕鸣既知致知之说，此等处自当一勘而破，瞒他些子不得也。"（《全书》卷五）

212. "文公'格物'之说，只是少头脑，如所谓'察之于念虑之微'，此一句不该与'求之文字之中，验之于事为之著，索之讲论之际'[1]混作一例看，是无轻重也。"[2]

〔1〕语本朱熹《大学或问》："昔者圣人盖有忧之，是以于其始教，为之小学，而使之习于诚敬，则所以收其放心，养其德性者，已无所不用其至矣。及其进乎大学，则又使之即夫事物之中，因其所知之理，推而究之，以各致乎其极，则吾之知识，亦得以周遍精切而无不尽也。若其用力之方，则或考之事为之著，或察之念虑之微，或求之文字之中，或索之讲论之际，使于身心性情之德，人伦日用之常，以至天地鬼神之变，鸟兽草木之宜，自其一物之中，莫不有以见其所当然而不容已，与其所以然而不可易者。"（第五八—五九页）

〔2〕参见《与黄勉之》："君子学以为己，成己成物，虽本一事，而先后之序，有不容紊。孟子云：'学问之道无他，求其放心而已矣。'诵习经史，本亦学问之事，不可废者，而忘本逐末，明道尚有玩物丧志之戒，若立言垂训，尤非学者所宜汲汲矣。"（《全书》卷五）

213. 问"有所忿懥"一条。〔1〕

先生曰:"忿懥几件〔2〕,人心怎能无得,只是不可'有'耳。凡人忿懥,著了一分意思便怒得过当,非廓然大公之体了。故有所忿懥,便不得其正也。如今于凡忿懥等件,只是个物来顺应,不要著一分意思,便心体廓然大公,得其本体之正了。且如出外见人相斗,其不是的,我心亦怒;然虽怒,却此心廓然,不曾动些子气。如今怒人,亦得如此,方才是正。"〔3〕

〔1〕指《大学》:"所谓修身在正其心者,身有所忿懥,则不得其正,有所恐惧,则不得其正,有所好乐,则不得其正,有所忧患,则不得其正。"(第七章)

〔2〕几件:指忿懥、恐惧、好乐、忧患。

〔3〕参见黄宗羲《刘晴川学案》:"每举阳明遗事以淑门人,言阳明转人轻快,一友与人讼,来问是非。阳明曰:'待汝数日后,心平气和,当为汝说。'后数日,其人曰:'弟子此时心平气和,愿赐教。'阳明曰:'既是心平气和了,又教什么?'"(《明儒学案》卷十九《江右学案四》)

214. "先生尝言:'佛氏不着相,其实着了相;吾儒着相,其实不着相。'请问。"

曰:"佛怕父子累,逃却了父子;怕君臣累,却逃了君臣;怕夫妇累,逃却了夫妇,都是为个君臣、父子、夫妇着了相,便须逃避。如吾儒有个父子,还他以仁〔1〕;有个君臣,还他以义;有个夫妇,还他以别,何曾着父子、君臣、夫妇的相?"〔2〕

〔1〕佐藤一斋说:"仁,疑当作'亲'。"(《传习录栏外书》第一九四页)。按:五教指父子有亲,君臣有义,夫妇有别等,故"亲"较"仁"字为切。

"还"字参见《景德传灯录》:"问生死到来如何排遣?师展手曰:'还我生死来。'"(卷十九)

〔2〕参见《万松书院记》:"古圣贤之学,明伦而已。尧、舜之相授受曰:'人心惟危,道心惟微,惟精惟一,允执厥中。'斯明伦之学矣。道心也者,率性之谓也,人心则伪矣。不杂于人伪,率是道心而发之于用也。以言其情,则为喜怒哀乐。以言其事,则为中节之和,为三千三百经曲之礼。以言其伦,则为父子之亲,君臣之义,夫妇之别,长幼之序,朋友之信,而三才之道尽此矣……是故明伦之外无学矣。外此而学者,谓之异端,非此而论者,谓之邪说,假此而行者,谓之伯术,饰此而言者,谓之文辞,背此而驰者,谓之功利之徒,乱世之政。"(《全书》卷七)

以下门人黄修易录

215. 黄勉叔〔1〕问:"心无恶念时,此心空空荡荡的,不知亦须存个善念否?"

先生曰:"既去恶念,便是善念,便复心之本体矣。譬如日光被云来遮蔽,云去,光已复矣。〔2〕若恶念既去,又要存个善念,即是日光之中添燃一灯。"〔3〕

〔1〕黄勉叔,名修易,其他未详。

〔2〕参见《书汪进之太极岩二首》之一:"始信心非明镜台,须知明镜亦尘埃,人人有个圆圈在,莫向蒲团坐死灰。"(《全书》卷二十)

〔3〕参见《答南元善·二》:"近来一二同志,与人讲学,乃有规砺太刻,遂相愤戾而去者,大抵皆不免于以善服人之病耳。"(《全书》卷六)

216. 问:"近来用功,亦颇觉妄念不生,但腔子里为黑窣窣的,〔1〕不知如何打得光明?"

先生曰:"初下手用功,如何腔子里便得光明?譬如奔流浊水，才贮在缸里，初然虽定，也只是昏浊的，须俟澄定既久，自然渣滓尽去，复得清来。汝只要在良知上用功，良知存久，黑窣窣自能光明矣，今便要责效，却是助长，不成工夫。”〔2〕

〔1〕语本《镇州临济慧照禅师语录》：“山僧往日未有见处时，黑漫漫地，光阴不可空过，腹热心忙，奔波访道，后还得力，始到今日。”（《大正大藏》第四十七卷）

〔2〕参见《答刘内重》：“程子云：‘所见所期，不可不远且大，然而为之亦须量力有渐。志大心劳，力小任重，恐终败事。’夫学者既立有必为圣人之志，只消就自己良知明觉处朴实头致了去，自然循循日有所至，原无许多门面折数也。外面是非毁誉，亦好资之以为警切砥砺之地，却不得以此稍动其心，便将流于心劳日拙而不自知矣。”（《全书》卷五）

217. 先生曰：“吾教人‘致良知’在‘格物’上用功，却是有根本的学问，日长进一日，愈久愈觉精明。世儒教人事事物物上去寻讨，却是无根本的学问；方其壮时，虽暂能外面修饰，不见有过，老则精神衰迈，终须放倒；譬如无根之树，移栽水边，虽暂时鲜好，终久要憔悴。”〔1〕

〔1〕参见《书王天宇卷》：“君子之学以诚身；格物致知者，立诚之功也。譬之植焉，诚，其根也；格致，其培壅而灌溉之者也。后之言格致者，或异于是矣。不以植根，而徒培壅焉，灌溉焉，敝精劳力，而不知其终何所成矣。是故闻日博而心日外，识益广而伪益增，涉猎考究之愈详，而所以缘饰其奸者愈深以甚。”（《全书》卷八）

218. 问“志于道”一章〔1〕。

先生曰：“只‘志道’一句，便含下面数句功夫，自住不得。譬如做此屋，‘志于道’是念念要去择地鸠材，经营成个区宅；

'据德'却是经画已成,有可据矣;'依仁'却是常常住在区宅内,更不离去;'游艺'却是加些画采,美此区宅。艺者,义也,理之所宜者也,如诵诗、读书、弹琴、习射之类,皆所以调习此心,使之熟于道也。苟不'志道'而'游艺',却如无状小子,不先去置造区宅,只管要去买画挂做门面,不知将挂在何处?"〔2〕

〔1〕语见《论语·述而篇》:"子曰:'志于道,据于德,依于仁,游于艺。'"(第六章)

〔2〕参见《书玄默卷》:"玄默志于道矣,而犹有诗文之好,何耶?弈,小技也,不专心致志,则不得,况君子之求道,而可分情于他好乎?孔子曰:'辞达而已矣。'盖世之为辞章者,莫不以是借其口,亦独不曰有德者必有言,有言者不必有德乎?德犹根也,言犹枝叶也,根之不植,而徒以枝叶为者,吾未见其能生也。予别玄默久,友朋得玄默所为诗者,见其词藻日益以进,其在玄默,固所为根盛而枝叶茂者耶?"(《全书》卷八)

又参见王龙溪《与莫廷韩》:"阳明先师尝戏言曰:'富人用金作酒器,嫌其太质,以五采点饰之,人但称其为采妆器皿而亡其金体之贵,右军之谓也。'"(《王龙溪全集》卷十二)

219. 问:"读书所以调摄此心,不可缺的。但读之之时,一种科目〔1〕意思牵引而来,不知何以免此?"

先生曰:"只要良知真切,虽做举业,不为心累,总〔2〕有累,亦易觉克之而已。且如读书时,良知知得强记之心不是,即克去之;有欲速之心不是,即克去之;有夸多斗靡之心不是,即克去之。如此亦只是终日与圣贤印对,是个纯乎天理之心。任他读书,亦只是调摄此心而已,何累之有?"

曰:"虽蒙开示,奈资质庸下,实难免累。窃闻穷通有命,上智之人,恐不屑此。不肖为声利牵缠,甘心为此,徒自苦耳。欲屏弃之，又制于亲，不能舍去，奈何？”

先生曰：“此事归辞于亲者多矣；其实只是无志。志立得时，良知千事万为只是一事，读书作文安能累人，人自累于得失耳！”[3]因叹曰：“此学不明，不知此处担阁[4]了几多英雄汉！”[5]

〔1〕科目：科举考试。

〔2〕张本“总”作“纵”。

〔3〕参见《寄闻人邦英邦正》：“家贫亲老，岂可不求禄仕？求禄仕而不工举业，却是不尽人事而徒责天命，无是理矣。但能是立志坚定，随事尽道，不以得失动念，则虽勉习举业，亦自无妨圣贤之学。若是原无求为圣贤之志，虽不举业，日谈道德，亦只成就得务外好高之病而已。此昔人所以有‘不患妨功、惟患夺志’之说也。夫谓之夺志，则已有志可夺；若尚未有可夺之志，却又不可以不深思疑省而早图之。每念贤弟资质之美，未尝不切拳拳。夫美质难得而易坏，至道难闻而易失，盛年难遇而易过，习俗难革而易流。昆玉勉之。”（《全书》卷四）

〔4〕担阁：延误。

〔5〕此条之后，闾东本多二条如下：

(1) 先生曰：“良知犹主人翁，私欲犹豪奴悍婢。主人翁沉疴在床，奴婢便敢擅作威福，家不可以言齐矣。若主人翁服药治病，渐渐痊可，略知检束，奴婢亦自渐听指挥。及沉疴脱体，起来摆布，谁敢有不受约束者哉！良知昏迷，众欲乱行；良知精明，众欲消化，亦犹是也。”

(2) 先生曰：“合着本体的是工夫；做得工夫的，方识本体。”

220. 问：“‘生之谓性’，告子亦说得是，孟子如何非之？”

先生曰：“固是性，但告子认得一边去了，不晓得头脑；若晓得头脑，如此说亦是。孟子亦曰：‘形色，天性也。’[1]这也是指气说。”又曰：“凡人信口说，任意行，皆说此是依我心性出来，此是所谓生之谓性；然却要有过差。若晓得头脑，依吾良知上说出来，行将去，便自是停当。然良知亦只是这口说，这身行，岂能外得气，别有个去行去说。故曰：‘论性不论气，不备；论气不论性，不明。’〔2〕气亦性也，性亦气也，但须认得头脑是当。”〔3〕

〔1〕语见《孟子·尽心篇上》：“孟子曰：‘形色，天性也；惟圣人然后可以践形’。”（第三十八章）

〔2〕语见《二程集·遗书》卷六。

〔3〕王守仁称述王鏊的性善说，实亦反映其本人的见解，故可参看。其言见于《太傅王文恪公传》：“其论性善云：欲知性之善乎，盍反而内观乎？寂然不动之中，而有至虚至灵者存焉，湛兮其非有也，窅兮其非无也，不堕于中边，不杂于声臭。当是时也，善且未形，而恶有所谓恶者哉！恶有所谓善恶混者哉！恶有所谓三品者哉！性，其犹鉴乎！鉴者，善应而不留，物来则应，物去则空，鉴何有焉！性，惟虚也，惟灵也，恶安从生？其生于蔽乎！气质者，性之所寓也，亦性之所由蔽也。气质异而性随之，譬之珠焉，坠于澄渊则明，坠于浊水则昏，坠于污秽则秽。澄渊，上智也；浊水，凡庶也；污秽，下愚也。天地间膈塞充满皆气也，气之灵皆性也。人得气以生，而灵随之。譬之月在天，物各随其分而受之。江湖淮海，此月也；池沼，此月也；沟渠，此月也；坑堑，亦此月也，岂必物物而授之。心者，月之魄也；性者，月之光也；情者，光之发于物者也。”（《全书》卷二十五）

221. 又曰：“诸君功夫，最不可‘助长’。上智绝少，学者无超入圣人之理，一起一伏，一进一退，自是功夫节次，不可以我前日用得功夫了，今却不济，便要矫强做出一个没破绽的模样，这便是‘助长’，连前些子功夫都坏了。此非小过。譬如行路的人遭一蹶跌，起来便走，不要欺人做那不曾跌倒的样子出来。诸君只要常常怀个‘遁世无闷，不见是而无闷’[1]之心，依此良知忍耐做去，不管人非笑，不管人毁谤，不管人荣辱，任他功夫有进有退，我只是这致良知的主宰不息，久久，自然有得力处，一切外事亦自能不动。”[2]又曰：“人若着实用功，随人毁谤，随人欺慢，处处得益，处处是进德之资；若不用功，只是魔也，终被累倒。”[3]

〔1〕语见《易经·乾卦·文言》：“不易乎世，不成乎名，遁世无闷，不见是而无闷，乐则行之，忧则违之，确乎其不可拔，潜龙也。”

〔2〕参见《与陈惟濬》：“只是致良知三字，尤简易明白，有实下手处，更无走失。近时同志，亦已无不知有致良知之说，然能于此实用工者绝少，皆缘见得良知未真，又将致字看太易了，是以多未有得力处。虽比往时支离之说稍有头绪，然亦只是五十步百步之间耳。”（《全书》卷六）

〔3〕参见《答友人》：“君子之学，务求在己而已。毁誉荣辱之来，非独不以动其心，且资之以为切磋砥砺之地，故君子无入而不自得，正以其无入而非学也。若夫闻誉而喜，闻毁而戚，则将惶惶于外，惟日之不足矣，其何以为君子？”（《全书》卷六）

222. 先生一日出游禹穴[1]，顾田间禾曰：“能几何时，又如此长了！”

范兆期[2]在傍曰：“此只是有根。学问能自植根，亦不患无长。”

先生曰：“人孰无根？良知即是天植灵根，自生生不息；但着了私累，把此根戕贼蔽塞，不得发生耳。”[3]

〔1〕会稽山小峰之一，在今浙江绍兴县。

〔2〕情况不详。

〔3〕此条与第 217 条思想相似。又参见《赠郭善甫归省序》："阳明子曰：'君子之于学也，犹农夫之于田也，既善其嘉种矣，又深耕易耨，去其蝥莠，时其灌溉，早作而夜思，皇皇惟嘉种之是忧也，而后可望于有秋。"（《全书》卷七）

223. 一友常易动气责人。

先生警之曰："学须反己。若徒责人，只见得人不是，不见自己非。若能反己，方见自己有许多未尽处，奚暇责人？舜能化得象的傲，其机括只是不见象的不是。若舜只要正他的奸恶，就见得象的不是矣；象是傲人，必不肯相下，如何感化得他？"

是友感悔。

曰："你今后只不要去论人之是非，凡当责辩人时，就把做一件大己私克去，方可。"〔1〕

〔1〕佐藤一斋根据闾东本所附《遗言录》说："《遗言录》有一条，与此章互发，录如左：先生曰：'朋友相处，常见自家不是，方能求人之不是。若只觉自家为是，便怀轻忽之心，漫然不顾，不知病痛蓄之渐长，害不可言。善者固吾师，不善者亦吾师。且如见人多言，吾便自省亦多言否？见人好高，吾便自省亦好高否？这便是相观而善，处处得益。'"（《传习录栏外书》第一九八页）

224. 先生曰："凡朋友问难，纵有浅近粗疏，或露才扬己，皆是病发。当因其病而药之可也，不可便怀鄙薄之心，非君子与人为善〔1〕之心矣。"〔2〕

〔1〕语本《孟子·公孙丑篇上》:“大舜有大焉,善与人同,舍己从人,乐取于人以为善。自耕稼陶渔以至为帝,无非取于人者。取诸人以为善,是与人为善者也,故君子莫大乎与人为善。”(第八章)

〔2〕参见《答储柴墟》:“仆常以为世有周、程诸君子,则吾固得而执弟子之役,乃大幸矣。其次有周、程之高弟焉,吾犹得而私淑也。不幸世又无是人。有志之士,怅怅其将焉求乎?然则何能无忧也。忧之而不以责之己,责之己而不以求辅于人,求辅于人而待之不以诚,终亦必无所成而已耳。凡仆于今之后进,非敢以师道自处也,将求其聪明特达者与之讲明,因以自辅也。彼自以后进求正于我,虽不师事我,固有先后辈之道焉。”(《全书》卷二十一)

225. 问:“《易》,朱子主卜筮,〔1〕程《传》主理,〔2〕何如?”

先生曰:“卜筮是理,理亦是卜筮。天下之理孰有大于卜筮者乎?只为后世将卜筮专主在占卦上看了,所以看得卜筮似小艺。不知今之师友问答,博学、审问、慎思、明辨、笃行之类,皆是卜筮。卜筮者,不过求决狐疑,神明吾心而已。《易》是问诸天。人有疑,自信不及,故以《易》问天。谓人心尚有所涉,惟天不容伪耳。”〔3〕

〔1〕朱熹说,《易》本为卜筮而作。(《朱子语类》卷六十六)

〔2〕程颐《易传序》:“吉凶消长之理,进退存亡之道,备于辞。推辞考卦,可以知变,象与占在其中矣。”(《二程集·文集》卷八)

〔3〕王守仁以“卜筮是理”,反对迷信邪术治病:“病者宜求医药,不得听信邪术,专事巫祷。”(《全书》卷十六《告谕》)反对符咒求雨:“未闻有所谓书符咒水而可以得雨者也,……又况如今之方士之流,曾不少殊于市井嚣顽,而欲望之以挥斥雷电、呼吸风雨之事,岂不难哉!”(《全书》卷二十一《答佟太守求雨》)

226. 黄勉之〔1〕问："'无适也，无莫也，义之与比〔2〕'，事事要如此否？"

先生曰："固是事事要如此，须是识得个头脑乃可，义即是良知，晓得良知是个头脑，方无执着。且如受人馈送，也有今日当受的，他日不当受的；也有今日不当受的，他日当受的〔3〕。你若执着了今日当受的，便一切受去；执着了今日不当受的，便一切不受去，便是'适、莫'，便不是良知的本体。如何唤得做义？"〔4〕

〔1〕黄勉之（1490—1540），名省曾，号五岳。苏州人，举孝廉，母老未仕，从学阳明于越城，著有《会稽问道录》，参见《明儒学案》卷二十五。

〔2〕语见《论语·里仁篇》："子曰：'君子之于天下也，无适也，无莫也，义之与比。'"（第十章）

〔3〕语本《孟子·公孙丑篇下》："陈臻问曰：'前日于齐，王馈兼金一百而不受；于宋，馈七十镒而受。……前日之不受是，则今日之受非也；今日之受是，则前日之不受非也。夫子必居一于此矣。'孟子曰：'皆是也。'"（第三章）

〔4〕参见《别梁日孚序》："予曰：'其然哉？子以圣人之道为有方体乎？为可拘之以时，限之以地乎？世未有既醒之人而复赴汤火、蹈荆棘者。子务醒其心，毋徒汤火荆棘之为惧。'日孚良久曰：'焯近之矣。圣人之道，求之于心，故不滞于事；出之以理，故不泥于物；根之以性，故不拘以时；动之以神，故不限以地。苟知此矣，焉往而非学也。'……予莞尔而笑曰：'近之矣！近之矣！'"（《全书》卷七）

以下门人黄省曾录〔1〕

227. 问："'思无邪'一言，如何便盖得三百篇之义？"〔2〕

先生曰："岂特三百篇，六经只此一言便可该贯。以至穷古今天下圣贤的话，'思无邪'一言也可该贯。此外更有何说？此是一了百当的功夫。"〔3〕

〔1〕以下各条中，第238、294条大概为钱德洪所录。

〔2〕语本《论语·为政篇》："子曰：'《诗》三百，一言以蔽之，曰思无邪。'"(第二章)

〔3〕参见《稽山书院尊经阁记》："是常道也，以言其阴阳消息之行焉，则谓之《易》；以言其纪纲政事之施焉，则谓之《书》；以言其歌咏性情之发焉，则谓之《诗》；以言其条理节文之著焉，则谓之《礼》；以言其欣喜和平之生焉，则谓之《乐》；以言其诚伪邪正之辨焉，则谓之《春秋》。是阴阳消息之行也，以至于诚伪邪正之辨也，一也。皆所谓心也，性也，命也。通人物，达四海，塞天地，亘古今，无有乎弗具，无有乎弗同，无有乎或变者也，夫是之谓'六经'。"(《全书》卷七)

又参见《应天府重修儒学记》："士之学也，以学为圣贤。圣贤之学，心学也。道德以为之地，忠信以为之基，仁以为宅，义以为路，礼以为门，廉耻以为垣墙，六经以为户牖，四子以为阶梯。求之于心而无假于雕饰也，其功不亦简乎？措之于行而无所不该也，其用不亦大乎？三代之学皆此矣。"(《全书》卷二十三)

228. 问道心、人心。

先生曰："'率性之谓道'便是道心，但着些人的意思在，便是人心。道心本是无声无臭，故曰'微'；依着人心行去，便有许多不安稳处，故曰'危'。"〔1〕

〔1〕参见《重修山阴县学记》："夫圣人之学，心学也，学以求尽其心而已。尧、舜、禹之相授受曰：'人心惟危，道心惟微，惟精惟一，允执厥中。'道心者，率性之谓，而未杂于人，无声无臭，至微而显，诚之源也。人心则杂于人而危矣，伪之端矣。见孺子之入井而恻隐，

率性之道也。从而内交于其父母焉，要誉于乡党焉，则人心矣。饥而食，渴而饮，率性之道也，从而极滋味之美焉，恣口腹之饕焉，则人心矣。”（《全书》卷七）

229. 问：“‘中人以下，不可以语上’〔1〕，愚的人与之语上尚且不进，况不与之语，可乎？”

先生曰：“不是圣人终不与语，圣人的，心忧不得人人都做圣人，只是人的资质不同，施教不可躐等，中人以下的人，便与他说性、说命，他也不省得，也须谩谩〔2〕琢磨他起来。”〔3〕

〔1〕语本《论语·雍也篇》：“子曰：‘中人以上，可以语上也；中人以下，不可以语上也。’”（第二十一章）

〔2〕俞本“谩谩”作“慢慢”。

〔3〕王守仁因材施教思想，可参见第293条。他对聋哑人杨茂施教，是一个著名的例证：“你口不能言是非，你耳不能听是非，你心还能知是非否？”（茂以字答曰：“知是非。”）“如此，你口虽不如人，你耳虽不如人，你心还与人一般。”（茂时首肯拱谢）“大凡人只是此心，此心若能存天理，是个圣贤的心；口虽不能言，耳虽不能听，也是个不能言不能听的圣贤。心若不存天理，是个禽兽的心；口虽能言，耳虽能听，也只是个能言能听的禽兽。”（茂时扣胸指天）“……你口不能言是非，省了多少闲是非；你耳不能听是非，省了多少闲是非。凡说是非，便生是非、生烦恼；听是非，便添是非、添烦恼。你口不能说，耳不能听，省了多少闲是非，省了多少闲烦恼，你比别人到快活自在了许多。”（茂时扣胸指天躃地）“我如今教你，但终日行你的心，不消口里说；但终日听你的心，不消耳里听。”（茂时顿首再拜而已）（《全书》卷二十四《谕泰和杨茂》）并参见第235条注。编按：据《全书》卷二十四所载，二人问答，皆以书写为之。

230. 一友问："读书不记得，如何？"

先生曰："只要晓得，如何要记得？要晓得已是落第二义了，只要明得自家本体。若徒要记得，便不晓得；若徒要晓得，便明不得自家的本体。"〔1〕

〔1〕参见王龙溪《三锡篇赠宫保梅林胡公》："先师（王守仁）有云：'学贵有序，先须理会大略，然后精微可得而尽。如孔明读书，先观大旨，未为无见，不然，反易溺于琐碎，非善学者也。'"（《王龙溪全集》卷十三）

又参见《与唐虞佐侍御》："夫谓学于古训者，非谓其通于文辞，讲说于口耳之间，义袭而取诸其外也。获也者，得之于心之谓，非外铄也。必如古训，而学其所学焉，诚诸其身，所谓默而成之，不言而信，乃为有得也。"（《全书》卷五）

231. 问："'逝者如斯'〔1〕，是说自家心性活泼泼地否？"

先生曰："然。须要时时用致良知的功夫，方才活泼泼地，方才与他川水一般；若须臾间断，便与天地不相似。此是学问极至处，圣人也只如此。"〔2〕

〔1〕语本《论语·子罕篇》："子在川上曰：'逝者如斯夫，不舍昼夜。'"（第十六章）

〔2〕参见《与黄宗贤·六》："吾辈通患，正如池面浮萍，随开随蔽，未论江海，但在活水，浮萍即不能蔽。何者，活水有源，池水无源。有源者由己，无源者从物。故凡不息者有源，作辍者皆无源故耳。"（《全书》卷四）

232. 问"志士仁人"章〔1〕。

先生曰："只为世上人都把生身命子看得来太重，不问当死不当死，定要宛转委曲保全，以此把天理却丢去了，忍心害理，何者不为？若违了天理，便与禽兽无异，便偷生在世上百千年，也不过做了千百年的禽兽。学者要于此等处看得明白；比干、龙逢〔2〕，只为他看得分明，所以能成就得他的仁。”〔3〕

〔1〕语指《论语·卫灵公篇》：“子曰：‘志士仁人，无求生以害仁，有杀身以成仁。’”（第八章）

〔2〕比干，殷人，因谏纣而死；龙逢，即关龙逢，夏人，因谏桀而死：皆古之忠臣。

〔3〕参见《答毛宪副》：“凡祸福利害之说，某亦尝讲之。君子以忠信为利，礼义为福。苟忠信礼义之不存，虽禄之万锺，爵以侯王之贵，君子犹谓之祸与害；如其忠信礼义之所在，虽剖心碎首，君子利而行之，自以为福也，况于游离窜逐之微乎？”（《全书》卷二十一）

233. 问：“叔孙武叔毁仲尼，〔1〕大圣人如何犹不免于毁谤？”

先生曰：“毁谤自外来的，虽圣人如何免得？人只贵于自修，若自己实实落落是个圣贤，纵然人都毁他，也说他不着；却若浮云揜日，如何损得日的光明。若自己是个象恭〔2〕色庄〔3〕、不坚不介的，纵没一个人说他，他的恶慝终须一日发露，所以孟子说：‘有求全之毁，有不虞之誉〔4〕。’毁誉在外的，安能避得？只要自修何如尔。”〔5〕

〔1〕语本《论语·子张篇》：“叔孙武叔毁仲尼。子贡曰：‘无以为也，仲尼不可毁也。他人之贤者，丘陵也，犹可逾也；仲尼，日月也，无得而逾焉。人虽欲自绝，其何伤于日月乎？多见其不知量也。’”（第二十四章）

〔2〕象恭：貌恭而心不然。

〔3〕色庄：表面庄重而实不然。

〔4〕《孟子·离娄篇上》第二十一章。

〔5〕参见《与陆元静·二》:"四方英杰,以讲学异同之故,议论方兴,吾侪可胜辩乎?惟当反求诸己。苟其言而是欤,吾斯尚有所未信欤?则当务求其是,不得辄是己而非人也。使其言而非欤,吾斯既已自信欤,则当益致其践履之实,以务求于自谦,所谓默而成之,不言而信者也。然则今日之多口,孰非吾侪动心忍性,砥砺切磋之地乎?"(《全书》卷五)

又参见《答友人》:"往年驾在留都,左右交谗某于武庙,当时祸且不测,僚属咸危惧,谓群疑若此,宜图所以自解者,某曰:'君子不求天下之信己也,自信而已,吾方求以自信之不暇,而暇求人之信己乎?'"(《全书》卷六)

又参见《尤西川纪闻》:近斋说:"阳明在南都时,有私怨阳明者,诬奏极其丑诋,始见颇怒。旋自省曰:'此不得放过。'掩卷自反,俟其心平气和,再展看,又怒,又掩卷自反。久之,真如飘风浮霭,略无芥蒂。自后虽有大毁谤、大利害,皆不为动。尝告学者曰:'君子之学,务求在己而已。毁誉荣辱之来,非惟不以动其心,且资之以为切磋砥砺之地,故君子无入而不自得,正以无入而非学也。'"(《明儒学案》卷二十五《南中学案一》)

234. 刘君亮〔1〕要在山中静坐。

先生曰:"汝若以厌外物之心去求之静,是反养成一个骄惰之气了;汝若不厌外物,复于静处涵养,却好。"〔2〕

〔1〕刘君亮,字元道。王守仁有《与刘元道》一信(见《全书》卷五)。非《明儒学案》的郡丞刘君亮(名邦采)。

〔2〕参见《与刘元道》:"来喻欲入坐穷山,绝世故,屏思虑,养吾灵明,必自验至于通昼夜而不息,然后以无情应世故。且云:'于静求之,似为径直,但勿流于空寂而已。'观此足见任道之刚毅,立志之不凡。且前后所论,皆不为无见者矣,可喜可喜。夫良医之治病,随

其疾之虚实强弱寒热内外，而斟酌加减调理补泄之，要在去病而已，初无一定之方，不问证候之如何而必使人人服之也。君子养心之学，亦何以异于是。”(《全书》卷五)

235. 王汝中〔1〕、省曾侍坐。

先生握扇命曰：“你们用扇。”

省曾起对曰：“不敢。”

先生曰：“圣人之学不是这等捆缚苦楚的，不是妆做道学的模样。”

汝中曰：“观仲尼与曾点言志一章略见。”

先生曰：“然。以此章观之，圣人何等宽洪包含气象。且为师者问志于群弟子，三子皆整顿以对，至于曾点，飘飘然不看那三子在眼，自去鼓起瑟来，何等狂态；及至言志，又不对师之问目，都是狂言。设在伊川，或斥骂起来了，圣人乃复称许他，何等气象！圣人教人，不是个束缚他通做一般，只如狂者便从狂处成就他，狷者便从狷处成就他，人之才气如何同得。”〔2〕

〔1〕王汝中(1498—1583)，名畿，号龙溪，浙江山阴人，弱冠举于乡，嘉靖癸未下第。魏药湖曾记载他乡居时“每见方巾中衣往来讲学者，窃骂之。居与阳明邻，不见也。先生多方诱之。一日，先生与同门投壶雅歌，龙溪过而见之，曰：‘腐儒亦为是耶？’先生答曰：‘吾等为学，未尝担板，汝自不知耳。’龙溪于是稍相昵就，已而有味乎其言，遂北面阳明”(《明儒学案》卷十九《江右学案四》)。丙戌试期，遂不欲往，阳明促其就试，中是年会试，时当国者不悦学，不廷试而归，助阳明接引弟子。壬辰，始廷对，授南京职方主事，迁至武选郎中，亦因学术思想被借故落职，在各地讲学四十余年以卒。

〔2〕参见王龙溪《书休宁会约》："昔吾阳明先师讲学山中时，一人资性警敏，与之语，易于领略，因其请引以入见，先师漫然视之，屡问而多不答，吾惑焉。一人平时作事过常，不顾人非毁，见恶于乡党，因其悔请，亦引以入见。先师与之语，竟日忘倦，若有意于斯人者，吾惑焉，间以请问，先师曰：'某也资虽警捷，世情机心不肯放舍，使不闻学，犹有败露悔改之时，若又使之有闻，见解愈多，趋避愈巧，覆藏愈密，一切圆融智虑，适足增其包藏而益其机变，为恶将不可复悛矣。某也作事，能不顾人非毁，原是有力量之人，特其狂心偶炽，一时销歇不下，所患不能悔耳，今既知悔而来，得其转头，移此力量为善，何事不办？予所以与其进也。'后二人皆如所料。乃知先师教法，如秦越人视疾，洞见五脏，真神医也。"（《王龙溪全集》卷二）

236. 先生语陆元静曰："元静少年亦要解'五经'，志亦好博。〔1〕但圣人教人，只怕人不简易，他说的皆是简易之规；以今人好博之心观之，却似圣人教人差了。"〔2〕

〔1〕参见《稽山书院尊经阁记》："而世之学者，不知求'六经'之实于吾心，而徒考索于影响之间，牵制于文义之末，硁硁然以为是'六经'矣，是犹富家之子孙，不务守视享用其产业库藏之实积，日遗忘散失，至于窭人丐夫，而犹嚣嚣然指其记籍曰：'斯吾产业库藏之积也，何以异于是。'呜呼！'六经'之学，其不明于世，非一朝一夕之故矣。尚功利，崇邪说，是谓乱经。习训诂，传记诵，没溺于浅闻小见，以涂天下之耳目，是谓侮经。侈淫辞，竞诡辩，饰奸心盗行，逐世垄断，而犹自以为通经，是谓贼经。若是者，是并其所谓记籍者而割裂弃毁之矣，宁复知所以为尊经也乎。"（《全书》卷七）

〔2〕参见《寄安福诸同志》："凡工夫只是要简易真切。愈真切，愈简易；愈简易，愈真切。"（《全书》卷六）

237. 先生曰:"孔子无不知而作,[1]颜子有不善未尝不知,[2]此是圣学真血脉路。"[3]

〔1〕语本《论语·述而篇》:"子曰:'盖有不知而作之者,我无是也。'"(第二十七章)

〔2〕语本《易经·系辞下》:"子曰:'颜氏之子,其殆庶几乎?有不善未尝不知,知之未尝复行也。'"(第五章)

〔3〕参见《寄诸弟》:"本心之明,皎如白日,无有有过而不自知者,但患不能改耳。一念改过,当时即得本心。人孰无过,改之为贵。蘧伯玉大贤也,惟曰'欲寡其过而未能'。成汤、孔子,大圣也,亦惟曰:'改过不吝,可以无大过。'人皆曰:'人非尧、舜,安能无过。'此亦相沿之说,未足以知尧、舜之心。若尧、舜之心而自以为无过,即非所以为圣人矣。"(《全书》卷四)

238. 何廷仁、黄正之、李侯璧、汝中、德洪侍坐。

先生顾而言曰:"汝辈学问不得长进,只是未立志。"

侯璧起而对曰:"珙亦愿立志。"

先生曰:"难说不立,未是必为圣人之志耳。"

对曰:"愿立必为圣人之志。"

先生曰:"你真有圣人之志,良知上更无不尽,良知上留得些子别念挂带,便非必为圣人之志矣。"[1]

洪初闻时心若未服,听说到,不觉悚汗。

〔1〕参见《示弟立志说》:"夫道一而已,道同则心同,心同则学同,其卒不同者,皆邪说也。后世大患,尤在无志,故今以立志为说,中间字字句句,莫非立志,盖终身问学之功,只是立得志而已。若以是说而合精一,则字字句句皆精一之功,以是说而合敬义,则字字句句皆敬义之功。其诸格致博约忠恕等说,无不吻合,但能实心体之,然后信予言之非妄也。"(《全书》卷七)

239. 先生曰："良知是造化的精灵。这些精灵，生天生地，成鬼成帝，〔1〕皆从此出，真是与物无对。〔2〕人若复得他完完全全，无少亏欠，自不觉手舞足蹈，不知天地间更有何乐可代。"〔3〕

〔1〕语出《庄子·大宗师篇》："夫道有情有信，无为无形，可传而不可受，可得而不可见，自本自根，未有天地，自古以固存。神鬼神帝，生天生地。"

〔2〕语本程颢所说："此道与物无对，大不足以名之，天地之用皆我之用。"（《二程集·遗书》卷二上）

〔3〕参见《答舒国用》："君子之戒慎恐惧，惟恐其昭明灵觉者或有所昏昧放逸，流于非僻邪妄，而失其本体之正耳。戒慎恐惧之功，无时或间，则天理常存，而其昭明灵觉之本体，无所亏蔽，无所牵扰，无所恐惧忧患，无所好乐忿懥，无所意必固我，无所歉馁愧怍，和融莹彻，充塞流行，动容周旋而中礼，从心所欲而不逾，斯乃所谓真洒落矣。"（《全书》卷五）

240. 一友静坐有见，驰问先生。

答曰："吾昔居滁〔1〕时，见诸生多务知解口耳异同，无益于得，姑教之静坐。一时窥见光景，〔2〕颇收近效；久之渐有喜静厌动，流入枯槁之病，或务为玄解妙觉，动人听闻。故迩来只说'致良知'。良知明白，随你去静处体悟也好，随你去事上磨炼也好，良知本体原是无动无静的。此便是学问头脑。我这个话头，自滁州到今，亦较过几番，只是'致良知'三字无病。医经折肱〔3〕，方能察人病理。"〔4〕

〔1〕王守仁于正德八年至滁州督马政，从游学者甚多。滁州：今安徽滁县。

〔2〕参见《年谱·三十九岁》："兹来乃与诸生静坐僧寺，使自悟性体，顾

恍恍若有可即者。"光景：指性体。

〔3〕语本《左传》："三折肱知为良医。"（定公十三年）

〔4〕参见《与王纯甫·三》："学以明善诚身，只兀兀守此昏昧杂扰之心，却是坐禅入定，非所谓必有事焉者矣，圣门宁有是哉！但其毫厘之差，千里之谬，非实地用功，则亦不易辨别。"（《全书》卷四）

又参见《与辰中诸生》："刊落声华，务于切己处著实用力。前在寺中所云静坐事，非欲坐禅入定，盖因吾辈平日为事物纷拏，未知为己，欲以此补小学'收放心'一段功夫耳。明道云：'才学便须知有着力处，既学便须知得力处。'诸友宜于此处着力，方有进步，异时始有得力处也。学要鞭辟近里着己。"（《全书》卷四）

241. 一友问："功夫欲得此知时时接续，一切应感处反觉照管不及，若去事上周旋，又觉不见了。如何则可？"

先生曰："此只认良知未真，尚有内外之间，我这里功夫不由人急心，认得良知头脑是当，去朴实用功，自会透彻。到此便是内外两忘，[1]又何心事不合一？"[2]

〔1〕语本程颢《答横渠张子厚先生书》："与其非外而是内，不若内外之两忘也。两忘则澄然无事矣。无事则定，定则明，明则尚何应物之为累哉！"（《二程集·文集》卷二）

〔2〕参见《答舒国用》："程子常言：'人言无心，只可言无私心，不可言无心。'戒慎不睹，恐惧不闻，是心不可无也。有所恐惧，有所忧患，是私心，不可有也。尧、舜之兢兢业业，文王之小心翼翼，皆敬畏之谓也。皆出乎心体之自然也。出乎心体，非有所为而为之者，自然之谓也。敬畏之功，无间于动静，是所谓敬以直内，义以方外也。敬义立而天道达，则不疑其所行矣。"（《全书》卷五）

242. 又曰："功夫不是透得这个真机，如何得他充实光

辉？若能透得时，不由你聪明知解接得来，须胸中渣滓浑化，不使有毫发沾带始得。”〔1〕

〔1〕参见《山中示诸生五首·一》：“路绝春山久废寻，野人扶病强登临。同游山侣须乘兴，共探花源莫厌深。鸣鸟游丝俱自得，闲云流水亦何心？从前却恨牵文句，展转支离叹陆沉。”（《全书》卷二十）

243. 先生曰：“‘天命之谓性’，命即是性；‘率性之谓道’，性即是道；‘修道之谓教’，道即是教。”

问：“如何道即是教？”

曰：“道即是良知，良知原是完完全全，是的还他是，非的还他非，是非只依着他，更无有不是处，这良知还〔1〕是你的明师。”〔2〕

〔1〕闾东本“还”作“便”。

〔2〕参见王龙溪《读先师再报海日翁吉安起兵书序》：“夫宸濠逆谋已成，内外协应。虐焰之炽，熏灼上下，人皆谓其大事已定，无复敢撄其锋者。师之回舟吉安倡议起兵也，人皆以为愚，或疑其诈。时邹谦之在军中，见人情汹汹，入请于师（王守仁），师正色曰：‘此义无所逃于天地之间，使天下尽从宁王，我一人决亦如此做。人人有个良知，岂无一人相应而起者，若夫成败利钝，非所计也。’”（《王龙溪先生全集》卷十三）按王守仁应付宸濠造反，理即按当时标准，以良知为明师，是的还他是，非的还他非，而不计成败利钝。

244. 问：“‘不睹不闻’是说本体，‘戒慎恐惧’是说功夫否？”

先生曰：“此处须信得本体原是不睹不闻的，亦原是戒慎恐惧的，戒慎恐惧不曾在不睹不闻上加得些子。见得真时，便谓戒慎恐惧是本体，不睹不闻是功夫亦得。”[1]

〔1〕参见王龙溪《冲元会纪》：“先师尝谓人曰：‘戒慎恐惧是本体，不睹不闻是工夫，戒慎恐惧若非本体，于本体上便生障碍。不睹不闻若非工夫，于一切处尽成支离。盖工夫不离本体，本体即是工夫，非有二也。’”（《王龙溪先生全集》卷一）

又参见杨复所《证学编》：“阳明曰：‘不睹不闻是本体，戒慎恐惧是工夫；戒慎恐惧是本体，不睹不闻是工夫。’阳明之下此转语者，盖见本体、工夫，原是强名，求其合一，且不可得，而安得有二也。”（《明儒学案》卷三十四《泰州学案三》）

245. 问“通乎昼夜之道而知”[1]。

先生曰：“良知原是知昼知夜的。”

又问：“人睡熟时，良知亦不知了。”

曰：“不知何以一叫便应？”

曰：“良知常知，如何有睡熟时？”

曰：“向晦宴息[2]，此亦造化常理。夜来天地混沌，形色俱泯，人亦耳目无所睹闻，众窍俱翕，此即良知收敛凝一时。天地既开，庶物露生，人亦耳目有所睹闻，众窍俱辟，此即良知妙用发生时。可见人心与天地一体，故上下与天地同流[3]。今人不会宴息，夜来不是昏睡，即是妄思[4]魇寐。”

曰：“睡时功夫如何用？”

先生曰：“知昼即知夜矣。日间良知是顺应无滞的，夜间良知即是收敛凝一的，有梦即先兆。”[5]

〔1〕语本《易经·系辞上》：“范围天地之化而不过，曲成万物而不遗，通乎昼夜之道而知，故神无方而易无体。”（第四章）

〔2〕语本《易经·随卦·象》:"泽中有雷,随,君子以向晦入宴息。"向晦,入夜。

〔3〕语本《孟子·尽心篇上》:"夫君子所过者化,所存者神,上下与天地同流,岂曰小补之哉!"(第十三章)

〔4〕俞本"妄思"作"妄想"。

〔5〕参见《寄邹谦之·二》:"后世心学不讲,人失其情,难乎与之言礼。然良知之在人心,则万古如一日,苟顺吾心之良知以致之,则所谓不知足而为屦,我知其不为蒉矣。"(《全书》卷六)

246. 又曰:"良知在夜气〔1〕发的方是本体,以其无物欲之杂也。学者要使事物纷扰之时,常如夜气一般,就是'通乎昼夜之道而知'。"〔2〕

〔1〕语本《孟子·告子篇上》:"梏之反复,则其夜气不足以存,夜气不足以存,则其违禽兽不远矣。人见其禽兽也,而以为未尝有才焉者,是岂人之情也哉?故苟得其养,无物不长,苟失其养,无物不消。"(第八章)

〔2〕参见《夜气说》:"夜气之息,由于旦昼所养,苟梏亡之反复,则亦不足以存矣。今夫师友之相聚于兹也,切磋于道义,而砥砺乎德业,渐而入焉,反而愧焉,虽有非僻之萌,其所滋也,亦已罕矣。迨其离群索居,情可得肆,而莫之警也。欲可得纵,而莫之泥也。物交引焉,志交丧焉,虽有理义之萌,其所滋也亦罕矣。故曰:'苟得其养,无物不长;苟失其养,无物不消。'"(《全书》卷七)

247. 先生曰:"仙家说到虚,圣人岂能虚上加得一毫实?佛氏说到无,圣人岂能无上加得一毫有?但仙家说虚从养生上来,佛氏说无从出离生死苦海上来,却于本体上加却这些子意思在,便不是他虚无的本色了,便于本体有障碍。圣人只是还他良知的本色，更不着些子意在。良知之虚便是天之太虚，[1]良知之无便是太虚之无形，日、月、风、雷、山、川、民、物，凡有貌象形色，皆在太虚无形中发用流行，未尝作得天的障碍。圣人只是顺其良知之发用，天地万物俱在我良知的发用流行中，何尝又有一物超于良知之外能作得障碍？”[2]

〔1〕语本张载《正蒙·太和篇》：“由太虚，有天之名。”（《张子全书》卷二）

〔2〕参见《答南元善》：“夫惟有道之士，真有以见其良知之昭明灵觉，圆融洞彻，廓然与太虚而同体。太虚之中，何物不有？而无一物能为太虚之障碍。……其于富贵、贫贱、得丧、爱憎之相值，若飘风浮霭之往来变化于太虚，而太虚之体，固常廓然其无碍也。”（《全书》卷六）

248. 或问：“释氏亦务养心，然要之不可以治天下，何也？”

先生曰：“吾儒养心未尝离却事物，只顺其天则自然，就是功夫。释氏却要尽绝事物，把心看作幻相，[1]渐入虚寂去了，与世间若无些子交涉，所以不可治天下。”[2]

〔1〕参见《顿悟入道要门论》：“夫法虽无种性，应物俱现，心幻也，一切俱幻，若有一法不是幻者，幻即有定；心空也，一切皆空，若有一法不空，空义不立。迷时人逐法，悟时法由人。”（《续藏经》第一辑第二编，第十五套，第五册）

〔2〕参见《重修山阴县学记》：“夫禅之学，与圣人之学，皆求尽其心也，亦相去毫厘耳。圣人之求尽其心也，以天地万物为一体也。吾之父子亲矣，而天下有未亲者焉，吾心未尽也。吾之君臣义矣，而天下有未义者焉，吾心未尽也。吾之夫妇别矣，长幼序矣，朋友信矣，而天下有未别、未序、未信者焉，吾心未尽也。吾之一家饱暖逸乐

矣，而天下有未饱暖逸乐者焉，其能以亲乎？义乎？别、序、信乎？吾心未尽也。故于是有纪纲政事之设焉，有礼乐教化之施焉，凡裁成辅相、成己成物，而求尽吾心焉耳。心尽而家以齐，国以治，天下以平。故圣人之学，不出乎尽心。禅之学，非不以心为说，然其意以为是达道也者，固吾之心也，吾惟不昧吾心于其中则亦已矣，而亦岂必屑屑于其外，其外有未当也，则亦岂必屑屑于其中。斯亦其所谓尽心者矣，而不知已陷于自私自利之偏。是以外人伦，遗事物，以之独善或能之，而要之不可以治家国天下。盖圣人之学，无人己，无内外，一天地万物以为心；而禅之学起于自私自利，而未免于内外之分，斯其所以为异也。今之为心性之学者，而果外人伦遗事物，则诚所谓禅矣。使其未尝外人伦遗事物，而专以存心养性为事，则固圣门精一之学也，而可谓之禅乎哉！世之学者，承沿其举业词章之习，以荒秽戕伐其心，既与圣人尽心之学相背而驰，日骛日远，莫知其所抵极矣。有以心性之说而招之来归者，则顾骇以为禅，而反雠视之，不亦大可哀乎！”（《全书》卷七）

249. 或问“异端”〔1〕。

先生曰：“与愚夫、愚妇同的，是谓同德；〔2〕与愚夫、愚妇异的，是谓异端。”〔3〕

〔1〕语本《论语·为政篇》：“子曰：‘攻乎异端，斯害也已。’”（第十六章）

〔2〕语出《庄子·马蹄篇》：“彼民有常性，织而衣，耕而食，是谓同德。”（卷四）

又参见《孟子·离娄篇下》：“储子曰：‘王使人瞷夫子，果有以异于人乎？’孟子曰：‘何以异于人哉？尧、舜与人同耳。’”（第三十二章）

〔3〕参见《远俗亭记》：“君子之行也，不远于微近纤曲，而盛德存焉，广业著焉。是故诵其诗，读其书，求古圣贤之心，以蓄其德而达诸用，则不远于举业辞章，而可以得古人之学，是远俗也矣。……苟

其心之凡鄙猥琐，而徒闲散疏放之是托，以为远俗，其如远俗何哉！昔人有言：‘事之无害于义者，从俗可也。’君子岂轻于绝俗哉！然必曰无害于义，则其从之也为不苟矣。是故苟同于俗以为通者，固非君子之行，必远于俗以求异者，尤非君子之心。”（《全书》卷二十三）

250. 先生曰：“孟子不动心与告子不动心，所异只在毫厘间。告子只在不动心上著功，孟子便直从此心原不动处分晓。心之本体原是不动的；只为所行有不合义，便动了。孟子不论心之动与不动，只是‘集义’，所行无不是义，此心自然无可动处，若告子只要此心不动，便是把捉此心，将他生生不息之根反阻挠了，此非徒无益，而又害之。孟子‘集义’工夫，自是养得充满，并无馁歉，自是纵横自在，活泼泼地，此便是浩然之气。”〔1〕

〔1〕参见《与王晋溪司马》：“今天下知谋才辩之士，其所思虑谋猷，亦无以大相远者，然多蔽而不知，或虽知而不能用，或虽用而不相决，……如神医之用药，寒暑虚实，惟意所投，而莫不有以曲中其机，此非有明睿之资，正大之学，刚直之气，其孰能与于此？若此者，岂惟后世之难能，虽古之名世大臣，盖亦未之多闻也。……自其识事以来，见世之名公巨卿，负盛望于当代者，其所论列，在寻常亦有可观。至于当大疑，临大利害，得丧毁誉，眩瞀于前，力不能正，即依违两可，揜覆文饰，以幸无事，求其卓然之见，浩然之气，沛然之词，如明公之片言者，无有矣。在其平时，明公虽已自有以异于人，人固犹若无以大异者，必至于是，而后见其相去之甚远也。守仁耻为佞词以谀人，若明公者，古之所谓社稷大臣，负王佐之才，临大节而不可夺者，非明公其谁欤！”（《全书》卷二十七）

251. 又曰："孟子[1]病源，从性无善无不善上见来。性无善无不善，虽如此说，亦无大差，但告子执定看了，便有个无善无不善的性在内，有善有恶又在物感上看，便有个物在外，却做两边看了，便会差。无善无不善，性原是如此。悟得及时，只此一句便尽了，更无有内外之间。告子见一个性在内，见一个物在外，便见他于性有未透彻处。"

〔1〕闾东本、德安府南本等"孟子"作"告子"。

252. 朱本思[1]问："人有[2]虚灵，方有良知，若草、木、瓦、石之类，亦有良知否？"

先生曰："人的良知，就是草、木、瓦、石的良知；若草、木、瓦、石无人的良知，不可以为草、木、瓦、石矣。岂惟草、木、瓦、石为然，天、地无人的良知，亦不可为天、地矣。盖天、地、万物与人原是一体，其发窍之最精处，是人心一点灵明，风、雨、露、雷、日、月、星、辰，禽、兽、草、木、山、川、土、石，与人原只一体。故五谷、禽兽之类皆可以养人，药石之类皆可以疗疾，只为同此一气，故能相通耳。"[3]

〔1〕朱本思，名得之，号近斋，直隶靖江（今属江苏）人。尝为江西新城丞。著有《参元三语》等，参见《明儒学案》卷二十五。

〔2〕张本"人有"作"人心"。

〔3〕参见《大学问》："大人之能以天地万物为一体也，非意之也，其心之仁本若是，其与天地万物而为一也。岂惟大人，虽小人之心亦莫不然，彼顾自小之耳。是故见孺子之入井，而必有怵惕恻隐之心焉，是其仁之与孺子而为一体也。孺子犹同类者也，见鸟兽之哀鸣觳觫，而必有不忍之心焉，是其仁之与鸟兽而为一体也。鸟兽犹有知觉者也，见草木之摧折而必有悯恤之心焉，是其仁之与草

木而为一体也。草木犹有生意者也,见瓦石之毁坏而必有顾惜之心焉,是其仁之与瓦石而为一体也。是其一体之仁也,虽小人之心亦必有之,是乃根于天命之性,而自然灵昭不昧者也,是故谓之明德。"(《全书》卷二十六)

253. 先生游南镇〔1〕。

一友指岩中花树问曰:"天下无心外之物;如此花树在深山中自开自落,于我心亦何相关?"

先生曰:"你未看此花时,此花与汝心同归于寂〔2〕;你来看此花时,则此花颜色一时明白起来。便知此花不在你的心外。"

〔1〕今浙江会稽山。

〔2〕此"寂"字非"寂灭"之"寂",而系"寂然不动"之"寂"。此处言"此花与汝心同归于寂",下一"同"字,则与柏克莱所谓"存在即被知觉"之意义显然不同。与第255条相参照,二者的区别更为显然。

254. 问:"大人与物同体,如何《大学》又说个厚薄?"〔1〕

先生曰:"惟是道理自有厚薄,比如身是一体,把手足捍头目,岂是偏要薄手足?其道理合如此。禽兽与草木同是爱的,把草木去养禽兽,又忍得;人与禽兽同是爱的,宰禽兽以养亲与供祭祀、燕宾客,心又忍得;至亲与路人同是爱的,如箪食豆羹,得则生,不得则死,〔2〕不能两全,宁救至亲,不救路人,心又忍得;这是道理合该如此。及至吾身与至亲,更不得分别彼此厚薄。盖以仁民爱物皆从此出,此处可忍,更无所不忍矣。《大学》所谓厚薄,是良知上自然的条理,不可逾越,此便谓之义;顺这个条理,便谓之礼;知此条理,便谓之智;终

始是这条理，便谓之信。”〔3〕

〔1〕语本《大学》：“自天子以至于庶人，壹是皆以修身为本。其本乱而末治者否矣。其所厚者薄，而其所薄者厚，未之有也。”（第一章）

〔2〕语本《孟子·告子篇上》：“一箪食，一豆羹，得之则生，弗得则死，嘑尔而与之，行道之人弗受；蹴尔而与之，乞人不屑也；万锺则不辨礼义而受之，万锺于我何加焉。”（第十章）

〔3〕参见《礼记纂言序》：“故仁也者，礼之体也；义也者，礼之宜也；知也者，礼之通也。经礼三百，曲礼三千，无一而非仁也，无一而非性也。天叙天秩，圣人何心焉？盖无一而非命也。故克己复礼，则谓之仁；穷理，则尽性以至于命；尽性，则动容周旋中礼矣。”（《全书》卷七）

255. 又曰：“目无体，以万物之色为体；耳无体，以万物之声为体；鼻无体，以万物之臭为体；口无体，以万物之味为体；心无体，以天地万物感应之是非为体。”〔1〕

〔1〕王守仁曾称下一段言语可以与此段语录参照：“虽然，君子之道，用之则行，舍之则藏。用之而不行者，往而不返者也。舍之而不藏者，溺而不止者也。公之用也，既有以行之；其舍之也，有弗能藏者乎？吾未见夫有其用而无其体者也。终之言者，尽于道矣，不可以有加矣。”（《全书》卷二十二《送毛宪副致仕归桐江书院序》）

256. 问“夭寿不贰”〔1〕。

先生曰：“学问功夫，于一切声利、嗜好俱能脱落殆尽，尚有一种生死念头毫发挂带，便于全体有未融释处。人于生死念头，本从生身命根上带来，故不易去。若于此处见得破，透得过，此心全体方是流行无碍，方是尽性至命之学。”〔2〕

〔1〕语指《孟子·尽心篇上》:“孟子曰:‘尽其心者,知其性也。知其性,则知天矣。存其心,养其性,所以事天也。夭寿不贰,修身以俟之,所以立命也。”(第一章)

〔2〕陈龙正曰:“向说夭寿不贰,属困知勉行(见第134条),此又言尽性至命,仍与朱子符,与己说歧矣。”(《阳明要书》)佐藤一斋释曰:“陈氏之言,似是而非,文成尝曰:‘竖说横说,工夫一般。’则固未必拘拘乎同异。且此说亦未尝与前说相歧。此学,皆尽性至命之学。困知,困知此也;勉行,勉行此也。至其成功,则与圣人无异,但今方著功,故谓之学耳。”(《传习录栏外书》第二一七页)

257. 一友问:“欲于静坐时将好名、好色、好货等根,逐一搜寻,扫除廓清,恐是剜肉做疮否?”

先生正色曰:“这是我医人的方子,真是去得人病根,更有大本事人,过了十数年,亦还用得着。〔1〕你如不用,且放起,不要作坏我的方子!”

是友愧谢。

少间,曰:“此量非你事,必吾门稍知意思者为此说以误汝。”〔2〕

在坐者皆悚然。

〔1〕佐藤一斋说:“此工夫与《中庸》戒惧、《大学》格致同,戒惧期中和位育,格致期治国平天下,所谓‘更有大本事也’,故阅十数年,亦宜用此工夫,不独在初头入手时事。”(《传习录栏外书》第二一八页)

〔2〕指陆元静引犬上堂之喻,见第159条。

258. 一友问“功夫不切”。

先生曰:“学问功夫,我已曾一句道尽,如何今日转说转远,都不着根!”

对曰："致良知盖闻教矣，然亦须讲明。"

先生曰："既知致良知，又何可讲明？良知本是明白，实落用功便是，不肯用功，只在语言上转说转糊涂。"

曰："正求讲明致之之功。"

先生曰："此亦须你自家求，我亦无别法可道。昔有禅师，人来问法，只把麈尾提起。一日，其徒将麈尾藏过，试他如何设法。禅师寻麈尾不见，又只空手提起。〔1〕我这个良知就是设法的麈尾，舍了这个，有何可提得？"

少间，又一友请问功夫切要。

先生旁顾曰："我麈尾安在？"

一时在坐者皆跃然。

〔1〕参见《无题》："岩头有石人，为我下嶙峋。脚踏破履五十两，身披旧衲四十斤。任重致远香象力，餐霜坐雪金刚身。夜寒双虎与温足，雨后秃龙来伴宿。手握顽砖镜未光，舌底流泉梅未熟。夜来拾得遇寒山，翠竹黄花共好看。同来问我安心法，还解将心与汝安。"（《全书》卷二十）

又参见《别易仲》："辰州刘易仲从予滁阳，一日，问：'道可言乎？'予曰：'哑子吃苦瓜，与你说不得，尔要知我苦，还须你自吃。'易仲省然有悟。久之辞归。别以诗：'迢递滁山春，子行亦何远。累然良苦心，惝恍不遑饭。至道不外得，一悟失群暗。……末学久仳离，颓波竟谁挽！'"（《全书》卷二十）

259. 或问"至诚前知"〔1〕。

先生曰："诚是实理，只是一个良知。实理之妙用流行就是神，其萌动处就是几。诚神几，曰圣人。〔2〕圣人不贵前知；祸福之来，虽圣人有所不免，圣人只是知几，遇变而通耳。良知无前后，只知得见在的几，便是一了百了。若有个前知的

心，就是私心，就有趋避利害的意。邵子必于前知，〔3〕终是利害心未尽处。”〔4〕

〔1〕语本《中庸》：“至诚之道，可以前知。国家将兴，必有祯祥，国家将亡，必有妖孽，见乎蓍龟，动乎四体。祸福将至，善，必先知之；不善，必先知之，故至诚如神。”（第二十四章）

〔2〕语本周敦颐《通书》：“寂然不动者，诚也；感而遂通者，神也。动而未形，有无之间者，几也。诚精故明，神应故妙，几微故幽。诚神几，曰圣人。”（第四章）

〔3〕邵雍主象数，以为人能前知。

〔4〕参见《南冈说》：“夫天地之道，诚焉而已耳。圣人之学，诚焉而已耳。诚故不息，故久故征，故悠远，故博厚。是故天惟诚也故常清，地惟诚也故常宁，日月惟诚也故常明。今夫南岗，亦拳石之积耳，而其广大悠久，至与天地而无疆焉，非诚而能若是乎?”（《全书》卷二十四）

260. 先生曰：“无知无不知，本体原是如此。譬如日未尝有心照物，而自无物不照。无照无不照，原是日的本体。良知本无知，今却要有知，本无不知，今却疑有不知，只是信不及耳。”〔1〕

〔1〕参见徐波石《波石语录》：“阳明先生曰：‘致良知者，此知即一，此知本神，知之不昧，是曰致矣。’”（《明儒学案》卷三十二《泰州学案一》）

又参见李见罗《知本同参》：“子张问行，夫子告之以言忠信，行笃敬，虽蛮貊，其可行矣，又必曰：‘立则见其参于前也，在舆则见其倚于衡也。’无言无行，忠信笃敬亦何有。此正所谓默而识之的消息也，止于至善之脉络也。学问有这一步，才入微，才知本，才上达天德。阳明先生见山中一老叟，自云做言忠信、行笃敬工

夫三十九年。此其人亦可尚矣,只此默识一步,未之知耳。"(《明儒学案》卷三十一《止修学案》)

261. 先生曰:"'惟天下至圣,为能聪明睿知'〔1〕,旧看何等玄妙!今看来,原是人人自有的。耳原是聪、目原是明、心思原是睿知,圣人只是一能之尔,能处正是良知。众人不能,只是个不致知,何等明白简易。"〔2〕

〔1〕语本《中庸》:"惟天下至圣,为能聪明睿知,足以有临也;宽裕温柔,足以有容也;发强刚毅,足以有执也;斋庄中正,足以有敬也;文理密察,足以有别也。"(第三十一章)

〔2〕参见《寄邹谦之》:"后世人心陷溺,祸乱相寻,皆由此学不明之故。只将此学字头脑处指掇得透彻,使人洞然知得是自己生身立命之原,不假外求,如木之有根,畅茂条达,自有所不容已,则所谓悦乐不愠者,皆不待言而喻。"(《全书》卷六)

262. 问:"孔子所谓远虑,〔1〕周公夜以继日,〔2〕与将迎不同何如?"

先生曰:"远虑不是茫茫荡荡去思虑,只是要存这天理。天理在人心,亘古亘今,无有终始。天理即是良知,千思万虑,只是要致良知。良知愈思愈精明,若不精思,漫然随事应去,良知便粗了。若只着在事上茫茫荡荡去思,教〔3〕做远虑,便不免有毁誉得丧,人欲搀入其中,就是将迎了。周公终夜以思,只是'戒慎不睹,恐惧不闻'的功夫;见得时,其气象与将迎自别。"〔4〕

〔1〕语本《论语·卫灵公篇》:"子曰:'人无远虑,必有近忧。'"(第十一章)朱熹注引苏氏说:"故虑不在千里之外,则患在几席之下矣。"这

是就事上说。王守仁此处解说，则就心上论。

〔2〕语本《孟子·离娄篇下》："周公思兼三王，以施四事；其有不合者，仰而思之，夜以继日；幸而得之，坐以待旦。"（第二十章）

〔3〕"教做"，闾东本、陈本作"叫做"。

〔4〕参见《尤西川纪闻》二："近斋曰：'昔侍先师，一友自言觉工夫不济，无奈人欲间断天理何？'师（王守仁）曰：'若如汝言，工夫尽好了，如何说不济。我只怕你是天理间断人欲耳！'其友茫然。"（《明儒学案》卷二十五《南中王门学案一》）

263. 问："'一日克己复礼，天下归仁'〔1〕，朱子作效验说，如何？"

先生曰："圣贤只是为己之学，〔2〕重功夫不重效验。仁者以万物为体〔3〕，不能一体，只是己私未忘。全得仁体，则天下皆归于吾仁，就是'八荒皆在我闼'〔4〕意；天下皆与其仁，亦在其中，如'在邦无怨，在家无怨'〔5〕，亦只是自家不怨，如'不怨天，不尤人'〔6〕之意；然家邦无怨于我，亦在其中，但所重不在此。"〔7〕

〔1〕朱注云："言一日克己复礼，则天下之人，皆与其仁，极言其效之甚速而至大也。"（《论语集注·颜渊篇》第一章）

〔2〕语本《论语·宪问篇》："子曰：'古之学者为己，今之学者为人。'"（第二十四章）

〔3〕张本"为体"作"为一体"。

〔4〕语出吕与叔《克己铭》，见《宋元学案》卷三十一。

〔5〕语本《论语·颜渊篇》："仲弓问仁。子曰：'出门如见大宾，使民如承大祭，己所不欲，勿施于人，在邦无怨，在家无怨。'"（第二章）

〔6〕语本《论语·宪问篇》："子曰：'不怨天，不尤人，下学而上达，知我者其天乎？'"（第三十七章）

〔7〕参见《寄正宪男手墨二卷》:"吾生平讲学,只是致良知三字。仁,人心也,良知之诚爱恻怛处便是仁。无诚爱恻怛之心,亦无良知可致矣,汝于此处宜加猛省。"(《全书》卷二十六)

264. 问:"孟子'巧力、圣智'之说,朱子云:'三子力有余而巧不足。'〔1〕何如?"

先生曰:"三子固有力亦有巧,巧、力实非两事,巧亦只在用力处,力而不巧,亦是徒力。三子譬如射,一能步箭,一能马箭,一能远箭,他射得到俱谓之力,中处俱可谓之巧;但步不能马,马不能远,各有所长,便是才力分限有不同处;孔子则三者皆长。然孔子之和只到得柳下惠而极,清只到得伯夷而极,任只到得伊尹而极,何曾加得些子?若谓'三子力有余而巧不足',则其力反过孔子了。'巧力'只是发明'圣、知'之义,若识得'圣、知'本体是何物,便自了然。"〔2〕

〔1〕语本《孟子·万章篇下》:孟子曰:"伯夷,圣之清者也;伊尹,圣之任者也;柳下惠,圣之和者也;孔子,圣之时者也。孔子之谓集大成。集大成也者,金声而玉振之也。金声也者,始条理也;玉振之也者,终条理也。始条理者,智之事也;终条理者,圣之事也。智,譬则巧也;圣,譬则力也。由射于百步之外也,其至,尔力也;其中,非尔力也。"(第一章)朱注云:"此复以射之巧力,发明圣智二字之义,见孔子巧力俱全而圣智兼备。三子则力有余而巧不足,是以一节虽至于圣,而智不足以及乎时中也。"(《孟子集注·万章篇下》第一章注)

〔2〕参见《寄薛尚谦》。"数年切磋,只得立志辨义利。若于此未有得力处,却是平日所讲尽成虚语,平日所见皆非实得,不可以不猛省也!经一蹶者长一智,今日之失,未必不为后日之得,但已落第二义。须从第一义上着力,一真一切真,若这些子既是,更无讨不是

处矣。”(《全书》卷四)

265. 先生曰:“‘先天而天弗违’,天即良知也。‘后天而奉天时’〔1〕,良知即天也。”〔2〕

〔1〕语本《易经·乾卦·文言》:“夫大人者,与天地合其德,与日月合其明,与四时合其序,与鬼神合其吉凶。先天而天弗违,后天而奉天时,天且弗违,而况于人乎,况于鬼神乎?”

〔2〕黄宗羲曰:“先生言致良知以格物,便是先天而天弗违;先生言格物以致其良知,便是后天而奉天时。”(《明儒学案》卷十《姚江学案》)

266. “良知只是个是非之心。是非只是个好恶。只好恶,就尽了是非。只是非,就尽了万事万变。”

又曰:“是非两字是个大规矩,巧处则存乎其人。”〔1〕

〔1〕参见《寄邹谦之·三》:“世儒尚有致疑于此(指良知),谓未足以尽道者,只是未尝实见得耳。近有乡大夫谓某讲学者云:‘除却良知,还有什么说得?’某答云:‘除却良知,还有什么说得!’不审迩来谦之于此两字,见得比旧又如何矣?无因一面扣之,以快倾渴。”(《全书》卷六)

267. “圣人之知,如青天之日;贤人如浮云天日;愚人如阴霾天日。虽有昏明不同,其能辨黑白则一。虽昏黑夜里,亦影影见得黑白,就是日之余光未尽处。困学功夫,亦只从这点明处精察去耳。”〔1〕

〔1〕参见《答黄宗贤、应原忠》:“圣人之心,纤翳自无所容,自不消磨刮。若常人之心,如斑垢驳杂之镜,须痛加刮磨一番,尽去其驳蚀,然后纤尘即见,才拂便去,亦自不消费力,到此已是识得仁体矣。若

驳杂未去，其间固自有一点明处，尘埃之落，固亦见得，亦才拂便去。至于堆积于驳蚀之上，终弗之能见也，此学利困勉之所由异，幸弗以为烦难而疑之也。”(《全书》卷四)

268. 问：“知譬日，欲譬云，云虽能蔽日，亦是天之一气合有的，欲亦莫非人心，合有否？”先生曰：“喜、怒、哀、惧、爱、恶、欲，〔1〕谓之七情，七者俱是人心合有的，但要认得良知明白。比如日光，亦不可指著方所，一隙通明，皆是日光所在；虽云雾四塞，太虚中色象可辨，亦是日光不灭处，不可以云能蔽日，教天不要生云。七情顺其自然之流行，皆是良知之用，不可分别善恶，但不可有所著。七情有着，俱谓之欲，俱为良知之蔽，然才有着时，良知亦自会觉，觉即蔽去，复其体矣。此处能勘得破，方是简易透彻功夫。”〔2〕

〔1〕语本《礼记·礼运》：“所谓人情，喜怒哀惧爱恶欲，七者弗学而能。”(卷七)

〔2〕参见《白说字贞夫说》：“道一而已，孰精粗焉而以次为？君子之德，不出乎性情，而其至塞乎天地。故说也者，情也；贞也者，性也。说以正，情之性也；贞以说，性之命也。性情之谓和，性命之谓中。致其性情之德，而三极之道备矣，而又何二乎？”(《全书》卷二十四)并参见第156条。

269. 问：“圣人生知、安行，是自然的，如何有甚功夫？”

先生曰：“知、行二字，即是功夫，但有浅深难易之殊耳。良知原是精精明明的，如欲孝亲，生知、安行的只是依此良知实落尽孝而已，学知、利行者只是时时省觉，务要依此良知尽孝而已；至于困知、勉行者，蔽锢已深，虽要依此良知去孝，又为私欲所阻，是以不能，必须加人一己百、人十己千之功，方能依此良知以尽其孝。圣人虽是生知、安行，然其心不敢自是，肯做困知、勉行的功夫。困知、勉行的却要思量做生知、安行的事，怎生成得？”[1]

〔1〕参见《年谱·五十六岁》：“诸生彭簪……等偕旧游三百余，迎入螺川驿中，先生立谈不倦曰：‘尧、舜生知安行的圣人，犹兢兢业业用困勉的工夫；吾侪以困勉的资质，而悠悠荡荡，坐享生知安行的成功，岂不误己误人。’”（《全书》卷三十四）

270. 问：“乐是心之本体，不知遇大故，于哀哭时，此乐还在否？”

先生曰：“须是大哭一番了方乐，不哭便不乐矣；虽哭，此心安处即是乐也。本体未尝有动。”[1]

〔1〕参见《与许台仲书·二》：“吾子累然忧服之中，顾劳垂念至勤，贤郎以书币远及，其何以当？其何以当！道不可须臾而离，故学不须臾而间。居丧亦学也，而丧者以荒迷自居，言不能无荒迷尔，学则不至于荒迷，故曰‘丧事不敢不勉’。宁戚之说，为流俗忘本者言也。喜怒哀乐，发皆中节之谓和，哀亦有和焉，发于至诚，而无所乖戾之谓也。”（《全书》卷二十七）

又参见王龙溪《天柱山房会语》：“子充曰：‘阳明夫子居丧，有时客未至恸哭，有时客至不哭。阳和终以不哭为疑，敢请。’先生曰：‘凶事无诏，哀哭贵于由衷，不以客至不至为加减也。’”（《王龙溪先生全集》卷五）

271. 问：“良知一而已，文王作《彖》，周公系《爻》，孔子赞《易》，何以各自看理不同？”

先生曰：“圣人何能拘得死格？大要出于良知同，便各为说何害？且如一园竹，只要同此枝节，便是大同；若拘定枝枝节节都要高下大小一样，便非造化妙手矣。汝辈只要去培养良知；良知同，更不妨有异处。汝辈若不肯用功，连笋也不曾抽得，何处去论枝节？”〔1〕

〔1〕参见《示弟立志说》：“自古圣贤，因时立教，虽若不同，其用功大指，无或少异。《书》谓‘惟精惟一’，《易》谓‘敬以直内，义以方外’。孔子谓‘格致诚正，博文约礼’，曾子谓‘忠恕’，子思谓‘尊德性而道问学’，孟子谓‘集义养气，求其放心’，虽若人自为说，有不可强同者，而求其要领归宿，合若约契，何者？夫道，一而已。”（《全书》卷七）

272. 乡人有父子讼狱，请诉于先生，侍者欲阻之，先生听之。言不终辞，其父子相抱恸哭而去。〔1〕

柴鸣治〔2〕入问曰：“先生何言，致伊感悔之速？”

先生曰：“我言舜是世间大不孝的子，瞽瞍是世间大慈的父。”

鸣治愕然。请问。

先生曰：“舜常自以为大不孝，所以能孝；瞽瞍常自以为大慈，所以不能慈。瞽瞍只记得舜是我提孩长的，今何不曾豫悦我？不知自心已为后妻所移了，尚谓自家能慈，所以愈不能慈。舜只思父提孩我时如何爱我，今日不爱，只是我不能尽孝。日思所以不能尽孝处，所以愈能孝。及至瞽瞍底豫时，〔3〕又不过复得此心原慈的本体，所以后世称舜是个古今大孝的子，瞽瞍亦做成个慈父。”〔4〕

〔1〕《年谱·三十九岁》云：“先生三月至庐陵，为政不事威刑，惟以开道人心为本，……狱牒盈庭，不即断射，稽国初旧制，慎选里正三老，坐申明亭，使之委曲劝谕，民胥悔胜气嚣讼，至有涕泣而归者，由是囹圄日清。”此事即当时‘至有涕泣而归者’之一例。‘言不终辞’

指先生之言。

〔2〕情况不详。

〔3〕事本《孟子·离娄篇上》:"舜尽事亲之道而瞽瞍厎豫,瞽瞍厎豫而天下化,瞽瞍厎豫而天下之为父子者定,此之谓大孝。"(第二十八章)厎豫:阮元《校勘记》云:"案《音义》之尔切,是用'厎'。"厎,致也;豫,乐也。

〔4〕参见《象祠记》:"意象之死,其在干羽既格之后乎?不然,古之骜桀者岂少哉?而象之祠独延于世,吾于是益有以见舜德之至,入人之深,而流泽之远且久也,象之不仁,盖其始焉尔,又乌知其终之不见化于舜也。《书》不云乎:'克谐以孝,烝烝乂,不格奸,瞽瞍亦允若。'则已化而为慈父。象犹不弟,不可以为谐。进治于善,则不至于恶。不抵于奸,则必入于善,信乎,象盖已化于舜矣。孟子曰:'天子使吏治其国,象不得以有为也。'斯尽舜爱象之深而虑之详,所以扶持辅道之者之周也。不然,周公之圣,而管、蔡不免焉。斯可以见象之既化于舜,故能任贤使能而安于其位,泽加于其民,既死而人怀之也。诸侯之卿命于天子,盖周官之制,其殆仿于舜之封象欤?吾于是益有以信人性之善,天下无不可化之人也。"(《全书》卷二十三)

273. 先生曰:"孔子有鄙夫来问,〔1〕未尝先有知识以应之,其心只空空而已;但叩他自知的是非两端,与之一剖决,鄙夫之心便已了然。鄙夫自知的是非,便是他本来天则,虽圣人聪明,如何可与增减得一毫?他只不能自信,夫子与之一剖决,便已竭尽无余了。若夫子与鄙夫言时,留得些子知识在,便是不能竭他的良知,道体即有二了。"〔2〕

〔1〕语本《论语·子罕篇》:"子曰:'吾有知乎哉?无知也。有鄙夫问于我,空空如也,我叩其两端而竭焉。'"(《第八章》)

〔2〕参见《别张常甫序》："古之君子，惟有所不知也，而后能知之。后之君子，惟无所不知，是以容有不知也。夫道有本而学有要，是非之辩精矣，义利之间微矣，斯吾未之能信焉。曷亦姑无以为知之也，而姑疑之，而姑思之乎？"（《全书》卷七）

274. 先生曰："'烝烝乂不格奸'〔1〕，本注说象已进进于义，不至大为奸恶。舜征庸〔2〕后，象犹日以杀舜为事，何大奸恶如之！舜只是自进于乂，以乂薰烝〔3〕，不去正他奸恶。凡文过揜慝，此是恶人常态，若要指摘他是非，反去激他恶性。舜初时致得象要杀己，亦是要象好的心太急，此就是舜之过处。经过来，乃知功夫只在自己，不去责人，所以致得'克谐'〔4〕，此是舜动心忍性，增益不能处。古人言语，俱是自家经历过来，所以说得亲切。遗之后世，曲当人情；若非自家经过，如何得他许多苦心处？"〔5〕

〔1〕语本《书经·尧典》：四岳言舜"父顽、母嚚、象傲，克谐以孝，烝烝乂，不格奸"。蔡沈注云："谐，和。烝，进也。言舜不幸遭此，而能和以孝，使之进进以善自治，而不至于大为奸恶也。"王守仁不同意此注所言象进进以善，而以烝为薰烝，指舜而言。

〔2〕征庸：召用。

〔3〕闾东本"以乂薰烝"作"以乂去薰烝也"。

〔4〕指经文"克谐以孝"。

〔5〕陈龙正曰："舜亦过而后改乎？与尧、舜已上善无尽，均属创语。"（《阳明要书》）

275. 先生曰："古乐不作久矣；今之戏子，尚与古乐意思相近。"

未达，请问。

先生曰："《韶》之九成[1]，便是舜的一本戏子；《武》之九变，便是武王的一本戏子。圣人一生实事，俱播在乐中，所以有德者闻之，便知他尽善尽美与尽美未尽善处。[2]若后世作乐，只是做些词调，于民俗风化绝无关涉，何以化民善俗？今要民俗反朴还淳，取今之戏子，将妖淫词调俱去了，只取忠臣、孝子故事，使愚俗百姓人人易晓，无意中感激他良知起来，却于风化有益。然后古乐渐次可复矣。"

曰："洪要求元声不可得，恐于古乐亦难复。"

先生曰："你说元声在何处求？"

对曰："古人制管候气[3]，恐是求元声之法。"

先生曰："若要去葭灰黍粒中求元声，却如水底捞月，如何可得？元声只在你心上求。"

曰："心如何求？"

先生曰："古人为治，先养得人心和平，然后作乐。比如在此歌诗，你的心气和平，听者自然悦怿兴起，只此便是元声之始。《书》云'诗言志'，志便是乐的本；'歌永言'，歌便是作乐的本；'声依永，律和声'，律只要和声，和声便是制律的本。何尝求之于外？"

曰："古人制候气法，是意何取？"

先生曰："古人具中和之体以作乐，我的中和原与天地之气相应，候天地之气，协凤凰之音，不过去验我的气果和否，此是成律已后事，非必待此以成律也。今要候灰管，先须定至日，然至日子时，恐又不准，又何处取得准来？"

〔1〕语本《书经·益稷》："箫韶九成，凤凰来仪。"九成即《周礼》大司乐的九变。

〔2〕语本《论语·八佾篇》："子谓《韶》：'尽美矣，又尽善也。'谓《武》：

'尽美矣,未尽善也。'"(第二十五章)

〔3〕以管候气之法,系制十二音调管,每一管与十二个半音程相应。其中塞以葭灰,将其一端暴露埋于密室土中。如某管中葭灰在相应的一月的适当时间飞出,这就表明气对适当气象的感应(候气),因而可以确定该管的声调是正确的。例如葭灰在冬至子时飞出,那么基调接近F调的音度(黄钟之管)就是正确的。

276. 先生曰:"学问也要点化,但不如自家解化者,〔1〕自一了百当,不然,亦点化许多不得。"〔2〕

〔1〕点化:指师友劝道而化。解化:指良知自知。

〔2〕参见《答人问良知二首》之二:"知得良知却是谁?自家痛痒自家知。若将痛痒从人问,痛痒何须更问为。"(《全书》卷二十)

参见黄宗羲《南瑞泉学案》:"先生故文成分房所取士也,观摩之久,因悟人心自有圣贤,奚必他求。一日质于文成曰:'大吉临政多过,先生何无一言?'文成曰:'何过?'先生历数其事。文成曰:'吾言之矣。'先生曰:'无之。'文成曰:'然则何以知之?'曰:'良知自知之。'文成曰:'良知独非我言乎?'先生笑谢而去。居数日,数过加密,谓文成曰:'与其有过而悔,不若先言之,使其不至于过也。'文成曰:'人言不如自悔之真。'又笑谢而去。居数日,谓文成曰:'身过可免,心过奈何?'文成曰:'昔镜未开,可以藏垢。今镜明矣,一尘之落,自难住脚,此正入圣之机也,勉之。'先生谢别而去。"(《明儒学案》卷二十九《北方王门学案》)

277. "孔子气魄极大,凡帝王事业,无不一一理会,也只从那心上来,譬如大树有多少枝叶,也只是根本上用得培养功夫,故自然能如此,非是从枝叶上用功做得根本也。〔1〕学者学孔子,不在心上用功,汲汲然去学那气魄,却倒做了。"〔2〕

〔1〕参见《答王虎谷》:“程子云:‘知之而至,则循理为乐,不循理为不乐。’自有不能已者,循理为乐者也,非真能知性者,未易及此。知性则知仁矣。仁,人心也。心体本自弘毅,不弘者,蔽之也;不毅者,累之也。故烛理明,则私欲自不能蔽累。私欲不能蔽累,则自无不弘毅矣,弘非有所扩而大之也,毅非有所作而强之也,盖本分之内,不加毫末焉。曾子弘毅之说,为学者言,故曰不可以不弘毅。此曾子穷理之本,真见仁体,而后有是言。学者徒知不可不弘毅,不知穷理,而惟扩而大之以为弘,作而强之以为毅,是亦出于一时意气之私,其去仁道尚远也。”(《全书》卷四)

〔2〕王守仁言孔子欲行道于天下,道不行,退修六籍。朱熹学孔子,“却倒做了”,早岁便要继往开来,著许多书,晚年方悔悟。(参见第100条)。

278. “人有过,多于过上用功,就是补甑〔1〕,其流必归于文过〔2〕。”

〔1〕语本《后汉书》:东汉孟敏荷甑堕地,不顾去,曰:“已破矣,视之何益。”甑:陶器炊饭者。

〔2〕参见《悔斋说》:“悔者,善之端也,诚之复也。君子悔以迁于善,小人悔以不敢肆其恶,惟圣人而后能无悔,无不善也,无不诚也。然君子之过,悔而弗改焉,又从而文焉,过将日入于恶。小人之恶,悔而益深巧焉,益愤谲焉,则恶极而不可解矣。故悔者,善恶之分也,诚伪之关也,吉凶之机也,君子不可以频悔,小人则幸其悔而或不甚焉耳。”(《全书》卷二十四)

279. “今人于吃饭时,虽无一事在前,其心常役役不宁,只缘此心忙惯了,所以收摄不住。”〔1〕

〔1〕参见《谨斋说》:“君子之学,心学也。心,性也;性,天也。圣人之

心，纯乎天理，故无事于学，下是则心有不存，而汩其性、丧其天矣，故必学以存其心。学以存其心者，何求哉？求诸其心而已矣。求诸其心何为哉？谨守其心而已矣。博学也，审问也，慎思也，明辨也，笃行也，皆谨守其心之功也。谨守其心者，无声之中而常若闻焉，无形之中，而常若睹焉。故倾耳而听之，惟恐其或谬也，注目而视之，惟恐其或逸也。是故至微而显，至隐而见，善恶之萌，而纤毫莫遁，由其能谨也。谨则存，存则明，明则其察之也精，其存之也一。"(《全书》卷七)

280. "琴、瑟、简编，学者不可无，盖有业以居之，〔1〕心就不放。"〔2〕

〔1〕语本《易经·乾卦·文言》："修辞立其诚，所以居业也。"

〔2〕参见《与陆元静》："使在我果无功利之心，虽钱谷兵甲，搬柴运水，何往而非实学？何事而非天理？况子史诗文之类乎？使在我尚存功利之心，则虽日谈道德仁义，亦只是功利之事，况子史诗文之类乎？一切屏绝之说，是犹泥于旧习，平日用功，未有得力处，故云尔。"(《全集》卷四)

281. 先生叹曰："世间知学的人，只有这些病痛打不破，就不是善与人同。"〔1〕

崇一曰："这病痛只是个好高不能忘己尔。"

〔1〕参见《文山别集序》："当颠沛之心，而不忘乎与人为善者，节之裕也。致自尽之心，而欲人同归于善者，忠之推也。不以薪知为嫌，而行其教人之诚者，仁之笃也。"(《全书》卷二十二)

282. 问："良知原是中和的，如何却有过、不及？"

先生曰："知得过、不及处，就是中和。"〔1〕

〔1〕参见王龙溪《滁阳会语》:“先师(王守仁)自谓:‘良知二字,自吾从万死一生中体悟出来,多少积累在,但恐学者见太容易,不肯实致其良知,反把黄金作顽铁用耳。’先师在留都时,见有人传谤书,见之不觉心动,移时始忘,因谓终是名根消煞未尽,譬之浊水澄清,终有浊在。余尝请问平藩事。先师云:‘在当时只合如此做,觉来尚有微动于气所在。使今日处之,更自不同。’”(《王龙溪先生全集》卷二)

283. “‘所恶于上’是良知,‘毋以使下’即是致知。”〔1〕

〔1〕语本《大学》:“所恶于上,毋以使下,所恶于下,毋以事上,……此之谓絜矩之道。”(第十章)

又参见《与黄宗贤》:“夫加诸我者,我所不欲也,无加诸人;我所欲也,出乎其心之所欲,皆自然而然,非有所强,勿施诸人,则勉而后能。此仁、恕之别也。然恕,求仁之方,正吾侪之所有事也。”(《全书》卷四)

284. 先生曰:“苏秦、张仪之智,也是圣人之资。后世事业文章,许多豪杰名家,〔1〕只是学得仪、秦故智。仪、秦学术,善揣摸人情,无一些不中人肯綮,〔2〕故其说不能穷。仪、秦亦是窥见得良知妙用处,但用之于不善尔。”

〔1〕参见王龙溪《曾舜征别言》:“弘正间,京师倡为词章之学。李、何擅其宗,阳明先师结为诗社,更相倡和,风动一时,炼意绘辞,寖登述作之坛,几入其髓。既而翻然悔之,以有限之精神,弊于无益之空谈,何异隋珠弹雀,其昧于轻重亦甚矣。纵欲立言为不朽之业,等而上之,更当有自立处。大丈夫出世一番,岂应泯泯若是而已乎?社中人相与惜之:‘阳明子业几有成,中道弃去,可谓志之无恒也。’先师闻而笑曰:‘诸君自以为有志矣,使学如韩、柳,不过为文

人,辞如李、杜,不过为诗人,果有志于心性之学,以颜、闵为期,当与共事,图为第一等德业。譬诸日月终古常见而景象常新,就论立言,亦须一一从圆明窍中流出,盖天盖地,始是大丈夫所为,傍人门户,比量揣拟,皆小技也。'"(《王龙溪先生全集》卷十六)

〔2〕语本《庄子·养生主篇》:"因其固然,技经肯綮之未尝,而况大軱乎。"肯綮:骨肉相著结处。

285. 或问"未发、已发"。

先生曰:"只缘后儒将未发、已发分说了,只得劈头说个无未发、已发,使人自思得之。若说有个已发、未发,听者依旧落在后儒见解。若真见得无未发、已发,说个有未发、已发原不妨,原有个未发、已发在。"〔1〕

问曰:"未发未尝不和,已发未尝不中。譬如钟声未扣,不可谓无,既扣不可谓有,毕竟有个扣与不扣,何如?"

先生曰:"未扣时原是惊天动地,既扣时也只是寂天寞地。"

〔1〕参见《答汪石潭内翰》:"夫喜怒哀乐,情也,既曰不可谓未发矣。喜怒哀乐之未发,则是指其本体而言,性也。斯言自子思,非程子而始有。执事既不以为然,则当自子思《中庸》始矣。喜怒哀乐之与思与知觉,皆心之所发,心统性情。性,心体也;情,心用也。程子云:'心一也,有指体而言者,寂然不动是也。有指用而言者,感而遂通是也。'斯言既无以加矣,执事姑求之体用之说:夫体用一源也,知体之所以为用,则知用之所以为体者矣。虽然,体微而难知也,用显而易见也,执事之云,不亦宜乎。"(《全书》卷四)

又参见《答陆元静书》:"未发在已发之中,而已发之中,未尝别有未发者在;已发在未发之中,而未发之中,未尝别有已发者存,是未尝无动静,而不可以动静分者也。"(《传习录》中)

286. 问："古人论性，各有异同，何者乃为定论？"

先生曰："性无定体，论亦无定体[1]。有自本体上说者，有自发用上说者，有自源头上说者，有自流弊处说者。总而言之，只是一个性，但所见有浅深尔。若执定一边，便不是了。性之本体，原是无善、无恶的。发用上也原是可以为善、可以为不善的。其流弊也原是一定善、一定恶的。[2]譬如眼，有喜时的眼，有怒时的眼，直视就是看的眼，微视就是觑的眼。总而言之，只是这个眼。若见得怒时眼，就说未尝有喜的眼；见得看时眼，就说未尝有觑的眼，皆是执定，就知是错。孟子说性，直从源头上说来，亦是说个大概如此。荀子性恶之说，是从流弊上说来，也未可尽说他不是，只是见得未精耳。众人则失了心之本体。"

问："孟子从源头上说性，要人用功在源头上明彻；荀子从流弊说性，功夫只在末流上救正，便费力了。"

先生曰："然。"

〔1〕参见《与王纯甫·二》："夫心主于身，性具于心，善原于性，孟子之言性善是也。善即吾之性，无形体可指，无方所可定，夫岂自为一物可从何处得来者乎？"（《全书》卷四）

〔2〕佐藤一斋说："此句义不可解，疑必有误脱。似当作：'其源头也，原是一定善的；其流弊也，原是一定恶的。'"（《传习录栏外书》第二二五页）

287. 先生曰："用功到精处，愈着不得言语，说理愈难。若着意在精微上，全体功夫反蔽泥了。"[1]

〔1〕参见《与顾惟贤》："凡言意所不能达，多假于譬喻，以意逆志，是为得之；若必拘文泥象，则虽圣人之言，且亦不能无病，况于吾侪学

有未至！词意之间，本已不能无弊者，何足异乎！今时学者大患，不能立恳切之志，故鄙意专以责志立诚为重。”（《全书》卷二十七）

288. “杨慈湖〔1〕不为无见，又著在无声无臭上见了。”〔2〕

〔1〕杨简（1141—1225），宋慈谿人，字敬仲。乾道进士，历官国子博士、秘书郎、宝谟阁学士等，有贤名。卒谥文元，学者称慈湖先生。著有《甲乙稿》、《杨氏易传》、《五诰解》、《器明诗传》、《冠记》、《昏记》等书。

又参见《与顾惟贤》：“承寄《慈湖文集》，客冗未能遍观。来喻欲摘其尤粹者再图翻刻，甚喜。但古人言论自各有见，语脉牵连，互有发越，今欲就其中以己意删节之，似亦甚有不易，莫若尽存，以俟具眼者自加分别。所云超捷，良如高见，今亦当但论其言之是与不是，不当逆观者之致疑，反使吾心昭明洞达之见有所揜覆而不尽也。”（《全书》卷二十七）

〔2〕参见王龙溪《慈湖精舍会语》：“先师（王守仁）谓慈湖已悟无声无臭之旨，未能忘见。象山谓‘予不说一，敬仲常说一’，此便是一障。”（《王龙溪先生全集》卷五）

289. “人一日间，古今世界都经过一番，只是人不见耳。夜气清明时，无视无听，无思无作，淡然平怀，就是羲皇世界。平旦时，神清气朗，雍雍穆穆，就是尧、舜世界。日中以前，礼仪交会，气象秩然，就是三代〔1〕世界。日中以后，神气渐昏，往来杂扰，就是春秋、战国世界。渐渐昏夜，万物寝息，景象寂寥，就是人消物尽世界。学者信得良知过，不为气所乱，便常做个羲皇已上人。”〔2〕

〔1〕三代：夏（前 2183—前 1752），商（前 1752—前 1112），周（前 1111—前 770）。

〔2〕王守仁此处言羲皇世界为“无视无听，无思无作”，尧、舜世界为“神

清气朗，雍雍穆穆”，这都是“信得良知过”的结果。参见王龙溪《藏密轩记》：“我阳明先师，超然玄悟，会于天地鬼神之奥，首倡良知之说以觉天下，千圣不传之绪赖以复续。良知知是知非而实无是无非。知是知非者，心之神明，无是无非者，退藏之密也。人知神之神，不知不神之为神，无知之知是为真知，罔觉之修是为真修，文王所以不识不知而顺帝则也。”（《王龙溪先生全集》卷十七）

290. 薛尚谦、邹谦之、马子莘、王汝止〔1〕侍坐，因叹先生自征宁藩已来，〔2〕天下谤议益众，请各言其故。有言先生功业势位日隆，天下忌之者日众；有言先生之学日明，故为宋儒争是非者亦日博；有言先生自南都以后，同志信从者日众，而四方排阻者日益力。

先生曰：“诸君之言，信皆有之，但吾一段自知处，诸君俱未道及耳。”

诸友请问。

先生曰：“我在南都〔3〕已前，尚有些子乡愿的意思在；我今信得这良知真是真非，信手行去，便不著些覆藏；我今才做得个狂者的胸次，使天下之人都说我行不揜言也罢。”〔4〕

尚谦出曰：“信得此过，方是圣人的真血脉。”〔5〕

〔1〕王汝止（1483—1540），名艮，号心斋，泰州人，父为灶丁，七岁受书乡塾，家贫不能竟学。二十五岁，过孔子庙，以圣人可学而至，归取《孝经》、《论语》、《大学》自学，以经证悟，以悟证经，发明自得，不泥传注。尝按《礼经》制古礼服服之，曰：“言尧之言，行尧之行，而不服尧之服，可乎？”闻王守仁巡抚江西，讲良知之学，以古服往见，守仁迎之门外。始入，艮据上座，辩难久之，稍心折，移其座于侧，论毕，乃叹曰：“简易直截，艮不及也。”下拜自称弟子。退而思之，悔曰：“吾轻易矣。”明日入见，且告之悔。守仁曰：“善哉！子之

不轻信从也。”艮复上坐，辩难久之，始大服，遂称弟子如初。守仁谓门人曰：“向者吾擒宸濠，一无所动，今却为斯人动矣。”后王艮至京都，冠服言动，不与人同，人以怪魁目之，时守仁之学，谤议蠭起，移书责之。艮还会稽，及门三日不见。守仁送客出门，艮长跪道旁，守仁不顾而入，艮随至庭下，厉声曰：“仲尼不为已甚。”守仁方揖之起。守仁弟子遍天下，率皆有爵位，艮以布衣抗其间，声名出诸弟子上，时与王畿合称“二王”，著有《王心斋集》。参见《明儒学案》卷三十二。

〔2〕宁王宸濠为明武宗之叔祖，1519 年 6 月自南昌起兵谋乱，王守仁时巡南赣，未奉武宗命即举兵破平之，此次谈话在 1523 年（《年谱》，五十二岁）。

〔3〕王守仁自 1514 年至 1516 年在南京任职。

〔4〕参见《与胡伯忠》：“君子与小人居，决无苟同之理，不幸势穷理极，而为彼所中伤，则安之而已。处之未尽于道，或过于疾恶，或伤于愤激，无益于事，而致彼之怨恨雠毒，则皆君子之过也。昔人有言，事之无害于义者，从俗可也。君子岂轻于从俗，独不以异俗为心耳。与恶人居，如以朝衣朝冠坐于涂炭者，伯夷之清也。虽袒裼裸裎于我侧，彼焉能浼我哉！柳下惠之和也。君子以变化气质为学，则惠之和，似亦执事之所宜从者。……正人难得，正学难明，流俗难变，直道难容，临笔惘然，如有所失。”（《全书》卷四）

又参见王龙溪《水西精舍会语》：“先师（王守仁）自云：‘吾居夷以前，称之者十九。鸿胪以前，称之者十之五，议者十之五。鸿胪以后，议者十之九矣。学愈真切，则人愈见其有过。前之称者，乃其包藏掩饰，人故不得而见也。’”（《王龙溪先生全集》卷三）

〔5〕此条之后，有《问乡原》一条，《年谱》载之，可与此条相互发明，其文如下：

（薛尚谦、邹谦之、马子莘、王汝止侍坐），请问乡原、狂者之辨。曰：“乡原以忠信廉洁见取于君子，以同流合污无忤于小人，故非之无举，刺之无刺。然究其心，乃知忠信廉洁，所以媚君子也，同流合污，所以媚小人也，其心已破坏矣，故不可与入尧、舜之道。狂者志存古人，一切纷嚣俗染，举不足以累其心，真有凤凰翔于千仞之意。一克念，即圣人矣。惟不克念，故阔略事情，而行常不掩。惟行不掩，故心尚未坏而庶可与裁。"曰："乡愿何以断其媚世？"曰："自其讥狂狷知之。狂狷不与俗谐，而谓'生斯世也，为斯世也，善斯可矣'。此乡愿志也，故其所为，皆色取不疑，所以谓之似。三代以下，士之取盛名于时者，不过得乡愿之似而已。究其忠信廉洁，或未免致疑于妻子也。虽欲纯乎乡愿，亦未易得，而况圣人之道乎！"曰："狂狷为孔子所思，然至于传道，终不及琴张辈，而传曾子，岂曾子乃狂狷之流乎？"先生曰："不然。琴张辈，狂者之禀也，虽有所得，终止于狂。曾子，中行之禀也，故能悟入圣人之道。"（《全书》卷三十四）

又参见《与黄宗贤书》："近与尚谦、子莘、诚甫讲《孟子》乡愿狂狷一章，颇觉有所省发。"（《全书》卷五）

291. 先生锻炼人处，一言之下感人最深。一日，王汝止出游归。

先生问曰："游何见？"

对曰："见满街人都是圣人。"

先生曰："你看满街人是圣人，满街人到看你是圣人在。"

又一日，董萝石[1]出游而归。

见先生曰："今日见一异事。"

先生曰："何异？"

对曰："见满街人都是圣人。"

先生曰："此亦常事耳，何足为异。"

盖汝止圭角未融，萝石恍见有悟，故问同答异，皆反其言而进之。

洪与黄正之、张叔谦〔2〕、汝中丙戌〔3〕会试归，为先生道涂中讲学，有信有不信。

先生曰："你们拿一个圣人去与人讲学，人见圣人来都怕走了，如何讲得行！须做得个愚夫愚妇，方可与人讲学。"

洪又言今日要见人品高下最易。

先生曰："何以见之？"

对曰："先生譬如泰山在前，有不知仰者，须是无目人。"

先生曰："泰山不如平地大，平地有何可见？"

先生一言翦裁，剖破终年为外好高之病，〔4〕在座者莫不悚惧。

〔1〕董萝石(1457—1533)，名沄，字复宗，海盐(今属浙江)人，以诗名，未曾举功名。年六十八，闻守仁良知说，师事之，守仁以沄年老不可，沄再三委质焉，自号从吾道人。参见《明儒学案》卷十四。

〔2〕张叔谦，名元冲，号浮峰，越之山阴(浙江绍兴)人，嘉靖十七年(1538)进士。历任至右副都御史，巡抚江西，以敢谏称。参见《明儒学案》卷十四。

〔3〕丙戌：嘉靖五年(1526)，王守仁五十五岁。

〔4〕参见《答刘内重》："圣人之行，初不远于人情，……大抵奇特斩绝之行，多后世希高慕大者之所喜，圣贤不以是为贵也。故索隐行怪，则后世有述焉，依乎中庸，固有遁世不见知者矣。"(《全书》卷五)

292. 癸未春，邹谦之来越问学，居数日，先生送别于浮峰。〔1〕是夕与希渊诸友移舟宿延寿寺。秉烛夜坐，先生慨怅不已。

曰："江涛烟柳，故人倏在百里外矣！"

一友问曰："先生何念谦之之深也？"

先生曰："曾子所谓'以能问于不能，以多问于寡，有若无，实若虚，犯而不校'〔2〕，若谦之者，良近之矣。"〔3〕

〔1〕癸未：嘉靖二年(1523)。浮峰，越中山名。

〔2〕语见《论语·泰伯篇》第五章。

〔3〕参见《书石川卷》："某之于道，虽亦略有所见，未敢尽以为是也。其于后儒之说，虽亦时有异同，未敢尽以为非也。朋友之来相问者，皆相爱者也，何敢以不尽吾所见。正期体之于心，务期真有所见。其孰是孰非，而身发明之，庶有益于斯道也。若徒入耳出口，互相标立门户，以为能学，则非某之初心，其所以见罪之者至矣。"(《全书》卷八)

293. 丁亥年九月，先生起复〔1〕征思、田〔2〕，将命行时，德洪与汝中论学。

汝中举先生教言曰："无善无恶是心之体，有善有恶是意之动，知善知恶是良知，为善去恶是格物。"

德洪曰："此意如何？"

汝中曰："此恐未是究竟话头；若说心体是无善、无恶，意亦是无善、无恶的意，知亦是无善、无恶的知，物是〔3〕无善、无恶的物矣。若说意有善、恶，毕竟心体还有善、恶在。"

德洪曰："心体是'天命之性'，原是无善、无恶的；但人有习心，意念上见有善恶在，格、致、诚、正、修，此正是复那性体功夫。若原无善恶，功夫亦不消说矣。"

是夕侍坐天泉桥，各举请正。

先生曰："我今将行，正要你们来讲破此意。二君之见，正好相资为用，不可各执一边。我这里接人，原有此二种，利根之人，直从本原上悟入，人心本体原是明莹无滞的，原是个未发之中；利根之人一悟本体即是功夫，人己内外一齐俱透了。其次不免有习心在，本体受蔽，故且教在意念上实落为善、去恶，功夫熟后，渣滓去得尽时，本体亦明尽了。汝中之见，是我这里接利根人的；德洪之见，是我这里为其次立法的。二君相取为用，则中人上下皆可引入于道，若各执一边，眼前便有失人，便于道体各有未尽。”

既而曰："已后与朋友讲学，切不可失了我的宗旨。无善无恶是心之体，有善有恶是意之动，知善知恶的〔4〕是良知，为善去恶是格物。〔5〕只依我这话头随人指点，自没病痛，此原是彻上彻下功夫。利根之人，世亦难遇，本体功夫一悟尽透，此颜子、明道所不敢承当，岂可轻易望人。人有习心，不教他在良知上实用为善、去恶功夫，只去悬空想个本体，一切事为俱不著实，不过养成一个虚寂，此个病痛不是小小，不可不早说破。”

是日，德洪、汝中俱有省。

〔1〕丁亥：嘉靖六年(1527)。起复：有丧，服满而起用。

〔2〕思田：广西思恩府及田州。

〔3〕施本、俞本、张本“物是”作“物亦是”。

〔4〕施本、俞本“知善知恶的”作“知善知恶”。

〔5〕王守仁在此提出四句教。此后有关四句教的提出及其意义，在王守仁的弟子中发生争论，一直延续到明末。现将部分重要资料抄录如下，以供参考：

(1) 王龙溪《天泉证道纪》：“阳明夫子之学，以良知为宗，每与门人论学，提四句为教法——‘无善无恶心之体，有善有恶意之动，知善知恶是良知，为善去恶是格物’。学者循此用功，各有所得。绪山钱子谓此是师门教人定本，一毫不可更易。先生谓夫子立教随时，谓之权法，未可执定。体用显微，只是一机，心意知物，只是一事。若悟得心是无善无恶之心，意即是无善无恶之意，知即是无善无恶之知，物即是无善无恶之物。盖无心之心则藏密，无意之意则应圆，无知之知则体寂，无物之物则用神。天命之性，粹然至善。神感神应，其机自不容已，无善可名，恶固本无，善亦不可得而有也，是谓无善无恶，若有善有恶，则意动于物，非自性之流行，着于有矣。自性流行者，动而无动，着于有者，动而动也。意是心之所发，若是有善有恶之意，则知与物一齐皆有，心底尽时亦不可谓之无矣。绪山子谓若是是坏师门教法，非善学也。先生谓学须自证自悟，不从人脚跟转，若执着师门权法以为定本，未免滞于言诠，亦非善学也。时夫子将有两广之行。钱子谓曰：'吾二人所见不同，何以同人？盍相与就正夫子？'晚坐天泉桥上，因各以所见请质。夫子曰：'正要二子有此一问。吾教法原有此两种。四无之说，为上根人立教；四有之说，为中根以下人立教。上根之人，悟得无善无恶心体，便从无处立根基，意与知物，皆从无生，一了百当，即本体便是工夫。易简直截，更无剩欠，顿悟之学也。中根以下之人，未尝悟得本体，未免在有善有恶上立根基，心与知物，皆从有生，须用为善去恶功夫，随处对治，使之渐渐入悟，从有以归于无，复还本体，及其成功一也。世间上根人不易得，只得就中根以下人立教，通此一路。汝中所见，是接上根人教法；德洪所见，是接中根以下人教法。汝中所见，我久欲发，恐人信不及，徒增躐等之病，故含蓄到今。此是传心秘藏，颜子、明道所不敢言者，今既已说破，亦是天机该发泄时，岂容复秘。然此中不可执著，若执四无之见，不通得众人之意，只好接上根人，中根以下人无从接授。若执四有之见，认定意是有善有恶的，只好接中根以下人，上根人亦无从接授。但吾人凡心未了，虽已得悟，仍当随时用渐修功夫，不如此不足以超凡入圣，所谓上乘兼修中下也。汝中此意，正好保任，不宜轻以示人。概而言之，反成漏泄。德洪却须进此一格，始为玄通。德洪资性沉毅，汝中资性明朗，故其所得，亦各因其所近。若能互相取益，使吾教法，上下皆通，始为善学耳。'自此海内相传天泉证悟之论，道脉始归于一云。"(《王龙溪先生全集》卷一)

(2) 邹守益《青原赠处》:"阳明夫子之两广也，钱、王二子送于富阳。夫子曰：'予别矣，盍各言所学。'德洪对曰：'至善无恶者心，有善有恶者意，知善知恶是良知，为善去恶是格物。'畿对曰：'心无善而无恶，物无善而无恶，知无善而无恶，意无善而无恶。'夫子笑曰：'洪甫须知汝中本体，汝中须知洪甫功夫，二子打并为一，不失吾传矣！'"(《邹东廓文集》卷一)

(3) 钱德洪《复杨斛山》:"人之心体一也，指名曰善可也，曰至善无恶亦可也，曰无善无恶亦可也。曰善曰至善，人皆信而无疑矣。又为无善无恶之说者，何也？至善之体，恶固非其所有，善亦不得而有也。至善之体，虚灵也，犹目之明，耳之聪也。虚灵之体，不可先有乎善，犹明之不可先有乎色，聪之不可先有乎声也。目无一色，故能尽万物之色；耳无一声，故能尽万物之声；心无一善，故能尽天下万事之善，今之论至善者，乃索之于事事物物之中，先求其所谓定理者，以为应事宰物之则，是虚灵之内先有乎善也。虚灵之内先有乎善，是耳未听而先有乎声，目未视而先有乎色也。塞其聪明之用而窒其虚灵之体，非至善之谓矣，今人乍见孺子入井，皆有怵惕恻隐之心。怵惕恻隐，是谓善矣。然未见孺子之前，皆知讲求之功，预有此善以为之则耶？抑虚灵触发其机自不容已耶？赤子将入井，自圣人与涂人并而视之，其所谓怵惕恻隐者，圣人不能加，而涂人未尝减也。但涂人拟议于乍见之后，已洊入于纳交要誉之私矣。然则涂人之学圣人也，果忧怵惕恻隐之不足耶？抑去其蔽以还乍见之初心也？虚灵之蔽，不但邪思恶念，虽至美之念，先横于中，积而不化，已落将迎意必之私，而非时止时行之用矣，故先师曰'无善无恶者心之体'，是对后世格物穷理之学，为先有乎善者立言也，因时设法，不得已之辞焉耳。"(《钱绪山遗文》)

294. 先生初归越时，朋友踪迹尚寥落，既后，四方来游者日进。癸未年已后，环先生而居者比屋，如天妃、光相诸刹，每当一室，常合食者数十人，夜无卧处，更相就席，歌声彻昏旦。南镇、禹穴、阳明洞诸山远近寺刹，徙足所到，无非同志游寓所在。先生每临讲座，前后左右环坐而听者，常不下数百人，送往迎来，月无虚日；至有在侍更岁，不能遍记其姓名者。每临别，先生常叹曰："君等虽别，不出在天地间，苟同此志，吾亦可以忘形似〔1〕矣。"〔2〕诸生每听讲出门，未尝不跳跃称快。尝闻之同门先辈曰："南都以前，朋友从游者虽众，未有如在越之盛者。此虽讲学日久，孚信渐博，要亦先生之学日进，感召之机，申变〔3〕无方，亦自有不同也。"〔4〕

〔1〕语本《庄子·让王篇》："养志者忘形，养形者忘利。"（卷九）

〔2〕参见《寄希渊·三》："某无大知识，亦非好为人言者，顾今之时，人心陷溺已久，得一善人，惟恐其无成。期与诸君共明此学，固不以自认为嫌而避之。譬之婚姻，聊为诸君之媒妁而已。乡里后进中，有可言者，即与接引，此本分内事，勿谓不暇也。"（《全书》卷四）

又参见《寄杨邃庵阁老·四》："近年以来，忧病积集，尪羸日甚，惟养疴丘园，为乡里子弟考订句读，使知向方，庶于保身及物，亦稍得效其心力，不致为天地间一蠹。此其自处，亦已审矣。"（《全书》卷二十一）

〔3〕施本"申变"作"神变"。参见钱德洪《答论年谱书》："师在越时，同门有用功恳切，而泥于旧见，郁而不化者，时出一险语以激之，如水投石于烈焰之中，一击尽碎，纤滓不留，亦千古一大快也。"（《全书》卷三十六《年谱附录》二）

〔4〕闾东本此下有一条，北大藏明本，置于《全书》最后一条，其文如下：

南逢吉曰："吉尝以《答徐成之书》请问，先生曰：'此书于格致诚正及尊德性而道问学处说得尚支离，盖当时亦就二君所见者将就调停说过，细详文义，然犹未免分为两事也。'尝见一友问云：'朱子以存心致知为二事，今以道问学为尊德性之功，作一事如何？'先生云：'天命于我谓之性，我得此性之谓德。今要尊我之德性，须是道问学。如要尊孝之德性便须学问个孝；尊弟之德性，便须学问个弟。学问个孝，便是尊孝之德性；学问个弟，便是尊弟之德性。不是尊德性之外，别有道问学之功；道问学之外，别有尊德性之事也。心之明觉处谓之知，知之存主处谓之心，原非有二物。存心便是致知，致知便是存心，亦非有二事。'曰：'存心，恐是静中存养意，与道问学不同。'曰：'就是静中存养，还谓之学否？若亦谓之学，亦即是道问学矣。观者宜以此意求之。'"(《传习录》北京大学藏明本)

此后黄以方录

295. 黄以方问："'博学于文'〔1〕为随事学存此天理，〔2〕然则谓'行有余力，则以学文'〔3〕，其说似不相合。"

先生曰："《诗》、《书》、六艺，皆是天理之发见，文字都包在其中。考之《诗》、《书》、六艺，皆所以学存此天理也，不特发见于事为者方为文耳。'余力学文'亦只'博学于文'中事。"

或问"学而不思"二句〔4〕。

曰："此亦有为而言，其实思即学也。学有所疑，便须思之。'思而不学'者，盖有此等人，只悬空去思，要想出一个道理，却不在身心上实用其力，以学存此天理；思与学作两事做，故有'罔'与'殆'之病，其实思只是思其所学，原非两事也。"

〔1〕语本《论语·雍也篇》："子曰：'君子博学于文，约之以礼，亦可以弗畔矣夫。'"(第二十三章)

〔2〕见第9条。

〔3〕语本《论语·学而篇》:“子曰:‘弟子入则孝,出则弟,谨而信,泛爱众而亲仁,行有余力,则以学文。’”(第六章)

〔4〕语本《论语·为政篇》:“子曰:‘学而不思则罔,思而不学则殆。’”(第十五章)

296. 先生曰:“先儒解‘格物’为格天下之物,[1]天下之物如何格得?且谓一草一木亦皆有理,[2]今如何去格?纵格得草木来,如何反来诚得自家意?我解‘格’作‘正’字义,‘物’作‘事’字义。《大学》之所谓‘身’,即耳、目、口、鼻、四肢是也。欲修身便是要目非礼勿视,耳非礼勿听,口非礼勿言,四肢非礼勿动。要修这个身,身上如何用得工夫?心者,身之主宰,目虽视,而所以视者心也。耳虽听,而所以听者心也。口与四肢虽言、动,而所以言、动者心也。故欲修身在于体当自家心体,常令廓然大公,无有些子不正处。主宰一正,则发窍于目,自无非礼之视;发窍于耳,自无非礼之听;发窍于口与四肢,自无非礼之言、动,此便是修身在正其心。然至善者,心之本体也,心之本体那有不善?如今要正心,本体上何处用得功?必就心之发动处才可著力也。心之发动不能无不善,故须就此处著力,便是在诚意。如一念发在好善上,便实实落落去好善;一念发在恶恶上,便实实落落去恶恶。意之所发,既无不诚,则其本体如何有不正的?故欲正其心在诚意。工夫到诚意,始有著落处。然诚意之本,又在于致知也。所谓‘人虽不知而己所独知者’[3],此正是吾心良知处。然知得善,却不依这个良知便做去;知得不善,却不依这个良知便不去做,则这个良知便遮蔽了,是不能致知也。吾心良知既不能扩充到底,则善虽知好,不能著实好了,恶虽知恶,不能著实恶了，如何得意诚？故致知者，意诚[4]之本也。然亦不是悬空的致知，致知在实事上格。如意在于为善，便就这件事上去为；意在于去恶，便就这件事上去不为。去恶固是格不正以归于正，为善则不善正了，亦是格不正以归于正也。如此，则吾心良知无私欲蔽了，得以致其极，而意之所发，好善去恶，无有不诚矣。诚意工夫实下手处在格物也，若如此格物，人人便做得，人皆可以为尧、舜，正在此也。"[5]

〔1〕朱熹《大学章句·格物致知章补传》："是以《大学》始教，必使学者即凡天下之物，莫不因其已知之理而益穷之，以求致乎其极。"

〔2〕语本程颐所说："求之性情，固是切于身，然一草一木皆有理，须是察。"（《二程集·遗书》卷十八）

〔3〕朱熹《大学章句·诚意章注》："独者，人所不知而己所独知之地也，言欲自修者知为善以去其恶，则当实用其力，而禁止其自欺。"

〔4〕闾东本"意诚"作"诚意"。

〔5〕参见《读先师再报海日翁吉安起兵书序》："师（王守仁）既献俘，闭门待命。一日召诸生入讲曰：'我自用兵以来，致知格物之功，愈觉精透。'众谓兵革浩穰，日给不暇，或以为迂。师曰：'致知在于格物，正是对境应感实用力处，平时执持怠缓，无甚查考，及其军旅酬酢，呼吸存亡，宗社安危所系，全体精神，只从一念入微处，自照自察，一些著不得防检，一毫容不得放纵，勿欺勿忘，触机神应，是乃良知妙用，以顺万物之自然，而我无与焉。夫人心本神，本自变动周流，本能开物成务，所以蔽累之者，只是利害毁誉两端。世人利害不过一家得丧尔已，毁誉不过一身荣辱尔已。今之利害毁誉两端，乃是灭三族，助逆谋反，系天下安危；只如人疑我与宁王同谋，机少不密，若有一毫激作之心，此身已成齑粉，何待今日？动少不慎，若有一毫假借之心，万事已成瓦裂，何有今日？此等苦心，只好自知，譬之真金之遇烈焰，愈锻炼愈发光辉。此处致得，方是

真知;此处格得,方是真物,非见解意识所能及也。自经此大利害大毁誉过来,一切得丧荣辱,真如飘风之过耳,奚足以动吾一念!今日虽成此事功,亦不过一时良知之应迹,过眼便为浮云,已忘之矣。'夫死天下事易,成天下事难;成天下事易,能不有其功难;不有其功易,能忘其功难。此千古圣学真血脉络,吾师一生任道之苦心也。"(《王龙溪先生全集》卷十三)

297. 先生曰:"众人只说'格物'要依晦翁,何曾把他的说去用!我着实曾用来。初年与钱友同论做圣贤,要格天下之物,如今安得这等大的力量;因指亭前竹子令去格看。钱子〔1〕早夜去穷格竹子的道理,竭其心思,至于三日,便致劳神成疾。当初说他这是精力不足,某因自去穷格,早夜不得其理,到七日,亦以劳思致疾。遂相与叹圣贤是做不得的,无他大力量去格物了。及在夷中三年,〔2〕颇见得此意思。乃知天下之物本无可格者;其格物之功,只在身心上做;决然以圣人为人人可到,便自有担当了。这里意思,却要说与诸公知道。"〔3〕

〔1〕钱子,情况不详,非钱德洪。据《年谱》格竹事在1492年,钱德洪从学在1521年。

〔2〕正德元年至三年(1506—1508)。

〔3〕参见《示诸生三首》:"尔身各各自天真,不用求人更问人。但致良知成德业,谩从故纸费精神。乾坤是易原非画,心性何形得有尘。莫道先生学禅语,此言端的为君陈。""人人有路透长安,坦坦平平一直看。尽道圣贤须有秘,翻嫌易简却求难。只从孝弟为尧、舜,莫把辞章学柳、韩。不信自家原具足,请君随事反身观。"(《全书》卷二十)

298. 门人有言邵端峰[1]论童子不能格物，只教以洒扫、应对之说。

先生曰："洒扫、应对就是一件物。童子良知只到此，便教去洒扫、应对，就是致他这一点良知了。又如童子知畏先生长者，此亦是他良知处，故虽嬉戏中，见了先生长者，便去作揖恭敬，是他能格物以致敬师长之良知了。童子自有童子的格物致知。"

又曰："我这里言格物，自童子以至圣人，皆是此等工夫；但圣人格物，便更熟得些子，不消费力。如此格物，虽卖柴人亦是做得，虽公卿大夫以至天子，皆是如此做。"[2]

〔1〕情况不详。

〔2〕参见《与辰中诸生》："举业不患妨功，惟患夺志。只如前日所约，循循为之，亦自两无相碍。所谓知得洒扫应对，便是精义入神也。"(《全书》卷四)此说明童子格物的具体内容。

又参见《寄杨邃庵阁老》之二："古之君子，洞物情之向背而握其机，察阴阳之消长以乘其运，是以动必有成，而吉无不利，伊、旦之于商、周是矣。其在汉、唐，盖亦庶几乎此者。虽其学术有所不逮，然亦足以定国本而安社稷，则亦断非后世偷生苟免者之所能也。夫权者，天下之大利大害也。小人窃之以成其恶，君子用之以济其善，固君子之不可一日去，小人之不可一日有者也。欲济天下之难，而不操之以权，是犹倒持太阿，而授人以柄，希不割矣。故君子之致权也有道，本之至诚，以立其德；植之善类，以多其辅；示之以无不容之量，以安其情；扩之以无所竞之心，以平其气；昭之以不可夺之节，以端其向；神之以不可测之机，以摄其奸；形之以必可赖之智，以收其望。坦然为之，下以上之；退然为之，后以先之。是以功盖天下而莫之嫉，善利万物而莫与争。"(《全书》卷二十一)此说明公卿大夫格物的具体内容。

299. 或疑知行不合一，以“知之匪艰”二句〔1〕为问。

先生曰：“良知自知，原是容易的；只是不能致那良知，便是‘知之匪艰，行之惟艰’。”〔2〕

〔1〕语本《书经·说命中》：“非知之艰，行之惟艰。”

〔2〕参见《书朱守谐卷》：“是非之心，知也，人皆有之。子无患其无知，惟患不肯知耳。无患其知之未至，惟患不致其知耳，故曰：‘知之非艰，行之惟艰。’”（《全书》卷八）

300. 门人问曰：“知行如何得合一？且如《中庸》言‘博学之’，又说个‘笃行之’，〔1〕分明知行是两件。”

先生曰：“博学只是事事学存此天理，笃行只是学之不已之意。”

又问：“《易》‘学以聚之’，又言‘仁以行之’〔2〕，此是如何？”

先生曰：“也是如此。事事去学存此天理，则此心更无放失时，故曰‘学以聚之’，然常常学存此天理，更无私欲间断，此即是此心不息处，故曰‘仁以行之’。”

又问：“孔子言‘知及之，仁不能守之’，〔3〕知行却是两个了。”

先生曰：“说‘及之’，已是行了，但不能常常行，已为私欲间断，便是‘仁不能守’。”〔4〕

又问：“心即理之说，程子云‘在物为理’〔5〕，如何谓心即理？”

先生曰：“在物为理，‘在’字上当添一‘心’字。此心在物则为理，如此心在事父则为孝，在事君则为忠之类。”先生因谓之曰：“诸君要识得我立言宗旨。我如今说个心即理是如何，只为世人分心与理为二，故便有许多病痛。如五伯攘夷狄、尊周室，都是一个私心，便不当理，人却说他做得当理，只心有未纯，往往悦慕其所为，要来外面做得好看，却与心全不相干。分心与理为二，其流至于伯道之伪而不自知，故我说个心即理，要使知心、理是一个，便来心上做工夫，不去袭义于外，便是王道之真，此我立言宗旨。”〔6〕

又问：“圣贤言语许多，如何却要打做一个？”

曰：“我不是要打做一个，如曰：‘夫道，一而已矣。’〔7〕又曰：‘其为物不二，则其生物不测。’〔8〕天地圣人皆是一个，如何二得？”

〔1〕语本《中庸》：“博学之，审问之，慎思之，明辨之，笃行之。”（第二十章）

〔2〕语本《易经·乾卦·文言》：“君子学以聚之，问以辨之，宽以居之，仁以行之。”

〔3〕语本《论语·卫灵公篇》：“子曰：知及之，仁不能守之，虽得之，必失之。”（第三十二章）

〔4〕参见《书朱守谐卷》：“今执途之人而告之以凡为仁义之事，彼皆能知其为善也。告之以凡为不仁不义之事，彼皆能知其为不善也。途之人皆能知之，而子有弗知乎？如知其为善也，致其知为善之知而必为之，则知至矣。如知其为不善也，致其知为不善之知而必不为之，则知至矣。知犹水也，人心之无不知，犹水之无不就下也。决而行之，无有不就下者，决而行之者，致知之谓也，此吾所谓知行合一者也。”（《全书》卷八）

〔5〕语本程颐所说：“在天为命，在义为理，在人为性，主于身为心，其实一也。”（《二程集·遗书》卷十八）

〔6〕参见《象山文集序》：“世儒之支离，外索于形名器数之末，以求明其所谓物理者，而不知吾心即物理，初无假于外也。佛、老之空虚，

遗弃其人伦事物之常，以求明其所谓吾心者，而不知物理即吾心，不可得而遗也。”(《全书》卷七)

〔7〕语见《孟子·滕文公篇上》第一章。

〔8〕语本《中庸》：“天地之道，可一言而尽也，其为物不贰，则其生物不测。”(第二十六章)

301. “心不是一块血肉，凡知觉处便是心。如耳目之知视听，手足之知痛痒，此知觉便是心也。”〔1〕

〔1〕参见朱得之《语录》一条：“所谓心者，非今一团血肉之具也，乃指其至灵至明，能作能知，此所谓良知也。”(《明儒学案》卷二十三)

302. 以方问曰：“先生之说‘格物’，凡《中庸》之‘慎独’及‘集义’、‘博约’等说，皆为‘格物’之事。”

先生曰：“非也。格物即慎独，即戒惧。至于‘集义’、‘博约’，工夫只一般，不是以那数件都做‘格物’底事。”〔1〕

〔1〕王守仁此处似以“慎独”、“戒惧”偏重于存心，故为“格物”之解；“集义”、“博约”偏重于穷理，故以之为一般工夫。

303. 以方问“尊德性”一条〔1〕。

先生曰：“‘道问学’即所以‘尊德性’也。晦翁言子静以‘尊德性’诲人，某教人岂不是‘道问学’处多了些子。〔2〕是分‘尊德性’、‘道问学’作两件，且如今讲习讨论下许多工夫，无非只是存此心，不失其德性而已。岂有‘尊德性’只空空去尊，更不去问学？问学只是空空去问学，更与德性无关涉？如此，则不知今之所以讲习讨论者，更学何事？”〔3〕

问“致广大”二句。

曰:"'尽精微'即所以'致广大'也,'道中庸'即所以'极高明'也。盖心之本体自是广大底,人不能'尽精微',则便为私欲所蔽,有不胜其小者矣。故能细微曲折,无所不尽,则私意不足以蔽之,自无许多障碍遮隔处,如何广大不致?"

又问:"精微还是念虑之精微?是事理之精微?"

曰:"念虑之精微,即事理之精微也。"

〔1〕语本《中庸》:"故君子尊德性而道问学,致广大而尽精微,极高明而道中庸,温故而知新,敦厚以崇礼。"(第二十七章)

〔2〕语见朱熹《答项平父》之二:"大抵子思以来,教人之法,惟以尊德性、道问学两事为用力之要,今子静所说,专是尊德性事,而熹平日所论,却是问学上多了。"(《朱子大全·文集》卷五十四)

〔3〕参见《答徐成之》:"今舆庵之论象山,曰:'虽其专以尊德性为主,未免堕于禅学之虚空。而其持守端实,终不失为圣人之徒。若晦庵之一于道问学,则支离决裂,非复圣门诚意正心之学矣。'吾兄之论晦庵,曰:'虽其专以道问学为主,未免失于俗学之支离,而其循序渐进,终不背于《大学》之训。若象山之一于尊德性,则虚无寂灭,非复《大学》格物致知之学矣。'夫既曰'尊德性',则不可谓'堕于禅学之虚空',堕于禅学之虚空,则不可谓之'尊德性'矣。既曰'道问学',则不可谓'失于俗学之支离';失于俗学之支离,则不可谓'道问学'矣。二者之辨,间不容发。然则二兄之论,皆未免于意度也。"(《全书》卷二十一)

又参见《答徐成之·二》:"舆庵是象山,而谓其'专以尊德性为主'。今观《象山文集》所载,未尝不教其徒读书穷理。而自谓理会文字颇与人异者,则其意实欲体之于身,其亟所称述以诲人者,曰'居处恭,执事敬,与人忠',曰'克己复礼',曰'万物皆备于我,反身而诚,乐莫大焉',曰'学问之道无他,求其放心而已',曰'先立乎其大者,而小者不能夺'。是数言者,孔子、孟轲之言也,乌在其为空虚者乎？独其易简觉悟之说，颇为当时所疑。然易简之说，出于《系辞》，觉悟之说，虽有同于释氏。然释氏之说，亦自有同于吾儒，而不害其为异者，惟在于几微毫忽之间而已。亦何必讳于其同，而遂不敢以言，狃于其异，而遂不以察之乎？是舆庵之是象山，固犹未尽其所以是也。吾兄是晦庵，而谓其‘专以道问学为事’，然晦庵之言，曰居敬穷理，曰非存心无以致知，曰君子之心，常存敬畏，虽不见闻，亦不敢忽，所以存天理之本然，而不使其离于须臾之顷也。是其言虽未尽莹，亦何尝不以尊德性为事，而又乌在其为支离者乎？独其平日汲汲于训解，虽韩文、《楚辞》、《阴符》、《参同》之属，亦必与之注释考辩，而论者遂疑其玩物。又其心虑恐学者之躐等而或失之于妄作，使必先之以格致而无不明，然后有以实之于诚正而无所谬。世之学者，挂一漏万，求之愈繁而失之愈远，至有敝力终身，苦其难而卒无所入，而遂议其支离，不知此乃后世学者之弊。而当时晦庵之自为，则亦岂至是乎？是吾兄之是晦庵，固犹未尽其所以是也。夫二兄之所信而是者，既未尽其所以是，则其所疑而非者，亦岂必尽其所以非乎？”（《全书》卷二十一）

此条阐述尊德性与道问学的关系，比上述二信又进展了一步，代表他后期的思想。参见第294条后注〔4〕间东本所存南逢吉录一条。

304. 先生曰：“今之论性者，纷纷异同，皆是说性，非见性也。见性者无异同之可言矣。”〔1〕

〔1〕参见章本清《论学语》：“阳明子曰：‘气质犹器也，性犹水也，有得一缸者，有得一桶者，有得一甕者，局于器也。水不因器之拘而变其润下之性，人性岂因气质之拘而变其本然之善哉！’是气也、质也、性也，分言之可也，兼言之可也，谓气质天性可也，谓气质之性则非矣。谓人当养性以变化其气质可也，谓变化气质之性以存天地义理之性则非矣。”（《明儒学案》卷二十四《江右学案九》）王守仁

此处所论，与朱熹分天地义理之性与气质之性及主张变化气质之性以存天地义理之性，成为明显的对照。

305. 问："声、色、货、利，恐良知亦不能无。"

先生曰："固然。但初学用功，却须扫除荡涤，勿使留积，则适然来遇，始不为累，自然顺而应之。良知只在声、色、货、利上用功，能致得良知精精明明，毫发无蔽，则声、色、货、利之交，无非天则流行矣。"〔1〕

〔1〕参见《寄闻人邦英邦正·二》："仕非为贫也，而有时乎为贫，古之人皆用之，吾何为独不然。然谓举业与圣人之学相戾者，非也。程子云：'心苟不忘，则虽应接俗事，莫非实学，无非道也。'而况于举业乎？谓举业与圣人之学不相戾者，亦非也。程子云：'心苟忘之，则虽终身由之，只是俗事。'而况于举业乎？忘与不忘之间，不能以发，要在深思默识，所指谓不忘者，果何事耶？知此，则知学矣。"（《全书》卷四）

306. 先生曰："吾与诸公讲'致知'、'格物'，日日是此，讲一二十年俱是如此。诸君听吾言，实去用功，见吾讲一番，自觉长进一番，否则只作一场话说，虽听之亦何用？"〔1〕

〔1〕参见《与杨仕鸣》："喻及日用讲求功夫，只是各依自家良知所及，自去其障，扩充以尽其本体，不可迁就气习以趋时好，幸甚幸甚。果如是，方是致知格物，方是明善诚身。果如是，德安得而不日新，业安得而不富有。谓每日自检，未有终日浑成片段者，亦只是致知工夫间断。夫仁，亦在乎熟之而已。"（《全书》卷五）

307. 先生曰："人之本体，常常是寂然不动的，常常是感而遂通的，未应不是先，已应不是后。"〔1〕

〔1〕语本程颐所说："冲漠无朕，万象森然已具，未应不是先，已应不是后。"(《二程集·遗书》卷十五)

又参见聂豹《困辨录》："先师(王守仁)云：'良知是未发之中，廓然大公的本体，便自能感而遂通，便自能物来顺应。'此是《传习录》中正法眼藏。而误以知觉为良知，无故为霸学张一赤帜，与边见外修何异？而自畔其师说远矣。"(《明儒学案》卷十七《江右学案》)

308. 一友举："佛家以手指显出，问曰：'众曾见否？'众曰：'见之。'复以手指入袖，问曰：'众还见否？'众曰：'不见。'佛说'还未见性'，此义未明。"

先生曰："手指有见有不见，尔之见性常在。人之心神只在有睹有闻上驰骛，不在不睹不闻上著实用功。盖不睹不闻是良知本体，戒慎恐惧是致良知的工夫。学者时时刻刻常睹其所不睹，常闻其所不闻，工夫方有个实落处。久久成熟后，则不须着力，不待防检，而真性自不息矣。岂以在外者之闻见为累哉！"〔1〕

〔1〕参见季彭山《说理会编》："予尝载酒从阳明先师游于鉴湖之滨，时黄石龙(绾)亦与焉。因论戒慎不睹、恐惧不闻之义，先师举手中筯示予曰：'见否？'对曰：'见。'既而隐筯桌下，又问曰：'见否？'对曰：'不见。'先师微哂。予私问之石龙，石龙曰：'此谓常睹常闻也。'终不解，其后思而得之。盖不睹中有常睹，故能戒慎不睹，不闻中有常闻，故能恐惧不闻，此天命之于穆不已也，故当应而应，不因声色而后起念，不当应而不应，虽遇声色而能忘情，此心体所以为得正而不为闻见所牵也。"(《明儒学案》卷十三《浙中王门学案三》)

又参见邹南皋《会语》："我疆问：'孔子云：正目而视之，不可得而见也；倾耳而听之，不可得而闻也，故曰，视于无形，听于无声。子思发之为不睹不闻。阳明又云：若睹闻一于理，即不睹不闻也。其言不同如此。’曰：‘孔子惧人看得太粗，指隐处与人看。阳明恐人看得甚细，指显处与人看，其实合内外之道也。’”（《明儒学案》卷二十三《江右王门学案八》）

309. 问：“先儒谓鸢飞鱼跃，与‘必有事焉’同一活泼泼地。”〔1〕

先生曰：“亦是。天地间活泼泼地，无非此理，便是吾良知的流行不息，‘致良知’便是‘必有事’的功夫。此理非惟不可离，实亦不得而离也。无往而非道，无往而非工夫。”〔2〕

〔1〕语本《二程集·遗书》：“‘鸢飞戾天，鱼跃于渊，言其上下察也。’此一段子思吃紧为人处，与‘必有事焉而勿正心’之意同，活泼泼地。会得时，活泼泼地；不会得时，只是弄精神。”（卷三）

〔2〕参见《五经臆说十三条》之五：“天地之道，一常久不已而已。日月之所以能昼而夜，夜而复昼，而照临不穷者，一天道之常久而不已也。四时之所以能春而冬，冬而复春，而生运不穷者，一天道之常久不已也。圣人之所以能成而化，化而复成，而妙用不穷者，一天道之常久不已也。夫天地日月四时圣人之所以能常久而不已者，亦贞而已耳。”（《全书》卷二十六）

310. 先生曰：“诸公在此，务要立个必为圣人之心〔1〕，时时刻刻须是一棒一条痕，一掴一掌血，〔2〕方能听吾说话，句句得力，若茫茫荡荡度日，譬如一块死肉，打也不知得痛痒，恐终不济事，回家只寻得旧时伎俩而已，岂不惜哉？”

〔1〕佐藤一斋疑“心”系“志”字之讹。（《传习录栏外书》第二四七页）

〔2〕参见《碧岩录》：“一棒一条痕，莫辜负山僧好，撞着磕着，还曾见德山临济么？”（《大正藏》第四十八卷）

又参见《书汪进之卷》："程先生云：'有求为圣人之志，然后可与共学。'夫苟有必为圣人之志，然后能加为己谨独之功；能加为己谨独之功，然后于天理人欲之辨日精日密，而于古人论学之得失，孰为支离？孰为空寂？孰为似是而非？孰为似诚而伪？不待辩说而自明。何者？其心必欲实有诸己也。必欲实有诸己，则殊途而同归，其非且伪者，自不得而强入。不然，终亦忘己逐物。徒弊精力于文句之间，而曰吾以明道，非惟有捕风捉影之弊，抑且有执指为月之病；辩析愈多，而去道愈远矣。故某于朋友论学之际，惟举立志以相切砺，其于议论同异之间，姑且置诸未辩。非不欲辩也，本之未立，虽欲辩之，无从辩也。夫志，犹木之根也。讲学者，犹栽培灌溉之也。根之未植，而徒以栽培灌溉，其所滋者皆萧艾也。"(《全书》卷二十八)

311. 问："近来妄念也觉少，亦觉不曾着想定要如何用功，不知此是工夫否？"

先生曰："汝且去着实用功，便多这些着想也不妨，久久自会妥帖；若才下得些功，便说效验，何足为恃？"〔1〕

〔1〕参见《家书墨迹·与徐仲仁》："勿谓隐微可欺而有放心；勿谓聪明可恃而有怠志。养心莫善于义理，为学莫要于精专，毋为习俗所移，毋为物诱所引，求古圣贤而师法之，切莫以斯言为迂阔也。"(《全书》卷二十六)按：徐仲仁，又名曰仁，即徐爱也。

312. 一友自叹"私意萌时，分明自心知得，只是不能使他即去"。

先生曰："你萌时，这一知处便是你的命根，当下即去消磨，便是立命功夫。"〔1〕

〔1〕参见《与陆清伯书》："凡人之为不善者，虽至于逆理乱常之极，其本

心之良知，亦未有不自知者，但不能致其本然之良知，是以物有不格，意有不诚，而卒入于小人之归。故凡致知者，致其本然之良知而已。《大学》谓之致知格物，在《书》谓之精一，在《中庸》谓之慎独，在《孟子》谓之集义，其工夫一也。"(《全书》卷二十七)

313. "夫子说'性相近'〔1〕，即孟子说'性善'，不可专在气质上说。若说气质，如刚与柔对，如何相近得？惟性善则同耳。人生初时善，原是同的，但刚的习于善则为刚善，习于恶则为刚恶，柔的习于善则为柔善，习于恶则为柔恶，〔2〕便日相远了。"〔3〕

〔1〕语本《论语·阳货篇》："子曰：'性相近也，习相远也。'"(第二章)

〔2〕语本《周子通书》："刚，善为义，为直，为断，为严毅，为干固；恶为猛，为隘，为强梁。柔，善为慈，为顺，为巽；恶为懦弱，为无断，为邪佞。"(《师·第七》)

〔3〕参见《家书墨迹·与克彰太叔》："夫恶念者，习气也，善念者，本性也。本性为习气所汩者，由于志之不立也。故凡学者为习所移、气所胜，则惟务痛惩其志，久则志亦渐立，志立而习气渐消。学本于立志，志立而学问之功已过半矣。此守仁迩来所新得者，愿毋轻掷。"(《全书》卷二十六)

314. 先生尝语学者曰："心体上着不得一念留滞，就如眼着不得些子尘沙，些子能得几多？满眼便昏天黑地了。"

又曰："这一念不但是私念，便好的念头亦着不得些子，如眼中放些金玉屑〔1〕，眼亦开不得了。"〔2〕

〔1〕语本《镇国临济禅师语录》："金屑虽贵，落眼成翳，又作么生？"(卷二十二)

参见周海门《九解》："盖凡世上学问不立之人，病在有恶而闭藏。学问用力之人，患在有善而执著。……象山先生云：‘恶能害心，善亦能害心。’以其害心者而事心，则亦何由诚，何由正也？夫害于其心，则必及于政与事矣，故用之成治，效止欢虞，而以之拨乱，害有不可言者。后世若党锢之祸，虽善人，不免自激其波；而新法之行，即君子亦难尽辞其责，其究至于祸国家、殃生民，而有不可胜痛者，岂是少却善哉？”（《明儒学案》卷三十六《泰州学案五》）又参见第184、206、215条。

〔2〕此条之后，王本有二条如下：

（1）先生曰：“舜不遇瞽瞍，则处瞽瞍之物无由格。不遇象，则处象之物无由格。周公不遇流言忧惧，则流言忧惧之物无由格。故凡动心忍性增益其所不能者，正吾圣门致知格物之学，正不宜轻易放过，失此好光阴也。知此则夷狄患难，将无入不自得矣。”

（2）问：“据人心所知，多有误认欲作理、认贼作子处，何处乃见良知？”

先生曰：“尔以为何如？”

曰：“心之所安处，才是良知。”

曰：“固是。但要省察，恐有非所安而安者。”

315. 问：“人心与物同体，如吾身原是血气流通的，所以谓之同体；若于人便异体了，禽、兽、草、木益远矣！而何谓之同体？”

先生曰：“你只在感应之机上看。岂但禽、兽、草、木，虽天地也与我同体的，鬼神也与我同体的。”

请问。

先生曰：“你看这个天地中间，甚么是天地的心？”

对曰：“尝闻人是天地的心。”〔1〕

曰：“人又甚么教做心？”

对曰："只是一个灵明。"

"可知充天塞地中间，只有这个灵明，人只为形体自间隔了。我的灵明，便是天地、鬼神的主宰。天没有我的灵明，谁去仰他高？地没有我的灵明，谁去俯他深？鬼神没有我的灵明，谁去辩他吉、凶、灾、祥？天地、鬼神、万物，离却我的灵明，便没有天地、鬼神、万物了；我的灵明，离却天地、鬼神、万物，亦没有我的灵明。如此，便是一气流通的，如何与他间隔得？"〔2〕

又问："天地、鬼神、万物，千古见在，何没了我的灵明，便俱无了？"

曰："今看死的人，他这些精灵游散了，他的天地、万物尚在何处？"

〔1〕语本《礼记·礼运篇》："故人者，天地之心也，五行之端也，食味、别声、被色而生者也。"(卷七)

〔2〕王守仁此处肯定"天地鬼神万物，离却我的灵明，便没有天地鬼神万物了；我的灵明，离却天地鬼神万物，亦没有我的灵明。如此，便是一气流通的"。

参见《大学问》："大人者，以天地万物为一体者也。其视天下犹一家，中国犹一人焉。若夫间形骸而分尔我者，小人矣。大人之能以天地万物为一体也，非意之也，其心之仁本若是，其与天地万物而为一也。岂惟大人，虽小人之心亦莫不然，彼顾自小之耳。是故见孺子之入井，而必有怵惕恻隐之心焉，是其仁之与孺子而为一体也。孺子犹同类者也，见鸟兽之哀鸣觳觫而必有不忍之心焉，是其仁之与鸟兽而为一体也。鸟兽犹有知觉者也，见草木之摧折而必有悯恤之心焉，是其仁之与草木而为一体也。草木犹有生意者也，见瓦石之毁坏必有顾惜之心焉，是其仁之与瓦石而为一体也。是其一体之仁也，虽小人之心亦必有之，是乃根于天命

之性而自然灵昭不昧者也，是故谓之明德。”（《全书》卷二十六）

316. 先生起行征思、田，德洪与汝中追送严滩[1]，汝中举佛家“实相”、“幻相”[2]之说。

先生曰：“有心俱是实，无心俱是幻。无心俱是实，有心俱是幻。”

汝中曰：“有心俱是实，无心俱是幻，是本体上说工夫；无心俱是实，有心俱是幻，是工夫上说本体。”先生然其言。洪于是时尚未了达[3]。数年用功，始信本体、工夫合一。但先生是时因问偶谈，若吾儒指点人处，不必借此立言耳。[4]

〔1〕在今浙江桐庐县南。

〔2〕“诸法实相”，《法华经》所说。“一切有为法，如梦幻泡影”，《金刚经》所说。

〔3〕俞本“达”作“迨”，连下读。

〔4〕顾宪成说：“凡说本体，容易落在无一边，阳明所云‘无心俱是幻’，景逸所云‘不做工夫的本体’也。今曰戒慎恐惧是本体，即不睹不闻原非是无，所云‘有心俱是实’，此矣。凡说工夫，容易落在有一边，阳明所云‘有心俱是幻’，景逸所云‘不识本体的工夫’也。今曰不睹不闻是工夫，即戒慎恐惧原非是有，所云‘无心俱是实’，此矣。”（《明儒学案》卷五十八《顾端文公·商语》）

佐藤一斋说：“前有心无心，指本心；后有心无心，指私心。言有本心，则无私心，有心无心皆实。有私心则无本心，有心无心皆幻也。汝中谓就本心言，是说工夫于本体也，就私心言，是说本体于工夫也。”（《传习录栏外书》第二四九页）

按：“有心俱是实，无心俱是幻”，即心即佛也。“无心俱是实，有心俱是幻”，非心非佛也。

又参见《见斋说》：“沦于无者，无所用其心者也，荡而无归。滞于有者，用其心于无用者也，劳而无功。夫有无之间，见与不见之妙，非可以言求也，而子顾切切焉，吾又从而强言其不可见，是以瞽道瞽也。夫言饮者不可以为醉，见食者不可以为饱。子求其醉饱，则盍饮食之；子求其见也，其惟人之所不见乎，夫亦戒慎乎其所不睹也已，斯真睹也已，斯求见之道也已。”（《全书》卷七）

317. 尝见先生送二三耆宿出门，退坐于中轩，若有忧色。德洪趋进请问。

先生曰：“顷与诸老论及此学，真员凿方枘〔1〕。此道坦如道路〔2〕，世儒往往自加荒塞，终身陷荆棘之场而不悔，吾不知其何说也！”

德洪退谓朋友曰：“先生诲人，不择衰朽，仁人悯物之心也。”〔3〕

〔1〕语本《史记》：“持方枘欲纳员凿，其能入乎？”方枘：方形木筍。员凿：圆形小孔。

〔2〕闾东本“道路”作“大路”。

〔3〕王守仁有教无类思想，诲人不择衰朽，参见《复唐虞佐》：“圣贤之道，坦若大路，夫妇之愚，可以与知。而后之论者，忽近求远，舍易图难，遂使老师宿儒，皆不敢轻议。故在今时，非独其庸下者自分以为不可为，虽高者特达，皆以此学为长物，视之为虚谈赘说，亦许时矣。当此之时，苟有一念相寻于此，真所谓空谷足音，见似人者喜矣，况其章缝而来者，宁不忻忻然以接之乎！然要其间亦岂无滥竽假道之弊，但在我不可以此意逆之，亦将于此以求其真者耳。正如淘金于沙，非不知沙之汰而去者且十九，然亦未能即舍沙而别以淘金为也。孔子云：‘与其进也，不与其退也，唯何甚。’孟子云：‘君子之设科也，来者不拒，往者不追，苟以是心至，斯受之而已矣。’盖不愤不启者，君子施教之方，有教无类，则其本心焉

耳。”(《全书》卷四)

又参见黄宗羲《聂双江学案》:“阳明在越,先生以御史按闽,过武林,欲渡江见之,人言力阻,先生不听。及见而大悦曰:‘君子所为,众人固不识也。’犹疑接人太滥,上书言之,阳明答曰:‘吾之讲学,非以蕲人之信己也,行吾不得已之心耳。若畏人之不信,必择人而与之,是自丧其心也。’先生为之惕然。”(《明儒学案》卷十七《江右学案二》)

318. 先生曰:“人生大病只是一傲字。为子而傲必不孝,为臣而傲必不忠,为父而傲必不慈,为友而傲必不信。故象与丹朱俱不肖,〔1〕亦只一傲字,便结果了〔2〕此生,诸君常要体此。人心本是天然之理,精精明明,无纤介〔3〕染著,只是一无我而已;胸中切不可有,有即傲也。古先圣人许多好处,也只是无我而已,无我自能谦。谦者众善之基,傲者众恶之魁。”〔4〕

〔1〕语见《孟子·万章篇上》第六章。

〔2〕结果了:了结。

〔3〕纤介:细微。

〔4〕参见《书正宪卷》:“今人病痛,大段只是傲。千罪百恶,皆从傲上来。傲则自高自是,不肯屈下人。故为子而傲,必不能孝;为弟而傲;必不能弟;为臣而傲,必不能忠。象之不仁,丹朱之不肖,皆只是一傲字,便结果了一生,做个极恶大罪的人,更无解救得处。汝曹为学,先要除此病根,方才有地步可进。傲之反为谦,谦字便是对症之药。非但是外貌卑逊,须是中心恭敬撙节退让,常见自己不是,真能虚己受人。故为子而谦,斯能孝;为弟而谦,斯能弟;为臣而谦,斯能忠。尧、舜之圣,只是谦到至诚处,便是允恭克让,温恭允塞也。”(《全书》卷八)

319. 又曰:“此道至简至易的,亦至精至微的。孔子曰:‘其如示诸掌乎。’〔1〕且人于掌何日不见?及至问他掌中多少文理?却便不知。即如我‘良知’二字,一讲便明,谁不知得;〔2〕若欲的见〔3〕良知,却谁能见得?”

问曰:“此知恐是无方体〔4〕的,最难捉摸。”

先生曰:“良知即是‘易’:‘其为道也屡迁,变动不居,周流六虚,上下无常,刚柔相易,不可为典要,惟变所适。’〔5〕此知如何捉摸得?见得透时便是圣人。”〔6〕

〔1〕语本《论语·八佾篇》:“或问禘之说,子曰:‘不知也,知其说者之于天下也,其如示诸斯乎?’指其掌。”(第十章)

又见《中庸》:“明乎郊社之礼,禘尝之义,治国其如示诸掌乎。”(第十九章)

〔2〕参见《与邹谦之·二》:“近时四方来游之士颇众,其间虽甚鲁钝,但以良知之说略加点缀,无不即有开悟,以是益信得此二字真吾圣门正法眼藏。”(《全书》卷五)

〔3〕的见:见而中的,即真实见得。

〔4〕语本《易经·系辞上》:“故神无方而易无体。”(第四章)

〔5〕语本《易经·系辞下》:“易之为书也不可远,为道也屡迁,变动不居,周流六虚,上下无常,刚柔相易,不可为典要,唯变所适。”(第八章)六虚:卦之六位。

〔6〕参见王龙溪《书先师过钓台遗墨》:“追忆严陵别时申诲之言,有曰:‘我拈出良知两字,是是非非,自有天则,乃千圣秘藏,虽昏蔽之极,一念自反,即得本心,可以立跻圣地,只缘人看得太易,反成玩忽,如人不见眼睫毫,以其太近也。然中间尚有机窍,良知知是知非,其实无是无非。无者万有之基,冥权密运,与天同游。人知神之神,而不知不神之为神也。若是非分别太过,纯白受伤,非所以畜德也。’”(《王龙溪先生全集》卷十六)

320. 问："孔子曰：'回也非助我者也。'〔1〕是圣人果以相助望门弟子否？"

先生曰："亦是实话。此道本无穷尽，问难愈多，则精微愈显。圣人之言本自周遍，但有问难的人胸中窒碍，圣人被他一难，发挥得愈加精神。若颜子闻一知十，胸中了然，如何得问难。故圣人亦寂然不动，无所发挥，故曰非助。"〔2〕

〔1〕语本《论语·先进篇》："子曰：'回也非助我者也，于吾言无所不悦。"（第三章）

〔2〕参见《梁仲用默斋说》："孔子曰：'君子耻其言而过其行。古者言之不出，耻躬之不逮也。'故诚知耻而后知默。又曰：'君子欲讷于言而敏于行。'夫诚敏于行而后欲默矣。'仁者言也讱'，非以为默而默存焉。又曰：'默而识之。'是故必有所识也，终日不违如愚者也。'默而成之'，是故必有所成也。退而省其私，亦足以发者也，故善默者莫如颜子。'暗然而日章'，默之积也。'不言而信'，而默之道成矣。'天何言哉！四时行焉，万物生焉。'而默之道至矣。非圣人其孰能与于此哉！夫是之谓八诚。"（《全书》卷七）

321. 邹谦之尝语德洪曰："舒国裳曾持一张纸，请先生写'拱把之桐梓'一章〔1〕。先生悬笔为书，到'至于身而不知所以养之者'，顾而笑曰：'国裳读书，中过状元来，岂诚不知身之所以当养，还须诵此以求警？'〔2〕一时在侍诸友皆惕然。"〔3〕

〔1〕语本《孟子·告子篇上》："孟子曰：'拱把之桐梓，人苟欲生之，皆知所以养之者。至于身，而不知所以养之者，岂爱身不若桐梓哉？弗思甚也。"（第十三章）拱把：手可团握者，言其小也。

〔2〕参见《答方叔贤》："见其大者，则其功不得不近而切。然非实加切近之功，则所谓大者亦虚见而已耳。自孟子道性善，心性之原，世儒往往能言，然其学卒入于支离外索而不自觉者，正以其功之未

切耳。”(《全书》卷四)

〔3〕施本、俞本此末多六条,王本亦多六条,而条与施、俞不同。张本则合黄以方前后录为一,而多二十八条,而六条与王同,二条与施、俞同。意当各有传本然也。第谢侍御《全书》本最为可据,而缺此若干条,则可讶矣。岂绪山补遗止于此,而四明诸公尚有采于遗言藁欤?今摘录存于下:

(1)先生自南都以来,凡示学者,皆令存天理、去人欲以为本。有问所谓,则令自求之,未尝指天理为何如也。黄冈郭善甫挈其徒良吉,走越受学,途中相与辩论未合,既至,质之先生。先生方寓楼馆,不答所问,第目摄良吉者再(第:但也。目摄:只是目接),指所馆盂,语曰:“此盂中下乃能盛此馆,此案下乃能载此盂,此楼下乃能载此案,地又下乃能载此楼。惟下乃大也。”

(2)一日市中哄而诟。甲曰:“尔无天理。”乙曰:“尔无天理。”甲曰:“尔欺心。”乙曰:“尔欺心。”先生闻之,呼弟子曰:“听之,夫夫哼哼讲学也。”弟子曰:“诟也,焉学?”曰:“汝不闻乎?曰天理,曰心,非讲学而何?”曰:“既学矣,焉诟?”曰:“夫夫也,惟知责诸人,不知反诸己故也。”

(3)先生尝曰:“吾良知二字,自龙场以后,便已不出此意,只是点此二字不出。于学者言,费却多少辞说。今幸见出此意,一语之下,洞见全体,真是痛快,不觉手舞足蹈。学者闻之,亦省却多少寻讨工夫。学问头脑,至此已是说得十分下落,但恐学者不肯直下承当耳。”又曰:“某于良知之说,从百死千难中得来,非是容易见得到此。此本是学者究竟话头,不得已与人一口说尽,但恐学者得之容易,只把作一种光景玩弄,孤负此知耳。”(张本“见出此意”作“点出此意”四字,“话头”下有“可惜湮埋已久,学者苦于闻见,无入头处”十六字。)

(4)语友人曰:“近欲发挥此,只觉有一言发不出,津津然含诸口。”久乃曰:“近觉得此学更无有他,只是这些子。”旁有健羡不已者,则又曰:“连这些子亦无放处,今经变后,始有良知之说。”

(5) 一友侍,眉间有忧思。先生顾谓他友曰:“良知固彻天彻地,近彻一身。人一身不爽,不须许大事,第头上一发下垂,浑身即是为不快,此中那容得一物耶?”(张本“第头上一发下垂”作“只一根头发钓著”。末又有“是友矍然省惕”六字。)

(6) 先生初登第时,上边务八事,世艳称之。晚年有以为问者,先生曰:“此吾少时事,有许多抗厉气,此气不除,欲以身任天下,其何能济。”或又问平宁藩,先生曰:“当时只合如此做,但觉来尚有挥霍意(挥霍,猝遽也),使今日处之,更别也。”(门人黄以方录)

上施本、俞本载凡六条。

(1) 直问:“许鲁斋言学者以治生为首务,先生以为误人,何也? 岂士之贫可坐守不经营耶?”先生曰:“但言学者治生上尽有工夫则可。若以治生为首务,使学者汲汲营利,断不可也。且天下首务,孰有急于讲学耶? 虽治生亦是讲学中事,但不可以之为首务,徒启营利之心。果能于此处调停得心体无累,虽终日作买卖,不害其为圣为贤。何妨于学? 学何贰于治生?”

(2) 先生曰:“凡看书,培养自家心体,他说得不好处,我这里用得著,俱是益,只要此志真切。”(张本“真切”下有“昔郢人夜写书与燕国,误写‘举烛’二字,燕人误解:‘烛者,明也,是教我举贤明其理也。’其国大治。故此志真切,因错致真,无非得益。今学者看书,只要归到自己身心上用”六十四字。)

(3)“从目所视,妍丑自别,不作一念,谓之明。从耳所听,清浊自别,不作一念,谓之聪。从心所思,是非自别,不作一念,谓之睿。”

(4) 尝闻先生曰:“吾居龙场时,夷人言语不通,所可与言者,中土亡命之流。与论知行之说,更无扞格。久之,并夷人亦欣欣相向。及出与士夫言,反多纷纷同异,扞格不入。学问最怕有意见的人，只患闻见不多。良知闻见益多，覆蔽益重，反不曾读书的人，更容易与他说得。”

（5）先生用功，到人情事变极难处时，见其愈觉精神。向在洪都，处张、许之变，尝见一书与邹谦之云：“自别省城，即不得复有相讲如虔中者。虽自己柁柄不敢放手，而滩流悍急，须仗有方如吾谦之者，持篙而来，庶能相助，更上一滩耳。”（张本章首有“直曰”二字，“方”作“力”。）

上王本载原六条，其一条（“良知犹主人智”百字）本载在黄修易录内，既录之，今录五条。

（1）门人有疑知行合一之说者，直曰：“知行自是合一，如今人能行孝，方谓之知孝；能行弟，方谓之知弟。不是只晓得个孝字、弟字，遽谓之知。”先生曰：“尔说固是，但要晓得一念动处，便是知，亦便是行。”

（2）先生曰：“人必要说心有内外，原不曾实见心体。我今说无内外，尚恐学者流在有内外上去；若说有内外，则内外益判矣。况心无内外，亦不自我说，明道《定性书》有云：‘且以性为随物于外，则当其在外时，何者为在内？’此一条最痛快。”

（3）或问：“孟子：‘始条理者，智之事；终条理者，圣之事。’知行分明是两事。”直曰：“要晓得始终条理，只是一个条理而始终之耳。”曰：“既是一个条理，缘何三子却圣而不智？”直曰：“也是三子所知分限，只到此地位。”先生尝以此问诸友，黄正之曰：“先生以致知各随分限之说，提省诸生，此意最切。”先生曰：“如今说三子，正是此意。”

（4）先生曰：“易则易知，只是此天理之心，则你也是此心，你便知得，人人是此心，人人便知得，如何不易知？若是私欲之心，则一个人是一个心，人如何知得？”

（5）先生曰：“人但一念善，便实实是好；一念恶，便实实是恶。如此才是学，不然便是作伪。”尝问门人：“圣人说‘知之为知之’二句是何意思?”二友不能答。先生曰:“要晓得圣人之学,只是一诚。”直自陈喜在静上用功。先生曰:“静上用功固好,但终自有弊,人心自是不息,虽在睡梦,此心亦是流动。如天地之化,本无一息之停,然其化生万物,各得其所,却亦自静也。此心虽是流行不息,然其一循天理,却亦自静也。若专在静上用功,恐有喜静恶动之弊。动静一也。”直曰:“直固知静中自有知觉之理,但伊川《答吕学士》一段可疑,伊川曰:‘贤且说静时如何?’吕学士曰:‘谓之有物则不可,然自有知觉在。’伊川曰:‘既有知觉,却是动也,如何言静?’”先生曰:“伊川说还是。”直因思伊川之言,分明以静中无知觉矣,如何谓伊川说还是?考诸晦翁亦曰:“若云知寒觉暖,便是知觉已动。”又思知寒觉暖,则知觉著在寒暖上,便是已发。所谓有知觉者,只是有此理,不曾著在事物,故还是静,然瞌睡也有知觉,故能做梦,故一唤便醒,槁木死灰无知觉,便不醒矣。则伊川所谓:‘既有知觉,却是动也,如何言静?’正是说静而无静之意,不是说静中无知觉也,故先生曰:“伊川说还是。”

(6) 直问:“戒慎恐惧,是致和,还是致中?”先生曰:“是和上用功。”曰:“《中庸》言‘致中和’,如何不致中,却来和上用功?”先生曰:“中、和,一也。内无所偏倚,少间发出,便自无乖戾,本体上如何用功?必就他发处,才著得力。致和便是致中,万物育便是天地位。”直未能释然,先生曰:“不消去文义上泥,中和是离不得底,如面前火之本体是中,火之照物处便是和。举著火,其光便自照物,火与照如何离得?故中、和,一也。近儒亦有以戒惧即是慎独,非两事者。然不知此以致和,即便以致中也。”他日,崇一谓直曰:“未发是本体,本体自是不发底。如人可怒,我虽怒他,然怒不过当,却也是此本体未发。”后以崇一之说问先生,先生曰:“如此却是说成功,子思说发与未发,正要在发时用功。”

(7) 艾铎问“如何为天理”?先生曰:“就尔居丧上体验看。”曰:“人子孝亲,哀号哭泣,此孝心便是天理。”先生曰:“孝亲之心真切处，才是天理。如真心去定省问安，虽不到床前，却也是孝；若无真切之心，虽日日定省问安，也只与扮戏相似，却不是孝。此便见心之真切，才为天理。”

(8) 直问：“颜子择中庸，是如何择？”先生曰：“亦是戒慎不睹，恐惧不闻，就己心动处，辨别出天理来，得一善即是得此天理。”后又与正之论颜子“虽欲从之，末由也已”，正之曰：“先生尝言：‘此是见得道理如此，如今日用，凡视听言动，都是此知觉，然知觉却在何处？捉定不得，所以说虽欲从之，末由也已。颜子见得道体后，方才如此说。’”

(9) 直问：“物有本末一条，旧说似与先生不合。”先生曰：“譬如二树在此，一树有一树之本末，岂有一树为本，一树为末之理。明德亲民总是一物，只是一个功夫，才二之，明德便是空虚，亲民便是袭取矣。‘物有本末’云者，乃指定一物而言，如实有孝亲之心，而后有孝亲之仪文节目。”(张问达曰：“此下疑有缺文，读先生《大学问》自见。”)

(10) “事有终始云者，亦以实心为始，实行为终，故必始焉有孝亲之心，而终焉则有孝亲之仪文节目。事长，事君，无不皆然。自意之所著，谓之物；自物之所为，谓之事。物者事之物，事者物之事也，一而已矣！”

(11) 先生曰：“朋友相处，常见自家不是，方能点化得人之不是。善者固吾师，不善者亦吾师。且如见人多言，吾便自省亦多言否？见人好高，吾自省亦好高否？此便是相观而善，处处得益。”

(12) 先生曰：“至诚能尽其性，亦只在人物之性上尽，离却人物便无性可尽得。能尽人物之性，即是至诚致曲处。致曲工夫，亦只在人物之性上致，更无二义。但比至诚有安勉不同耳。”(此条与姚江立言不类，疑语出于甘泉，当时王、湛两家门人迭相通，故录亦或有误混欤？此后原有‘先生曰吾良知’一条，与施本重复，今删。)

(13) 先生曰:“学者读书,只要归在自己身心上,若泥文着句,拘拘解释,定要求个执定道理,恐多不通。盖古人之言,推示人以所向往而已,若于所示之向往,尚有未明,只归在良知上体会,方得。”

(14) 先生曰:“气质犹器也,性犹水也。均之水也,有得一缸者,有得一桶者,有得一甕者,局于器也。气质有清浊厚薄强弱之不同。然其为性则一也。能扩而充之,器不能拘矣。”(此条亦似增城话头。)

(15) 直问:“圣人情顺万事而无情,夫子哭则不歌,先儒解为余哀未忘,其说如何?”先生曰:“情顺万事而无情,只谓应物之主宰无滞,发于天理不容已处,如何便休得?是以哭则不歌,终不然只哭一场后,便都是乐,更乐更无痛悼也。”

(16) 或问:“致良知工夫,恐于古今事变有遗。”先生曰:“不知古今事变从何处出?若从良知流出,致知焉尽之矣。”

(17) 先生曰:“颜子欲罢不能,是真见得道体不息,无可罢时,若功夫有起有倒,尚有可罢时,只是未曾见得道体。”

先生曰:“夫妇之与知与能,亦圣人之所知所能;圣人之所不知不能,亦夫妇之所不知不能。”又曰:“夫妇之所与知与能,虽至圣人之所不知不能,只是一事。”

(18) 先生曰:“虽小道必有可观,如虚无、权谋、术数、技能之事,非不可超脱世情,若能于本体上得所悟入,俱可通入精妙。但其意有所著,欲以之治天下国家,便不能通,故君子不用。”

上张本载原凡二十八条,今去重复,录十八条。

钱德洪《刻文录序说》中,有王守仁语录八条,今录存如下:

(1) 先生之学凡三变,其为教也亦三变。少之时驰骋于辞章,已而出入二氏,继乃居夷处困,豁然有得于圣贤之旨,是三变而至道也。居贵阳时,首与学者为知行合一之说;自滁阳后,多教学者静坐;江右以来,始单提致良知三字,直指本体,令学者言下有悟,是教亦三变也。读《文录》者当自知之。先生尝曰:"吾始居龙场,乡民言语不通,所可与言者乃中土亡命之流耳。与之言知行之说,莫不忻忻有入,久之,并夷人亦翕然相向。及出与士夫言,则纷纷同异,反多扞格不入,何也?意见先入也。"德洪自辛巳冬,始见先生于姚,再见于越,于先生教,若恍恍可即,然未得入头处。同门先辈有指以静坐者,遂觅光相僧房,闭门凝神净虑,倏见此心真体,如出蔀屋而睹天日,始知平时一切作用皆非天则自然,习心浮思,炯炯自照,毫发不容住者,喜驰以告。先生曰:"吾昔居滁时,见学者徒为口耳同异之辨,无益于得,且教之静坐。时学者亦若有悟,但久之渐有喜静厌动,流入枯槁之病。故迩来只指破致良知工夫。学者真见得良知本体,昭明洞彻,是是非非,莫非天则,不论有事无事,精察克治,俱归一路,方是格致实功,不落却一边。故较来无出致良知话头。无病何也?良知原无间动静也。"德洪既自喜学得所入,又承点破病痛,退自省究,渐觉得力。良知之说发于正德辛巳年,盖先生再罹宁藩之变,张、许之难,而学又一番证透,故正录书凡三卷,第二卷断自辛巳者,志始也。格致之辩,莫详于《答顾华玉》一书,而拔本塞源之论,写出千古同体万物之旨与末世俗习相沿之弊,百世以俟,读之当为一快。

(2) 先生尝曰:"吾良知二字,自龙场以后,便已不出此意,只是点此二字不出,于学者言,费却多少辞说。今幸见出此意,一语之下洞见全体,直是痛快,不觉手舞足蹈,学者闻之亦省却多少寻讨工夫。学问头脑至此已是说得十分下落,但恐学者不肯直下承当耳。"又曰:"某于良知之说,从百死千难中得来,非是容易见得到此。此本是学者究竟话头,可惜此体沦埋已久,学者苦于闻见障蔽,无入头处。不得已与人一口说尽,但恐学者得之容易,只把作一种光景玩弄,孤负此知耳。"

(3) 甲申年,先生居越,中秋月白如洗,乃燕集群弟子于天泉桥上,时在侍者百十人。酒半行,先生命歌诗。诸弟子比音而作,翕然如协金石。少间，能琴者理丝，善箫者吹竹，或投壶聚算，或鼓棹而歌，远近相答。先生顾而乐之，遂即席赋诗，有曰“铿然舍瑟春风里，点也虽狂得我情”之句。既而曰：“昔孔门求中行之士，不可得，苟求其次，其惟狂者乎？狂者志存古人，一切声利纷华之染无所累其衷，真有凤凰翔于千仞气象，得是人而裁之，使之克念，日就平易切实，则去道不远矣。予自鸿胪以前，学者用功尚多拘局，自吾揭示良知头脑，渐觉见得此意者，多可与裁矣。”

(4) 先生尝语学者曰：“作文字亦无妨工夫，如诗言志，只看尔意向如何，意得处自不能不发之于言，但不必在词语上驰骋。言不可以伪为，且如不见道之人，一片粗鄙心，安能说出和平话？总然都做得，后一两句露出病痛，便觉破此文原非充养得来，若养得此心中和，则其言自别。”

(5) 门人有欲汲汲立言者，先生闻之，叹曰：“此弊溺人，其来非一日矣。不求自信，而急于人知，正所谓‘以己昏昏，使人昭昭’也。耻其名之无闻于世，而不知知道者视之，反自贻笑耳。宋之儒者其制行磊荦，本足以取信于人，故其言虽未尽，人亦崇信之，非专以空言动人也。但一言之误，至于误人无穷，不可胜救，亦岂非汲汲于立言者过耶？”

(6) 或问：“先生所答示门人书稿，删取归并作数篇训语，以示将来如何？”先生曰：“有此意，但今学问自觉所进未止，且终日应酬无暇，他日结庐山中，得如诸贤有笔力者，聚会一处，商议将圣人至紧要之语发挥作一书，然后取零碎文字都烧了，免致累人。”

(7) 昔门人有读《安边八策》者，先生曰：“是疏所陈亦有可用，但当时学问未透，中心激忿抗厉之气。若此气未除，欲与天下共事，恐事未必有济。”

(8) 陈惟濬曰：“昔武宗南巡，先生在虔，奸贼在君侧，间有以疑谤危先生者，声息日至，诸司文帖络绎不绝，请先生即下洪，勿处用兵之地，以坚奸人之疑。先生闻之，泰然不动。门人乘间言之，先生始应之曰：‘吾将往矣。’一日，惟濬亦以问，先生曰：‘吾在省时，权竖如许势焰疑谤，祸在目前，吾亦帖然处之，此何足忧？吾已解兵谢事乞去，只与朋友讲学论道，教童生习礼歌诗，乌足为疑？纵有祸患亦畏避不得。雷要打便随他打来，何故忧惧？吾所以不轻动，亦有深虑焉尔。’又一人使一友亦告急，先生曰：‘此人惜哉不知学，公辈曷不与之讲学乎？’是友亦释然谓人曰：‘明翁真有赤舄几几气象！’愚谓《别录》所载，不过先生政事之迹耳，其遭时危谤，祸患莫测，先生处之泰然，不动声色，而又能出危去险，坐收成功，专致知格物之学至是，岂意见拟议所能及。”

嘉靖戊子冬，德洪与王汝中奔师丧至广信，讣告同门，约三年收录遗言。继后同门各以所记见遗。〔1〕洪择其切于问正者，合所私录，得若干条。居吴〔2〕时，将与《文录》并刻矣。适以忧去，未遂。当是时也，四方讲学日众，师门宗旨既明，若无事于赘刻者，故不复萦念。去年，同门曾子才汉〔3〕得洪手抄，复傍为采辑，名曰《遗言》，以刻行于荆〔4〕。洪读之，觉当时采录未精，乃为删其重复，削去芜蔓，存其三之一，名曰《传习续录》，复刻于宁国〔5〕之水西精舍。今年夏，洪来游蕲〔6〕，沈君思畏〔7〕曰：“师门之教久行于四方，而独未及于蕲。蕲之士得读《遗言》，若亲炙夫子之教，指见良知，若重睹日月之光。惟恐传习之不博，而未以重复之为繁也。请裒其所逸者增刻之。若何?”洪曰：“然师门致知格物之旨，开示来学，学者躬修默悟，不敢以知解承，而惟以实体得。故吾师终日言是而不惮其烦，学者终日听是而不厌其数。盖指示专一，则体悟日精，几迎于言前，神发于言外，感遇之诚也。今吾师之没未及三纪〔8〕，而格言微旨渐觉沦晦。岂非吾党身践之不力，多言有以病之耶？学者之趋不一，师门之教不宣也。”乃复取逸稿，采其语之不背者，得一卷。其余影响不真，与《文录》既载者，皆削之。并易中卷为问答语，[9]以付黄梅尹张君[10]增刻之。庶几读者不以知解承而惟以实体得，则无疑于是录矣。嘉靖丙辰夏四月，门人钱德洪拜书于蕲之崇正书院。

〔1〕本书上册各条(1—129条)不在其内。

〔2〕吴：今江苏苏州。

〔3〕情况不详。

〔4〕荆：今湖北江陵。

〔5〕宁国：今安徽境内。

〔6〕蕲：今湖北蕲春县境。

〔7〕沈思畏，名宠，号古林，宣城(今属安徽)人，嘉靖十六年(1537)举人，官至广西参议。始受学于贡安国，后师事欧阳德与王畿。嘉靖三十五年任湖广兵备佥事，在蕲黄建崇正书院。参见《明儒学案》卷二十五。

〔8〕十二年为一纪。

〔9〕“中卷”或言指王守仁书信部分，或言指《遗言录》中卷。就《跋》语上下文而言，似指《遗言录》中卷。但据北京大学现存明版《传习续录》两种，皆前有钱德洪《续刻传习录序》，上册为陈九川、黄以方、黄勉叔、黄勉之所记语录六十条，下册为钱德洪、王畿所记《语录》五十八条，其中并缺后部王以方所记《语录》二十七条及钱德洪此《跋》语。此本与现行《全书》本比较，其中并无改易一部分问答语痕迹。则“中卷”指“《遗言录》中卷”一说，亦有不可解处。

〔10〕情况不明。

后　记

《传习录注疏》是邓艾民先生终身致力于中国哲学史研究的一项遗著。本书也与作者的经历一样，历经磨难，长期埋没于废纸堆中。艾民逝世以后，北京大学陈来博士将书稿推荐给台湾中国文化大学杨祖汉教授，并由法严出版社整理出版，本书才得以重见天日，我在此表示衷心感谢。

艾民思想活跃，追求真理，青年时期在昆明西南联合大学读书即积极参加抗日运动。他坚定地认为，那个时代是需要哲学的时代，所以，他毅然离开他已经获得优秀成绩的工程学科转攻读哲学。自那时起，哲学这门学科就成为他终身探索的目标。毕业后，多年来一直在北京大学哲学系任教。

艾民一生坎坷，特别是在"文革"十年浩劫时期，知识分子成为"全面专政"的对象，加之他崇尚自由思考，敢于提出自己的见解，于是惨遭迫害，多次被抄家，长期被关押在"牛棚"之中，"监督劳改"于荒野之上。面对那种非人道的身心摧残，他总是心胸坦荡，坚持真理，决不同流合污。

"文革"后，正当他为了弥补失去的光阴而奋力拼搏时，癌症却过早地夺去了他的生命。在住医院的一年多时间里，他全心投入哲学的写作，直到最后一次心跳。他在给挚友冯契教授的信中说："得恶疾后，已将生死置之度外。"他以惊人的毅力完成了《中国大百科全书·哲学卷》中有关宋明理学的一些条目，以及《传习录》的疏释和《朱子语类》的校点工作。当他已经无力执笔时，《朱熹王守仁哲学研究》书稿尚未完成，逝世后由上海华东师大冯契教授为之整理、作序、出版。艾民的写作风格质朴无华，掌握丰富的资料，经过细致的分析和严密的逻辑论证来阐明自己的观点，提出独立的见解，始终体现自由讨论的精神。

在与艾民数十年共同生活期间，我深深感到他是一位良师益友，是一位高尚的人。他一生追求真理，即使在逆境中，他也总是以豁达的胸怀探求人生哲理。在病中，他常常与冯契通信，坦率地讨论人性解放问题，认为心灵自由是一切创作的源泉，只有在真正自由发表意见的气氛之下才能有人性的解放，才能言行一致；而专制统治只能造就虚伪。他们也讨论人道问题，认为哲学对于人的德性的培养具有积极作用。在讨论人生的理想时，他们认为"文革"时期没有理想，只有空想，造成人性的严重破坏。他们对于中国哲学的未来充满希望，对于人类未来充满信心，认为人类终将走向个性解放。现在，冯契教授也已因病逝世，我深信，他们的共同信念会得到实现的。

如果说，艾民在青年时代就立志研究哲学，是因为他感到那个时代是需要哲学的时代；那么，当今的时代仍然是一个需要哲学的时代。本书是他毕生学术成果之一，如今得以出版，流传于世，我想这一定会告慰他在天之灵的。

左启华

公元 2000 年 5 月 15 日于北京